Johann Baptist Sartorius

Die Mundart der Stadt Würzburg

Johann Baptist Sartorius

Die Mundart der Stadt Würzburg

ISBN/EAN: 9783743304673

Hergestellt in Europa, USA, Kanada, Australien, Japan

Cover: Foto ©Thomas Meinert / pixelio.de

Manufactured and distributed by brebook publishing software
(www.brebook.com)

Johann Baptist Sartorius

Die Mundart der Stadt Würzburg

Die Mundart

der

Stadt Würzburg.

Von

Dr. Joh. Bapt. Sartorius.

Würzburg,

Druck und Verlag der Stahel'schen Buch- und Kunsthandlung.

1862.

Vorrede.

Gespräche über das Idiom des Geburtsortes unter Freunden und Bekannten sind nicht selten, besonders wenn diese sich auswärts befinden, weil alsdann die vernommenen fremden Ausdrücke die Erinnerung an die einheimischen erwecken. Dergleichen Gespräche waren es, welche mich zuerst veranlaßten, einzelne Worte der Würzburger Mundart aufzuzeichnen. Diese Aufzeichnungen mehrten sich von Tag zu Tag, ich fügte Erklärungen bei, und suchte überhaupt die aufgehäuften Materialien wissenschaftlich zu verarbeiten. Das Wörterbuch, welches ich zuerst zu vollenden suchte, wurde alphabetisch geordnet. So kam es denn, daß dieses im Jahre 1861 zum Drucke befördert werden konnte.

Die Zwecke, welche ich verfolgte, sind zwischen den Zeilen des Buches zu lesen. Ich wollte nämlich unsere Mundart, welche gleichsam von dem Winde des münblichen Verkehrs hin- und herbewegt, und uns bald angenähert, bald wieder entführt wird, einfangen, festhalten, bewältigen und mittels der Schrift zur Disposition stellen, damit man Alles schwarz auf weiß nach Hause tragen könne. Ich wollte ferner unserer Mundart eine tiefere Verständniß verschaffen, und eine Lücke in der localen Literatur ausfüllen. Endlich wollte ich der Liebe, welche ich für meine Vaterstadt hege, durch die Presse eine urkundliche Ausprägung geben.

Ob und wie weit dieses Alles erreicht worden sey, steht dahin. Wenigstens ist aber doch ein Anfang gemacht, und eine Grundlage hergestellt, sey es auch, daß Vieles mangelhaft und sogar unrichtig befunden wird. Ich habe in dieser Beziehung nur die Bitte zu stellen, daß man diese Blätter mit einigem Wohlwollen und mit Nachsicht aufnehmen, und da, wo die Schwäche der Leistung hervortritt, den guten Willen für die That anerkennen möge.

Man wird es mir nicht verargen, daß bisweilen derbe und sogar unsaubere Ausdrücke aufgenommen worden sind. Die Vollständigkeit erforderte, daß der ganze Inhalt der Mundart zur Anschauung gebracht, und daher auch der sehr specifische Bodensatz herausgehoben werde.

Geehrte Leser! prüfet nunmehr Alles, und das Beßte behaltet!

Eichstädt, am 7. November 1861.

Der Verfasser.

Ihr Klänge meiner frohen Kinderstunden,
    Du Sprache meiner Heimath, meiner Stadt!
Wohl dem, der deinen innern Sinn gefunden,
    Und deinen heil'gen Schacht erschlossen hat!

Aus deinen Brüsten hab' ich Milch gesogen,
    In deine Arme lag ich hingeschmiegt,
Als deinen Sohn hast du mich groß erzogen,
    Auf deinen Knieen hast du mich gewiegt.

Im Frankenland, im Land der edlen Reben,
    Im Land der gold'nen Aehren, gut und fromm,
Da ist dein geistig' Reich, da quillt dein Leben,
    Da glänzt dein Stern, da steht dein Haus, dein Dom.

Wer gibt den Zauberstab mir in die Hände,
    Wo ist der Ring des Meisters, wo der Hort
Der Geister, daß ich dein Geheimniß fände
    Im Lied des Volks, in Rede, Satz und Wort?

Einleitung.

Die Sprache im objectiven Sinne ist eine Vielheit oder vielmehr ein System verschiedener, durch die menschliche Stimme hervorgebrachter articulirter Laute (Worte), um dadurch unsere Gedanken, Gefühle und Vorstellungen, Begriffe und Empfindungen auszudrücken, und sie Andern mitzutheilen. Die Vollziehung dieser Sprache ist Sprechen. Sprache im subjectiven Sinne ist die Eigenschaft und Fähigkeit zu sprechen, so wie die eigene That des Sprechens. Hiebei ist immer die Sprache in der eigentlichen Bedeutung oder die Wortsprache gemeint, denn in uneigentlicher Bedeutung gibt es auch eine Mienen = und Geberdensprache, indem der Mensch auch durch diese Hülfsmittel Andern sich verständlich machen kann, so wie dieses auch durch unarticulirte Laute, ja durch Schreien, Seufzen, Weinen, Lachen möglich ist, immer jedoch in weit unvollkommenerer Weise.

So wie Alles, was uns eigen ist, und was wir haben und besitzen, ursprünglich aus Gott ist, so auch die Sprache. Die Menschheit hat sich die Sprache nicht genommen, sie auch nicht von Anbeginn in das Daseyn gesetzt oder mittels eigener That erworben, die Sprache ist von Gott verliehen und anerschaffen vermöge Seiner unendlichen und daher unbegreiflichen Liebe und Güte. Allein Gott hat auch der Natur und dem menschlichen Geiste das endliche Zustandebringen und Ausbilden der Sprache mitüberlassen, und darum trägt sie auch von beiden das Gepräge. Als Tochter der durch das göttliche Wort in das Daseyn gerufenen Natur wächst und erwächst die Sprache durch einen natürlichen Bildungstrieb; sie wird daher nicht als etwas Fertiges entdeckt, sie wird auch nicht von Vornen herein erfunden, dann gemacht und fabricirt. Als Gegenstand menschlicher Einwirkung und Handhabung dagegen zeigt sie allerdings auch Spuren menschlicher Verstandesthätigkeit, freien Willens und menschlicher Verirrung. Endlich setzt die Ausbreitung der Sprache gemeinsame Annahme und zum Theil conventionellen Gebrauch der näm=

1

lichen Wörter für die nämlichen Begriffe voraus; dieß Alles erfolgt jedoch ohne Vertrag, Beschluß und äußeres Gesetz, es erfolgt im natürlichen Gange der Dinge.

Es ist anerkannt, und soll hier den Sprachforschern nicht weitläufig nacherzählt werden, daß es ursprünglich nur Eine Sprache gab, und wenn wir nach den Orten fragen, wo diese Eine Sprache sich hervorgethan habe, so weiset uns Alles auf den Orient, als die Wiege der Sprache, wie des menschlichen Geschlechtes überhaupt, hin. Die Einheit oder vielmehr ursprünglich ausschließliche Einzigkeit der Sprache ist auch insoferne natürlich und weltgesetzlich, als alles creatürliche Daseyn mit dem Einen und Einfachen beginnen muß.

Wie jedoch das Eine und Einfache aus sich selbst heraustritt, sich theilt und entzweit, sich zerstreut und vervielfältigt, so ist es auch der Sprache ergangen. Allmälig entwickelten sich aus ihr verschiedene Sprachen, Dialecte, Mundarten und Idiome, verbreiteten sich über die ganze bewohnte Erde, und setzten sich da und dort räumlich fest. Dieser Bildungsproceß ist heute noch nicht abgeschlossen, aber in den Erzeugnissen ist nach und nach die Eine Stammsprache völlig aufgegangen und verflüchtigt worden. Die Verschiedenheit der Sprachen geht mit deren Mehrheit Hand in Hand, ohne jene wäre ja immer noch nur Eine Sprache vorhanden. Auch in der Verschiedenheit der Sprachen ist übrigens die allgemeine Natur der Dinge erkennbar, welche überall die Mannichfaltigkeit und den Reichthum der Formen darstellt.

Gleich den menschlichen Individuen haben auch die mancherlei Sprachen, Dialecte u. s. w. ihre eigenen Individualitäten in ihren Tönen, Zusammensetzungen und Formen, sie haben ihren eigenen Geist, und erscheinen gleichsam selbst wie persönliche Sprach=Individuen. Die Gründe muß man in den besondern Eigenschaften der einzelnen Völker suchen, in den Eindrücken, welche dieselben von der sie umgebenden Natur empfangen, in ihrer Lebensweise, ihren Sitten, ihrer Geschichte und ihrer Weltanschauung. Die individuellen Züge finden sich überall, sie sind ungemein zahlreich und scheinbar zahllos, von den großen Sprachgruppen an verbreiten sie sich bis in die kleinsten Stadt= und Land=Idiome, und treten oft in den Wendungen der Rede unerwartet hervor.

Die Sprachcharactere sind in ihrem Typus ziemlich fest und stehend, aber die Sprachen sind auch, wie die Menschen selbst, beweglich, bildsam und veränderlich, sie ändern ihre Formen, sogar theilweise ihr Wesen, sie bereichern und veredeln sich, entarten, sterben endlich ab, oder schlagen gänzlich um und aus der Art, wie die lateinische Sprache in die romanischen Sprachen überschlug.

Ungeachtet aller dieser Vorgänge findet man aber in den Sprachen immer noch und zwar sehr oft eine gemeinsame Uebereinstimmung mit der Einen Ursprache und dann wieder Uebereinstimmung unter sich. Bei Sprachforschungen ist man oft sehr überrascht, wenn es gelingt, die Worte und Formen auf den verborgenen Ursprung zurückzuführen, und ungeachtet der anscheinenden Unabhängigkeit und Fremdartigkeit den wechselseitigen Zusammenhang und die innere Verwandtschaft aufzudecken *). Es mag seyn, daß die Etymologie oft fehlerhaft, tollkühn und willkührlich ist, aber man soll sich auch hüten, mit Vorurtheil von Vornen herein alle Ableitungen von sich zu weisen, welche sich nicht sogleich auf den ersten Anblick dem schlichten und oft schlechten Hausverstand empfehlen. Nach den Zeugnissen von Cicero (de nat. deor. III. 24.), Gellius (noct. Att. X. 4.) und Quintilian (inst. I. 6.) hatte übrigens schon im Alterthume die Sprachforschung einen Standpunct, wie der jetzige.

Die Sprachen richten sich nach gewissen, oft noch nicht genugsam aufgeklärten Regeln, und erlangen dadurch selbst die Eigenschaft der Regelmäßigkeit, dennoch aber lassen sie sich die Freiheit zu Ausnahmen und Abschweifungen nicht nehmen. Im Verhältniß zu den Naturgesetzen vollzieht die ganze Natur die nämliche Freiheit. Man darf also den anscheinenden Eigensinn der Sprachen nicht anklagen, noch ihn unter die Regeln zu beugen suchen. Gerade in diesem sogenannten Eigensinn besteht oft das Wesen einer Individualität, und ein tiefer Sinn liegt zu

---

*) Einige Beispiele: Das Wort Aug scheint ein specifisch deutsches zu seyn, und diese Vorstellung gewinnt dadurch an Glaubwürdigkeit, daß die alten Deutschen vor ihrer Berührung mit den Römern für alles Sinnliche und somit auch für die einzelnen äußern Organe und Theile des menschlichen Körpers ihre eigenen Worte gehabt haben müssen, und sie nachher schwerlich aufgegeben haben. Das lateinische Wort oculus hat gar keinen verwandtschaftlichen Klang. Wenn wir aber auf die altdeutschen Formationen ougen und oogen zurückgelangen, so ist denn doch schon eine gewisse Uebereinstimmung zu ersehen oder zu ahnen. So scheint es auch, die Griechen hätten in ὀφθαλμος ein specifisches Wort besessen. Erinnert man sich aber, daß αυγη Licht bedeutet, so ist auf ein Mal der Reflex des anscheinend specifisch deutschen Auges im Griechischen ersichtlich. — Wer bildet sich leicht ein, daß Roma, die Wiege der Römer und der lateinischen Sprache, ihren Wiederhall im Griechischen habe? Und doch gibt es hier ein Wort ῥωμη, welches Macht und Stärke bedeutet. Damit hat man viele altdeutsche Namen sich in Verbindung gedacht: Bertram, Guntram, Wolfram u. s. w. Vgl. Wachter, gloss. v. Ram. — Vini cella (wobei man nach Art der Römer c wie k auszusprechen hat), ist im Deutschen der Weinkeller, franz. canif, hängt zusammen mit Kniff (Kneip, Messer), chasse mit Hatz, Hetze, Kamisol mit dem lat. camisia, Hemd, franz. chemise. Ueber die Verwandtschaft zwischen stipulari und stupfen, Stoppel s. Grimm, Rechts-Alterth. S. 604, und über festuca, S. 605.

1*

Grunde, wenn er auch noch nicht heraufbeschworen ist. Vorgebliche Sprachverbesserer, welche Alles auf Regeln reduciren wollen, gleichen Solchen, die sich unterstehen möchten, in der Natur den Lauf der Ströme, Flüsse und Bäche nach der Schnur zu leiten, die Felsen und Berge hübsch einzuebnen, die Bäume der Wälder zu beschneiden, und so die ganze Natur in eine Zwangsjacke zu schnüren. Dieses Geschlecht stirbt nie aus, gegen dasselbe werden aber die Sprachen, getragen von dem Geiste der Völker, immer ihre entschiedene Uebermacht behaupten. Darum sagt man gewöhnlich, der Sprachgebrauch d. h. die historische Art zu sprechen sey ein Tyrann, dem man gehorchen müsse, und in der That, man thut wohl daran, wenn man ihm gehorcht. Die Sprache kann verlangen, daß man ihre Natur nicht beleidige und verkehre, bei dem fortwährenden Schnitzeln und Schneiden müßte sie verderben, wie ein mit dem Messer mißhandelter Fruchtbaum, ihre ganze Schönheit, Kraft und frische Eigenthümlichkeit würden endlich an die steifen Regeln einer methodisch gemachten Grammatik abgegeben werden müssen.

Hier ist der Ort, um zu bemerken, daß man die mündliche Sprache, das Sprechen, von der Schriftsprache oder dem erst später aufgekommenen Schreiben unterscheidet. Beide sind materiell die nämliche Sprache, und nur formell verschieden. Die Schrift ist urkundlich, und fixirt das Sprechen mit sichtbaren, verständlichen Zeichen (Buchstaben), so daß die Gedanken festgehalten, und bei dem Lesen im Gedächtnisse reproducirt werden. Beide sind aber doch auch in ihrem Wesen eigenthümlich. In der mündlichen Sprache herrscht die Natur und die freie Individualität des Volkes mit steter Lebendigkeit vor*), die Schriftsprache hat mehr Kunst und Regelgerechtigkeit in sich, und sucht die zerfahrene Verschiedenheit der Mundarten in einer mehr übereinstimmenden und classischen Form des Ausdrucks, z. B. das fränkische, schwäbische und norddeutsche Idiom im Hochdeutschen, aufgehen zu lassen, wie dieß die Wissenschaft und die Presse zu ihrer allgemeinen Verständlichkeit erfordern. Die mündliche Sprache ist örtlicher Natur und Eigenthum der Volksstämme, die Schriftsprache ist Attribut der ganzen Nation. Man darf aber deßhalb auf die derbe und oft rohe Volkssprache nicht vornehm herabschauen, denn gerade diese birgt in sich die sprachliche Fülle der Kraft, das Leben und den Character, und aus ihr als der ursprünglichen Größe ist die Schriftsprache als etwas Abgeleitetes und als sichtbares Bild, erst abstrahirt

---

*) Rei, in der Stube chunnt's eim nit,
Und in de Büchere lehrt mer's nit.
Hebel, Werke. Bd. II. S. 81.

worden. Uebrigens hat auch der Schriftgebrauch, wie der Sprachge=
brauch mit Neuerern, Sprachtheoretikern und Projectenmachern fortwäh=
rend zu kämpfen*).

Diese Blätter nehmen sich die deutsche Sprache zum Gegen=
stande, aber nicht die ganze deutsche Sprache oder die Sprache eines
ganzen deutschen Völkerstammes, sondern nur eine einzelne Mundart auf
kleinem Raume, nämlich die Mundart der Stadt Würzburg,
und zwar noch überdieß mit Ausschluß der Mundarten unter den Bauern
und Landbewohnern im Würzburgischen. Die Mundarten auf dem Lande
sind wieder sehr verschieden, und beinahe in jedem Dorfe gibt es Eigen=
thümlichkeiten, die nur dem geübten Ohre auffallen. Auf der hohen
Rhön ist die Mundart so abweichend, daß sie von den Städtern in Würz=
burg beinahe nicht verstanden wird**). Gibt es ja doch selbst in den
einzelnen Stadttheilen Würzburgs Sprachverschiedenheiten, in der Kär=
nersgasse spricht man ganz anders und viel naiver, als in meiner hei=
mathlichen Capucinergasse, auch ist nirgends das Sprechen der gebildeten
Classen mit jenem der ungebildeten ganz identisch.

Indem ich mich nun auf die Mundart der Stadt beschränke, bleibe
ich auf dem Boden stehen, wo ich einheimisch bin, und gehe nicht über
den Umfang meiner Kenntnisse und Erfahrungen hinaus. Ungeachtet
dessen ist die gesetzte Aufgabe immer noch eine solche, welche sich der
Lösung wohl verlohnt. Die fränkische Mundart der Stadt Würzburg
ist gleich ihren Schwestern in Frankfurt a. M., Nürnberg u. s. w. mit
eigenthümlichen Naturgaben ausgestattet, und schließt sich als achtungs=
werther Theil dem großen, reichen Sprachschatze der Völker deutscher Zunge
ergänzend an. Und soll denn der Mensch nur fremde Sprachen und
das Hochdeutsche erlernen, soll er nicht vielmehr auch die vaterländische
Mundart, welche er von Kindheit an spricht und hört, sich zum Bewußt=
seyn bringen, oder sollte es besser seyn, ohne Sinn und Gedanke diese
von den Voreltern als Erbschaft zu übernehmen und nachzusprechen?***)

---

*) Bald wollen sie das y, bald das ph, bald das ß, bald die Doppelconsonanten
verwerfen, sie muthen uns zu, den historischen Ursprung der Worte zu verläugnen, und
statt Cicero Zizero, statt Physikus Filikus, statt Montag Mentag zu
schreiben. Gegenwärtig ist es auf das h abgesehen, und wer noch bezahlen statt be=
zalen schreibt, der steht nach dem Urtheile der Schriftverbesserer nicht auf der Höhe der
modernen Cultur.

**) Vgl. die Proben von Scharold im Archiv d. histor. Vereins. Bd. VII. Heft 3.
S. 164—169.

***) Mihi quidem nulli satis eruditi videntur, quibus nostra ignota sunt. Cic.
de fin. bon. et mal. I. 2.

Ich kann hier die Wahrnehmung nicht verschweigen, daß unsere Mundart, so wie sie jetzt gesprochen wird, im Laufe der Zeiten und in Folge von mancherlei Verhältnissen viele Veränderungen erlitten hat. Noch im Anfange des jetzigen Jahrhunderts war die Mundart unserer alten Bischofsstadt weit specifischer und schärfer ausgeprägt, als jetzt. Die Gründe liegen sehr nahe. Damals gab es nur selten und wenige Fremde in der Stadt, Juden und Protestanten bewohnten sie nicht, das Militär und die Beamten waren aus dem Bisthum gebürtig, der Fürstbischof war aus dem fränkischen Reichsadel, das Reisen im Auslande war von geringer Bedeutung; so erlitt die Mundart keine Störungen und keinen Eintrag. Jetzt aber führt uns der Eisenbahnzug täglich eine Masse von Fremden zu, viele derselben wohnen in der Stadt, Militärpersonen und Beamte aus Altbayern und aus allen Theilen des Königreichs Bayern von verschiedenen Confessionen sind mitten unter uns, die Juden haben feste Sitze gewonnen, die Reisen in das Ausland sind ganz gewöhnlich geworden, und der fortgeschrittene Schulunterricht bringt das ganze Volk in die Nähe des Hochdeutschen. Ist es da zu wundern, wenn die alte Mundart sich verflacht und vermengt, und Manches von sich ausscheidet? Und doch ist eine solche Zähigkeit und Tapferkeit in ihr, daß sie sich nicht hat überwinden lassen, und ihren reichen Schatz nach Kräften bewahrt hat.

Bei der gegenwärtigen Bearbeitung ist der Anfang mit dem Wörterbuche gemacht worden. Es schien nämlich vor Allem nothwendig zu seyn, den Inhalt der Mundart zu finden und darzustellen, erst wenn so viel gewonnen ist, wird es an der Zeit seyn, zur Beherrschung und Ausbeutung des Inhaltes vorzugehen. Dem Wörterbuche sollen gesammelte Sprüchwörter und Redensarten und dann Lesefrüchte folgen. Um aber die Darstellung unserer Mundart vollständig zu machen und ein Ganzes herzurichten, ist zum Schlusse nichts Geringeres erforderlich, als eine Grammatik. Die Lösung dieser Aufgabe steht noch dahin. Nicht Jeder kann Alles leisten.

Bei dem Wörterbuche sind folgende Grundsätze und Regeln befolgt worden:

1) Rein specifisch würzburger Worte, welche auswärts gar nicht gehört werden, sind sehr selten. Die meisten Ausdrücke gehören auch andern Mundarten an, oder finden sich schon im Altdeutschen vor. Es wurde daher ein Mittelweg eingeschlagen in der Art, daß diejenigen Ausdrücke gesammelt wurden, welche in der Mundart Würzburgs vorherrschen, und fremden Ohren besonders auffallend oder unverständlich sind.

2) **Ausgeschlossen** blieben die **Judenworte.** Die Juden können und wollen wir nicht zu unseren Stammesgenossen zählen. Die Juden=sprache, welche aus einem Radebrechen und Vermengen des Hebräischen und Deutschen sich gebildet hat, ist kein Theil unserer Mundart, wenn gleich auch die Christen mitunter jüdische Ausdrücke in Spott und Ernst gebrauchen.

3) Ausgeschlossen blieb ferner die **Studentensprache,** denn diese wiederholt sich auch in andern Universitätsstäden, und hat mit unserer Mundart nichts gemein. Die Studentenausdrücke sind auch von sehr geringem Werthe für die Wissenschaft, denn sie entbehren meistens des historischen Bodens, und sind aus Laune, Zufall, Willkühr und bizarrer Nutzanwendung hervorgegangen.

4) Auch die **Jägerausdrücke** und **technischen Bezeichnungen** sind außer Acht geblieben, denn sie sind nicht Attribute einer Mundart im Volke, sondern besonderer Stände und Gewerbe. Aehnliches gilt auch von der Sprache gewerbsmäßiger Gauner (**Spitzbubensprache**).

5) Um die Aussprache aus der Schrift genau und gleichsam hör=bar hervortreten zu lassen, sind die Laute, abweichend von der hochdeut=schen Orthographie, so geschrieben worden, wie sie gesprochen und im Munde des Volkes gemodelt werden, also nicht **Ei, Feder, Leilach, Schein,** als wenn das **E** scharf und gedrückt mit wenig geöffnetem Munde gesprochen würde, wie in den Worten **Esel, Mensch,** sondern **Ai, Fäder, Lailach, Schain.** Diese Aussprache findet sich übrigens auch im Hochdeutschen, wogegen im Schwäbischen das gedrückte **E** vor=herrschend ist, z. B. i weisch es nit (ich weiß es nicht). Doch bei Sp und St ist nicht Schp und Scht, wo so gesprochen wird, geschrieben worden, denn Sp und St werden, wenn auch nicht in der Mitte und am Ende der Worte (z. B. Espe, Haspel, Hastig, Ast, Mist), doch sonst und wenn ein r folgt, auch im Hochdeutschen wie Schp und Scht gelesen, **Sprache, Stange** u. s. w. Auch die Worte mit **Ueber** sind unter U aufgeführt, denn obgleich die ganz gemeine Mundart **Jber** spricht, so hört man doch in der gebildeten Classe Ue.

6) Mit B und P, D und T ist es nicht sehr genau genommen worden, denn in der Aussprache unterscheidet unsere Mundart diese Laute nicht, bisweilen besteht auch schon eine übliche Schreibart, oft sind auch diese Buchstaben auf Gerathewohl gebraucht worden.

7) Die Leser finden, daß die Worte nicht bloß in das Hochdeutsche übersetzt und nach ihren Bedeutungen festgestellt worden sind, sondern man hat auch die Etymologie, den sprachlichen und historischen Ursprung, Analogien anderer Mundarten, fremde alte und neue Sprachen, das

Altdeutſche, viele Leſeproben u. dgl. in die Erläuterung hereingezogen. Dadurch ſollte die Bearbeitung einen wiſſenſchaftlichen Character und mehr Intereſſe erlangen. Vieles beruht auch nur auf Muthmaßungen und Hypotheſen, wo das Gewiſſe nicht gefunden worden iſt. Dieſe kleinen Forſchungen gereichten dem Verfaſſer zum großen Vergnügen, und werden auch dem Leſer willkommen ſeyn.

Wörterbuch.

Bemerkung.

In diesem Wörterbuch besonders oft angeführte Werke und Schrif-
ten sind mit ihren vollständigen Titeln folgende:

C. Dufresne du Cange, glossarium mediae et infimae latinitatis, auctum a mona-
chis ordinis S. Benedicti, cum supplementis integris D. P. Carpenterii et addita-
mentis Adelungii et aliorum, digessit G. A. L. Henschel. Parisiis, 1840—46.
6 tomi. 4.

J. Schilteri thesaurus antiquitatum Teutonicarum. Tom. III. exhibens glossarium.
Ulmae, 1728. fol.

J. G. Wachteri glossarium Germanicum. Lips. 1737. 2 tom. fol.

Ch. G. Haltaus, glossarium Germanicum medii aevi. Lips. 1758. 2 tomi. fol.
(gab für unsern Zweck wenig Ausbeute).

J. A. Schmeller, Bayerisches Wörterbuch. Stuttgart und Tübingen, 1827—1837.
4 Thle. 8. (Der Verfasser hat in seinem Werke mehrere Alphabete, des leichteren
Nachschlagens wegen habe ich deßhalb bei jedem citirten Artikel den Theil und die
Seite angegeben.)

J. H. Kaltschmidt, sprachvergleichendes Wörterbuch der deutschen Sprache. Leipzig,
1839. 8.

W. Wackernagel, deutsches Lesebuch. 3 Theile. Der 3. Theil in 2 Bänden. 1. und
2. Theil neue Ausgabe b. II. Aufl. 3. Theil neue Ausg. Basel, 1847. gr. 8.
(Um den Ursprung und das Zeitalter der einzelnen Stellen kenntlich zu machen, habe
ich auch dabei die Schriftsteller und Dichter und ihre Werke bezeichnet.)

J. P. Hebel, Werke. Karlsruhe, 1843. 5 Bändchen. 12. (Damit in anderen Aus-
gaben nachgeschlagen werden könne, wurden auch die Ueberschriften der Gedichte an
geführt.)

Hoffmann von (d. h. gebürtig im Orte) Fallersleben, Allemannische Lieder.
V. Ausg. Mannheim, 1843. 8. (Als Norddeutscher ließ er sich einfallen, in schwacher Nachahmung Hebel's Allemannische Gedichte zu schreiben, ohne jemals Schwa-
ben gesehen zu haben. Vgl. W. Menzel, deutsche Literatur. Th. IV. S. 15.)

J. Grimm, Deutsche Rechts-Alterthümer. Göttingen 1828. 8.

P. J. Gropp, Wirzburgische Chronik, deren letzter Zeiten. 2 Theile. Wirzburg.
1748 u. 1750. Fol.

Sammlung der hochfürstlich-wirzburgischen Landesverordnungen. Wirzburg, 1776—1801,
3 Theile. Fol. (Im ersten Theile S. 45—212 befindet sich die Kaiserliche Landgerichts-Ordnung von 1618.)

Archiv des historischen Vereins für den Untermainkreis, später für Unterfranken und
Aschaffenburg. Würzburg 1839 u. ff. (Die neueren Bände konnte ich nicht mehr
erlangen!)

Sprüchwörter und Redensarten (welche in der nächsten Lieferung dieses Werkes erscheinen werden).

Sammlung der Pflichten und Ordnungen der Stadt Schweinfurt. Schweinfurt 1780.
4. (Auch die einzelnen Statuten werden citirt.)

A.

A bedeutet ein und eine (den unbestimmten Artikel) vor Consonanten, z. B. 's wor amol e Mann unn e Frau unn e Kind. Vor Vocalen wird an gesagt. S. d. Deßgleichen bedeutet A das Wort auch, z. B. i bin a do, i glaub's a, ferner bedeutet es und, und zwar wird es gehört, wenn das vorstehende Wort mit einem Consonanten sich endigt, und das nachstehende Wort mit einem Consonanten anfängt, denn bei Vocalen wird unn gesprochen, s. d. Brod a Käs, Salz a Pfäffer, kurz a guat. Endlich drückt A das an aus, z. B. astreicha, zieh bi a, doch wird hier auch ou gesprochen: oustreicha, zieh bi ou! S. Ai, An, Ee.

Aagla, Rindensplitterchen von Hanf und Flachs, Hachel, daher Hächel, s. d. Wachter, gloss. v. festuca.

— — und wo sie b' Räder uf b' Site
stellen, unn wen go, und schüttle b' Agle vom Fürtuech,
sait no's Vreneli u. s. w.

Hebel, Werke. Kiebligers Tochter. Bd. II. S. 52.

Auch bedeutet Aagla als Zeitwort gierig essen oder verschlingen.

Abbeucha, im Wasser (die Wäsche) auslaugen (franz. beander), Wachter, gloss. v. Beuchen.

Abed, auch Obed, Abend. Gut'n Abed!

Es chunnt e chüele Obedluft.

Hebel, Werke. Der Abendstern. Bd. II. S. 77.

Abfaum, Abschaum, das Schlechte oder Schlechteste an Etwas. Abfaum des Menschengeschlechts. Faum bedeutet Schaum, Wachter, gloss. v. Faum, und Abfeumen bezeichnet Abschäumen, Wachter, l. c. v. Abfeumen.

Abg'setzte Glieder, englische Krankheit, rhachitis.

Abluchsa, mit List ablocken, abschwätzen, hergenommen von dem Luchs, welcher durch seine List, besonders durch sein scharfes Gesicht sich auszeichnet. Luchsen bedeutet lauern, erlauern, erspähen und llistig abspähen oder ablocken. Die Worte lugen (in der Schweiz statt sehen, schauen), Licht, leuchten, lux, luceo, λεύσσω, englisch

look, light u. f. w. werben alle aus ber nämlichen Wurzel ab=
geleitet, insoferne bamit Sichtbares unb Sehen bezeichnet wirb.
Man nennt auch einen Menschen, welcher mehr sieht, als Anbern
lieb ift, unb biesen baher leicht Vortheile abgewinnen kann, einen
Luchs, Luchsen. Kaltschmibt, Wörterb. v. Luchs. Vgl. Be=
luchsa.

Abmucka, abprügeln, wohl auch tobtschlagen, Jemanben mit Hanblungen
ober Worten bermassen zurichten, baß er sich nicht mehr muchst.
Vgl. Muchsa.

Abpuza, mit berben unb schnöber Worten ab = ober zurechtweisen. Vgl.
'runterpuza.

Abrackera si, sich abmühen unb abplagen, wie ein Schinber, sich schin=
ben unb plagen. Schmeller, Wörterb. v. Racker, Th. III.
S. 39. Vgl. Racker (gleichbebeutenb mit Schinber).

Abrauma, bebeutet nicht bloß abräumen, fonbern auch abrahmen, näm=
lich die Milch, ben Rahm (Raum) von ber Milch abschöpfen. S. Raum.

Abrico (abricot), Abricose. Ift auch ein Zuruf, so viel als he ba! im
Begegnen. Abrico, Herr Mayer! laffen Sie Sich etwas sagen!
Dieser Zuruf ist inbessen nur eine komische Verbrehung bes fran=
zösischen à propos.

Abschrecka, Küchenausbruck, ben Braten wenig mit kaltem Wasser be=
gießen ober besprizen, auch die Kälte bes Wassers mit etwas lauem
milbern.
    — — mit abgeschrocktem Waffer begießt.
    Gebr. Grimm, Mährchen, in Wadernagel, Leseb. Th. IV.
    col. 1357.

Abschwälka, bebeutet bei Pflanzen bas anfängliche Welken unb Trock=
nen. Man läßt die Kräuter „a wenig abschwälka", ehe man
sie in bas herbarium einlegt. Auch bebeutet bas Wort ein wenig
unb oberflächlich räuchern, z. B. frische Bratwürste.

Abseza, impers. es sezt ab, es gibt, es kömmt bazu, z. B. 's wird Hieb
abseza.

Abfolut, eine Aeußerung bes Trozes. Jez thu'i's abfolut, b. h.
bes Verbotes, ber Warnung ungeachtet. S. Aextra, G'rab,
Just, Justament.

Abspädka, Schläge ad posteriora geben. S. Spädklös.

Abthua, abschlachten, besonbers Geflügel.

Abwäsa, Abwesen, Vermögensverfall.

Abweicha, Abweichen, Durchfall, Laxiren. S. Catharine, schnelle,
Pfaifa, Schaißa.

Abzinſa, Zinſen, — in älteren Rechnungen. **Gropp, Wirzburg. Chronic.**
Th. I. S. 331. 407. **Haltaus**, gloſſ. v. **Abzins**.

Abzwacka, abzwicken, abkargen, aus Geiz vorenthalten.

> Selig ſey der loſer, der dich (die Traube) **abzwackt!**
> **Hans Roſenblut** in **Wackernagel, Leſebuch** Th. I.
> col. 1009.
> Es iſt auch nicht beſtändig,
> auch nicht ſo grofs und klein,
> Was man alſo unbändig
> an ſich **abzwackt** allein.
> J. **Domans** Lied v. d. Hanſeſtädten in **Wackernagel**,
> Leſeb. Th. II. col. 248.

Accrat, accurat, genau.
Ach und Krach, mit, — mit Jammer und Getöſe.

Abel, Abam. Daher der Witz: Wir ſind (b. h. ſtammen) Alle von Abel.

Aecha, Eiche und eichen, von Eichenholz. — **Aechaholz**, Eichenholz,
ächana Bretter, eichene Bretter. — **Aechana Stee** ſind ſehr
harte Kalkſteine, welche bei Ranbersacker nächſt Würzburg gebrochen
werden. Sie werden, wie das harte Eichenholz dem weichen Föhrenholz, den Sandſteinen entgegengeſetzt. Würzb. Verorb. vom
26. Sept. 1755. Nr. 7 (Samml. d. Land. Verordn. Th. II. S. 673).

Aechel, Eichel. Aechel g'ſund, ſehr geſund und friſch, wie die Eichel im Walde.

Aechörla, Eichhörnchen.

Aebächs, Eibechſe. S. Häbächs.

Aegaſinn, Eigenſinn.

Aegazimmer, Eigenzimmer, eine Perſon, die für ſich ein eigenes Zimmer bewohnt. Würzb. Verordn. v. 26. Sept. 1761 Stio (Samml.
b. Land Verord. Th. II. S. 768). Samml. b. Pflichten und Orb.
b. Stabt Schweinfurt. Von Eigenzimmerinnen. S. 244 ff.

Aegs, verkehrt, über Eck. Handſchuhe ächs anziehen, wobei das Innere
nach Außen gekehrt ober der linke Handſchuh mit dem rechten an
den Händen verwechſelt wird. J bin ganz ägs im Kopf. 'r macht
Alles ägs.

Aemer, Eimer. Feuerämer, leberner Kübel zum Waſſerſchöpfen bei
Bränden.

Aerbes, Erbſen. Bayer. Arbaiß, Arbiß. Schmeller, Wörterb.
v. Arbiß. Th. I. S. 101. Gropp. Wirzburg. Chronic. Th. I.
S. 351. gerſten und erbeiſs. Hans Sachs, Fabel, in Wackernagel, Leſeb. Th. II. col. 105.

Aetſch! Ausruf des Spottes. — Aetſch ausgelacht! ätſch Kübla g'ſchaft!

Aetta, Vater, Großvater, Ahnherr.

's isch mer wohl bym Aetti, jo,
Und bym Müetterli.

Hoffmann, allemann. Lied. S. 30.

Auch Tätta, griech. ἄττα, τέττα, lat. tata, Väterchen. Martial. I. 101. 1, ital. tatamello, ein Kind, welches anfängt zu lallen und tata zu sagen. Vgl. Schilter, gloss. v. Atta. S. auch Härrla, Tätta.

Aextra, extra, extra ordinem, um zu trotzen. Aextra (allen Verboten zum Trotz) geh i auf's Schießba. S. Absolut, G'rab, Just, Justament.

Ahhalai! ach bei Leibe! eine starke Verneinung, obschon das Nicht gewöhnlich wegbleibt.

Ah mai! ach mein! Ausdruck der Verwunderung, bald als Ausruf, bald als Frage. Es scheint dabei ein Hauptwort verloren worden zu seyn, z. B. Gott. Vgl. Mai.

Ah was! drückt gleichfalls Verwunderung aus, heißt wahrscheinlich so viel als ach was! ach was höre ich! Franz. Dame oder Tredame! (statt Notro-Dame!) ei, ei! potz tausend! (ei! bei der heiligen Jungfrau!).

Ahndtha impers. 's thuat ma. ahnd, ich vermisse es, ich fühle das Bedürfniß darnach, — hängt mit Ahnen oder Ahnden zusammen.

Ai, ein — im Zusammenhang mit andern Wörtern. Aifall, Einfall, aimacha, einmachen, Aisturz, Einsturz, aischmiera, einschmieren. S. A, An, Ee.

Aitel, eitel, drückt ein Uebelbefinden, hauptsächlich wegen nüchternen Magens aus. 's is mr aitel (öb). S. Deb. Dann bedeutet es so viel als lauter, nichts als, pur, u. dgl. Deß Bier is aitel Wasser, dieses Bier besteht aus Nichts als Wasser.

Er zog bei eitel finstrer Nacht
Gen Wien. —

Lied d. Landsknechte in Wackernagel, Leseb. Th. II. col. 24. Vgl. Wachter, gloss, v. Eitel.

Alärt, franz. alerte, lat. alacer, aufgeweckt, munter.

A Last, eine Last, d. h. eine Menge, sehr viel. A Last Gäld, a Last Leut.

Allaweil, alle Weile, bedeutet jetzt, in gegenwärtiger Zeit. Anderwärts ist das Wort, und zwar weit richtiger, identisch mit allezeit, jede Zeit, immer, allem. alliwil.

goht er in große Schritte 's Dorf 'us und gegenem Ahi zue,
alliwil g'schwinder und größer, und alliwil bleicher und dünner.

Hebel, Werke. Der Geist in der Reujahrsnacht. Bd. II. S. 62.

Engl. always. The beginning is always so. Der Anfang ist immer so.

Allee, allein, solus. Ganz allee.

Alleen§, so viel als Alee, wenn der Ton auf die letzte Sylbe gelegt wird, bedeutet aber mit dem Ton auf der ersten Sylbe gleichviel, gleichgültig. Heut oder morga, beß is mr. alleen§.

Allerhand, allerlei, mancherlei. geiſtlicher Sprüch allerhandon. Adam Puſchmann, Lobgedicht, in Wackernagel, Leſeb. Th. II. col. 169. mit aller hands reiner tugent. Hartmann, armer Heinrich, a. a. D. Th. I. col. 323. Im Altdeutſchen auch Mancherhand. vil ungelauben manchorhant. Mich. Behamer, a. a. D. Th. I. col. 1007.

Allerwält§=Arſchläcker, allgemeiner Courmacher, Complimentenmacher, unterthänigſter Knecht gegen Jedermann von Bedeutung. S. Galfacter, Cumplimentaſchaißer, Fuchsſchwänzer, Wohlbiener, ſ. auch Peterli auf alle Suppa, in den Sprüchwörtern u. R. A.

Almodiwirz, à la mode Gewürz, ein gewiſſes (?) Gewürz zu Speiſen.

Als, immer. Als zua! Als fortganga!

Alterſch, — vor Alterſch, in alter Zeit, in der Vorzeit, von Alterſch här, von alter Zeit her.

Altfrenkiſch, altmodiſch überhaupt.

Altreuß, Schubflicker, Altmacher. Die Altreußen in der Stadt Würzburg, welche nunmehr als ſpecifiſche Handwerker untergegangen ſind, durften nur alte Schuhe und Stiefel ausbeſſern, dagegen in Verfertigung neuer mit den Schuſtern oder Schuhmachern nicht concurriren. Schmeller, Wörterb. v. Alt=Reis, Bd. III. S. 131.

An, ein, eine vor Vocalen. An Edelmann, an Engländer, an alte Frau. An ananner, an einander, durch ananner, durcheinander, mit ananner, miteinander, nach ananner. S. A, Ai, Ee.

Andivi, Endivien, cichorium Endivia. Anbivizalat, Endivienſalat.

Anfaſſer, unter Leuten gemeiner Claſſe Liebhaber, Derjenige welcher ein Mädchen zum Tanze führt, und deſſen regelmäßiger Tänzer iſt.

Anführa, irreführen, täuſchen, betrügen, zum Beſten haben. S. Anſchmiera, Beluchſa, Beſchaißa, D'rankriega.

Anka, Nacken, Genick, daher Ankabrätla. Wachter, gloss. v. Anke. — Toata, tête, ancha. Vocabular. St. Galli in Wackernagel, Leſeb. Th. I. col. 28. — Bayer. Aed. — Schmeller, Wörterb. v. Aed, Th. I. S. 24 v, Anken, S. 83.

— doch weiht's mer so frostig in Aecke.

Hebel, Werke. Der Geist in der Neujahrsnacht. Bd. II. S. 65.
Im Allemannischen wird Butter Anke genannt.

Chromet süßen Anke!

Hebel, Werke. Die Marktweiber in der Stadt. Bd. I.
S. 60—65.

Raffi trinke und Ankewecli drin tunke.

A. a. O. Bd. II. S. 21. — Vgl. Schilter, gloss. v. Anka.

Ankee, Nanquin, ein ostindisches Sommerzeug, besonders für Beinkleider.

Anleit, Immission, Einsetzung in Güter. Die dazu verordnete Person
hieß der Anleiter. Kaiserl. Landgerichts-Ordnung von 1818.
Th. I. Tit. IV. in d. Samml. d. Land. Verord. Th. I. S. 54—55.
68—69. Vgl. Haltaus, gloss. v. Anleiter.

Annerer, annerst, Anderer, anders.

Anschmiera, betrügen, übervortheilen. S. Anführa, Beluchsa, Beschaißa, Drankriega.

Appel, Appollonia.

Arbet, Arbeit. — 's wird sufera (saubere) Arbet werde. Hebel,
Werke. An den Rechnungsrath Gyßer. Bd. II. S. 90.

Armethai, Armuth, armes Wesen und Aussehen.

Arvel, ein Arm voll, z. B. Holz, Heu.

's isch e Hütte dört, und isch en Aerfeli Strau drinn.

Hebel, Werke. Geisterbesuch auf dem Feldberg. Bd. II. S. 22.

Aschawedala, Aschenbrödel, die Vortreffliche, aber Verachtete und Geplagte
unter mehreren Schwestern.

Atzel, Perrücke, auch Hazel, s. d. u. Proda, s. d. Schmeller,
Wörterb. Th. I. S. 113. v. Atzel. Sonst bedeutet Atzel Elster.
S. Gäckerhät.

Auf, offen. Die Thür is auf. Auch aufgestanden, außer Bett. Die
gnädige Frau is no nit auf.

Aufgedunnert, — von Weibspersonen, im höchsten Grade geputzt.

Aufgeraumt, munter, launig. Ein aufgeraumter Kopf ist doppel-
sinnig, und bedeutet eben so fröhliche Laune und geistige Lebendigkeit, als einen kahlen Kopf (wo mit dem Haarwuchs aufgeräumt ist).

Aufgrolla, anschwellen, z. B. Erbsen im Wasser, Flaum und Eiderdunen
in der Sonne. S. Auftrolla.

Aufhalta si über eppes, sich über etwas beschweren, beklagen.

Aufschnitza, auflügen, anlügen, aufschneiden. S. Schnitz.

Auftrolla, eben so wie Aufgrolla. S. d.

Aufzieha, bei Jemandem etwas zur Sprache bringen, was er gern ge=
heimhält, und wobei er verlegen wird, z. B. een mit 'r a Lieb=
schaft aufzieha. S. Joppa.

Ausbüchsa, ein Glas, einen Krug (mit einer Büchse verglichen), bis auf
die Neige austrinken.

Ausfransa, aus Leinwand und andern Stoffen die eingewebten Fäden
(Fransen) ziehen oder zupfen, wie wenn man Charpie macht.
S. Austrasla.

Auskerfla, aus den Schoten der Bohnen u. dgl. die Kerne (Kerfel) heraus=
klauben. S. Kerfel.

Ausmacha, Jemanden verleumden, Nachtheiliges von ihm erzählen und
verbreiten, it. ausfindig machen, auskundschaften, eppas mit
anauner ausmacha, über etwas mit einander sich verabreden,
übereinkommen.

Ausrichta hat die nämliche Bedeutung, wie das vorige Wort.

Ausschatza, ausschätzen, die Güter eines in Concurs gerathenen Gemein=
schuldners verganten oder öffentlich versteigern. Daher Ausschatz=
ung, excussio. Würzb. Verordn. v. 28. Januar 1721 (Samml.
der Land. Verordn. Th. I. S. 649), Verordn. v. 4. May 1722
(a. a. O. S. 671.), Concurs= u. Prior.=Ordn. v. 20. July 1747
(a. a. O. Th. II. S. 496—501). •

Ausschießer, Ausschüßer, die in den Landesausschuß oder das Land=
regiment, d. h. in die Landmiliz eingereihten Personen. Würzb.
Verordn. v. 1. Jan. 1702 (Samml. b. Land. Verordn. Th. I.
S. 521—522.), Verordn. v. 26. Aug. 1708 (a. a. O. S. 561),
Verordn. v. 24. July 1717 (a. a. O. S. 605—606).

Austrasla, ausfasern, die Fasern oder Fäden aus einem Gewebe neh=
men. — Der Zeuch trasfelt si aus, dieser Zeuch läßt (am Rande)
die Fäden ausgehen. S. Ausfransa.

Azwä, entzwei. Azwäbrächa, Azwähaua, i schlag b'r's G'sicht
azwä!

B.

Babel, Barbara. Romana=Babel ist eine weibliche Person, welche
sich dem Lesen von Romanen hingibt, und romanenhafte Streiche
macht. S. Bärbel.

Baba, baben, statt waten, burch's Wasser, burch'n Dräck, burch'n Schnee
baba, 'naibaba, u. s. w.

Bäbbera, bebbern, belfern, schwätzen und schnell sprechen, im Zorn die Lippen und den Kinn bewegen, von Beben. Kaltschmidt, Wörterbuch v. Beben.

Bär, Schweinsbär, männliches Schwein.

Bärbel, Barbara. S. Babel.

Bärndräck, trocken eingesottener Lakrizensaft.

Bätza, beizen, einbeizen das Fleisch. Bätzfläsch, Beizfleisch.

Bätzer, Schaf.

Bätzet, batzig, üppig. Mach bi nit so bätzet! Sey nicht so üppig! S. Mäck, Mausi.

Backfisch, gebräuchlich bei jungen Mädchen zur Zeit, da sie anfangen, aus Kindern Jungfrauen zu werden.

Balbirer, Barbier. Archiv d. hist. Vereins. Bd. IV. H. 3. S. 162, 163. Bd. X. H. 1. S. 146. Bd. XI. H. 1. S. 130.

Ball, bald, — auch im Sinne von beinahe. Ball wer i g'storba, beinahe 2c. 2c.

Ballier, der Obergeselle und Aufseher bei den Mauerern, sehr unbekannten Ursprungs. Baliseur heißt im Französischen ein Aufseher, welcher darauf halten muß, daß die Anwohner eines Flusses die Ufer bis zu einer gewissen Entfernung zur Bequemlichkeit der Schifffahrt frei lassen. Ein solcher baliseur scheint mit dem Maurer = Ballier nichts gemein zu haben. Dagegen bedeutet baillif oder bailli einen Vorstand, Amtmann, Gerichtsvorstand, mittelalt. ballivus, ballivia, das Amt und die Gewalt des ballivus. Du Cange, gloss. v. Ballivus, Ballivia. Altfranz. baillie, Gewalt, Vorstandschaft. Hier ist der Ursprung. Der Ballier ist der mit Gewalt und Vorstandschaft über die Maurergesellen vom Meister ausgerüstete Obergeselle. Kaltschmidt, Wörterb. v. Ballei. Schmeller, Wörterb. Th. I. S. 279, v. Polieren — leitet das Wort unrichtig von Poliren ab. Im Archiv d. hist. Vereins, Bd. IV. H. 1. S. 16, wird vom Jahre 1500 aus einer Baurechnung des Domstifts ein Steinmetz, Meister Peter, der mit einem „Parlirer" (!) und mehreren Gesellen arbeitete, erwähnt. Vgl. S. 56 a. a. O.

Balz, Balzer, eigentlich Balthser, Balthasar. Ein Balzer von Thüngen wird im Archiv d. hist. Vereins, Bd. II. H. 2. S. 20 aufgeführt.

Bank, durch die Bank, durchgängig. Würzb. Verordn. v. 26. Oct. 1756, Nr. 3. Abs. 3. in d. Samml. d. Land. Verordn. Th. II. S. 711.

Bankert, Bastard, uneheliches Kind, kömmt nach Ramler's Erklärung (Kaltschmidt, Wörterb. v. Bank), und nach Schilter, gloss. v. Bankart von Bank im Gegensatz des Ehebettes her. Ist das Kind unehelich geboren, oder wie man spricht, von der Bank gefallen, so heißt es Bänkling (Bankert). Nach Wachter, gloss. v. Bankart bedeutet bank das Bett und art etwas Fehlerhaftes.

Banner, zum banner, zu zweien, zum Paar, Banner ist eine Contraction von bei einander, würzb. beinanner. S. Zwätt.

Barthel, auch Barthelmee, Barthelomäus, Archiv d. hist. Vereins. Bd. II. H. 2. S. 40. 43. Saubarthel, Dräckbarthel bedeutet einen unreinen, wüsten Menschen. Schußbarthel ist ein übereilter, unbesonnener Mensch. S. Schuß. — S. auch Partel und b. Sprüchw. u. R. A. v. Barthel. — S. noch Dräckkäfer, Mistfink, Schmiertiegel.

Bastel, Sebastian.

Bauchbläßig, an aufgeblasenem, aufgeblähtem Bauche leidend. „Bauchbläßig, das ist, wann die Seiten, Bauch und Lenden (des Pferdes) wegen aufgeschwollener Lunge und verstopfter Luftröhre im Athemholen gleich einem Blasbalg auf= und gleich wieder zusammengehen, auch die Nasen im Schnaufen hoch aufblasen" 2c. 2c. Würzb. Verordn. v. 17. Juny 1709, in der Samml. der Land. Verordn. Th. I. S. 563. S. Blast.

Bausa, bauschen, strotzen, wenn etwas angefüllt ist, z. B. die Tasche. Daher auch Bausbacken, aufgeblasene oder auch sonst dicke, volle Backen. Kaltschmidt, Wörterb. v. Bauschen, Bausback. S. Stärza.

Beck, Bäcker, Pfister. Würzb. Verordn. v. 17. Febr. 1750. Nr. 16. in b. Sammlung b. Land. Verordn. Th. II. S. 567. Archiv d. hist. Vereins. Bd. II. H. 3. S. 20. Samml. d. Pflicht. u. Ordn. der St. Schweinfurt. Verbot des Vorkaufs. §§ 1. 3. S. 256. 527. Bey dem becken oder pfister blib das brot.

    Niclas v. Weyl, in Wackernagel, Leseb. Th. I. col. 1043. vnd do die pecken die pfennig sahon.

    Passionale, a. a. O. col. 979.

Beckabee, Bäckerbeine sind an den Knieen gegen einander geneigte Beine, wie sie sich häufig bei den Bäckern durch die Anstrengung bei dem Teigkneten bilden. Beckarauch bedeutet etwas Werthloses, Unnützes. Beckarauch is à tout, es ist nichts dahinter, es kömmt dabei nichts heraus, Schwindelei! leere Prahlerei!

Bebug, verzagt, eingeschüchtert, baher bebachtsam. Das Wort hängt mit Bebacht zusammen. Anfänglich hielt ich bamit Daucha für verwanbt, weil ber Verzagte leise auftritt (baucht). S. Daucha.

Bee, Beine, Schenkel, in ber vielfachen Zahl Knochen, Gebeine, baher ber Uebersetzungswitz: de mortuis nil nisi bene, von bem Tobten bleibt nichts übrig als bie Beene (bie Bee, b. h. Beine ober Gebeine). Altb. di benen. Grimm, Rechts-Alterth. S. 596.

Beebergemeng, Kleiberstoff von Leinen u. Wolle, unter ben Lanbleuten üblich.

Begrase sie, sich bereichern, bie bargebotene Gelegenheit zu seinem Vortheil ausbeuten, von Thieren auf ber Weibe hergenommen.

Beigla (mit scharfem ̇e), bügeln, plätten.

Beilag, Beiessen, Beitracht. Gemüß unb Beilag, z. B. Spargeln unb gebackene Eier.

Beluchsa, täuschen, betrügen, übervortheilen. S. Abluchsa, Anführa, Anschmiera, Beschaißa, D'rankriega.

Benbel, Bänbel, Bänbchen, um zu binben, lat. adverb. pendulus.

　　Aber iro sélbun nam si dén béndel aba.

　　　　Marcianus Capella, in Wackernagel, Leseb. Th. I. col. 153.

— unb Plüschi Hose han i a,
e Zitli (Uhr) brin, e Benbeli bra.

　　　　Hebel, Werke. Des neuen Jahres Morgengruß. Bb. I. S. 17.
Flanell mit rothe Benble.

　　　　A. a. O. Die Häfnet-Jungfrau. Bb. II. S. 85. 86.

Benk, Fläschbenk, Ort bes öffentlichen Fleischverkaufs, Fleischhalle. Dienstbot. Orbn. v. 22. Sept. 1749, 12mo, in b. Samml. b. Lanb. Verorbn. Th. II. S. 541. Schilter, gloss. v. Banc. — Benk-brätla, Ochsen-, Kalb- unb Hammelfleisch, als bas Wohlfeilere, wirb bem Markbrätla, Wilbpret unb Geflügel, was auf bem Markte verkauft wirb, als bem Theuerern, entgegengesetzt.

Berschta, Bürste.

Beschaißa, betrügen.

　　Vff gross beschiffs vil yetz studieren,
　　Viel denken, wenig corrigyeren.

　　　　Seb. Brant, Narrenschiff, in Wackernagel, Leseb. Th. I. col. 1069.

　　Der tuefel beschifst vns wol mit pfaffen.

　　　　A. a. O. col. 1070.

　　Da würd mich erst der teufel bescheissen.

　　　　Hans Sachs, Fastnachtspiel, a. a. O. Th. II. col. 94.

Sohilter, gloss. v. Beschiss. S. Anführa, Anschmiera, Be=luchfa, D'rankriega.

Besserung, Dünger, Mist, weil damit der Boden verbessert wird. Samml. d. Land. Verord. Th. II. S. 460. 674. — „Ich bin auf dem Weg der Besserung", sagte scherzhaft ein Genesender, als er auf einem Feldwege spazieren ging, wo die Bauern von ihren Wägen viel Mist verloren hatten.

Bestand, Miethe, Pacht. Würzb. Verordn. v. 27. Jan. 1733, in der Samml. b. Land. Verordn. Th. II. S. 75. Verordn. v. 31. Aug. 1750. 7mo. a. a. O. S. 596.

Bimbambum, Bumbalabum, in der Kinderstube gebräuchlich, um eine Bewegung, einen Sturz oder einen Ton anzudeuten, z. B. des Uhrpendels oder einer losgehenden Flinte.

Mancher will edel syn, vnd hoch,
Des vatter doch macht bumble bum,
Vnd mit dem Kueffer werck ging vmb.
    Seb. Brant, Narrenschiff, in Wackernagel, Leseb. Th. I.
    col. 1065.

Hier ist das Getöse gemeint, welches entsteht, wenn die Küfer Reife an die Fässer antreiben.

Bischama, Bischofsheim, Städtchen vor der Rhön, auch ein solches in Baden. An der Rhön Beischama, mit scharfem é.

Bißla, a Bißla, ein Bißchen, ein wenig, eigentlich ein kleiner Bissen, von Beißen. Wart a Bißla! Althochd. bizzo, mittelalt. pecia, pezzia, franz. pièce (morceau beutet auch auf Beißen, mordre), ital. pezzo, allemann. Bizzele. Kaltschmidt, Wörterb. v. Bis=chen, Bissen. Hebel, Werke. Die Wiese. Bd. I. S. 13.

Bittling, Büching, ein bekannter gedörrter Seefisch.

Bißali, Bützelchen, kleine Stücke, ital. pezzi piccoli. S. Schnippali. Daher Bißla, s. d.

Bißelbes, sehr bös, sehr zornig. S. Fuchsteufelswild.

Bißla, bißeln, in kleine Stücke schneiden, z. B. Papier, Holz, it. moussiren und prickeln, z. B. bei Most und Selterser Wasser.

Bläch, Bleiche, Bleichplatz für Leinwand, daher blächa, bleichen, — it. adv. bleich oder blaß.

Bläcka, blöcken, überhaupt stark und widerwärtig schreien, auch von Menschen gebräuchlich.

Bläß, Blesse, Blassen, ein weißer Streif oder Flecken an der Stirne der Pferde und Ochsen, it. das Thier selbst, welches mit einem solchen

Streif oder Flecken gezeichnet ist, it. Stirne, z. B. bei P. Abraham a St. Clara: Der kleine David hat den großen Lümmel Goliath mit einem Stein an die Blassen getroffen. Schmeller, Wörterb. Th. I. S. 238. v. Blassen.

Blättlaszalat, Salat von den jungen Saatblättchen des Kopf- oder Hauptsalates (lactuva sativa v. capitata), im Frühlinge. Meistens heißt er Gartazalat, s. d., hat er aber bereits Häupter gebildet, Häuttlaszalat. S. Hätt.

Blätza, schlecht flicken, it. mit Feuergewehren schießen. Von Bläz, Platz, allemann. bedeutet Lappen, Fleck, und ist verwandt mit Blatt. Kaltschmidt, Wörterb. v. Bläz.

> Wolt ich dir deinen Bauch verpletzen,
> Dafür ein schwarzyn Flecken setzen.
>> Burcard Walbis, Fabeln, in Wackernagel, Lesebuch Th. II. col. 49.

Blaft, Aufgeblasenheit, Aufblähung des Leibes, von Blasen. S. Bauch-bläßig.

Blecka, herzeigen, sehen lassen, entblößen, z. B. den Hintern, die Zähne (fletschen), als Demonstration der Verachtung oder des Zorns. Das Wort hält man für verwandt mit Blicken (die Blicke), weil dabei etwas Entblößtes den Blicken gezeigt wird. — Bei Coblenz bedeutet bleck bloß und blecket blank, rein. Bei Hans Sachs findet man „die Hand blecken" und „die Schenkel blecken". Kalt-schmidt, Wörterb. v. Blecken.

Blinzelmäuslas, blinde Maus, gewöhnlich blinde Kuh, ein bekanntes Spiel, wobei ein Kind mit verbundenen Augen eines der übrigen neckend herumspringenden Kinder zu fangen und festzuhalten hat. Kaltschmidt, Wörterb. v. Blinzeln will es nicht von Blind abstammen lassen, sondern von Liz, welches im Worte Antliz vorkömmt, indessen Blind und das verwandte Blinzeln scheinen doch näher zu liegen.

Blitzblau, sehr blau, wie der schwefelige Blitzstrahl, besonders vom Ge-sichte üblich, wenn es durch Husten oder Würgen blau wird. Die-ses Blitzblau zeigt sich besonders bei dem davon benannten blauen Husten (Keuchhusten).

Blöh, Bläue, blaue Stärke, um der Wäsche eine leichte, blaue Färbung zu geben, daher blöha, bläuen, mit solcher Stärke die Wäsche behandeln. Wie ist es aber in Würzburg mit dem Blöhlein, einem Ort nächst der ehemaligen Catharinenkirche und dem jetzigen Hause des Catharinen-Bäckers? Stammt denn diese Benennung auch von **Blöh** oder **Blau** her, oder von einer Familie **Blöhlein**, welche dort ihr Anwesen hatte? Die Familiennamen mit der End= sylbe **lein** sind in Franken häufig, z. B. Füglein, Kindlein, Leib= lein, Oehrlein, Schätzlein, Ströhlein, Treuttlein, Zwirlein 2c. 2c.

Blümerant, corrupt statt bleu mourant, d. h. blaßblau. 's werd mr **blümerant,** es wird mir tobtübel oder ohnmächtig. Im frän= kischen Kreis, namentlich im Bisthum Würzburg waren bei den Dragonern die Röcke weiß mit „**bleumoranten**" Auf= und Brust= überschlägen, Unterfutter und Halskräglein, nicht weniger die Scha= braken „**bloumorant**". Würzb. Verordn. v. 26. Octob. 1756, Nr. 2. in d. Samml. d. Land. Verordn. Th. II. S. 710.

Blutarm, sehr arm, — bis auf das Blut.

Bluth, Blüthe, auch Blüthenzeit, z, B. die Traubenbluth.

Blutwenig, sehr wenig.

Bock, Bockshäuser, Fehler in den Schulaufgaben und überhaupt im äußern Tact und Betragen. 'n Bock schießa, s. Sprüchw. u. R. A. v. Bock. S. Schniß u. Schnißer.

Bockbeinat, bockbeinig, d. h. widerspenstig, eigensinnig. S. Stußi.

Bocksbeutel, eine gedrückte, runde, nach Art des Beutels oder Hoden= sacks der Böcke geformte Flasche zum Einfüllen und Versenden des Steinweins.

Bocksteif, sehr steif, z. B. bei großer Müdigkeit oder bei einem Todten.

Boda, Boden, Speicher, Dachraum. Bodaloch, Dachlucke, Dachfenster, — Bodentreppen, Gebrüb. Grimm, Mährchen, in Wackernagel, Leseb. Th. IV. col. 1354.

Bodanüchtern, sehr nüchtern, wenn Jemand durchaus frei von einer Spur des Rausches ist, wohl auch wenn er überhaupt von Speise und Trank nichts genossen hat, nüchtern und leer bis auf den Grund und Boden des Magens hinab.

Bocksfara, nach dem Bock riechen oder schmecken, besonders von Wein, wenn er einen eigenthümlich widerlichen Geruch und Geschmack hat.

Böhla si, sich (im Bett) mit dem Unterleib aufbäumen, wie bei der Kolik und andern schmerzhaften Unterleibskrankheiten, besonders der Kinder.

Börzel, Bürzel, der Steiß besonders bei den Vögeln. Gensbörzel. Auch wird damit ein kleiner Mensch bezeichnet. S. Daumanickel, Krabatt, Krott, Stumpa. — Börzel ist mit Brust ver= wandt, und bedeutet einen hervorstehenden Theil. Hans Sachs gebraucht auch das Zeitwort Pürzen als Hervorstehen:

Der Bauch jr immer fürber pürßt.

> Kaltſchmidt, Wörterb. v. Bruſt. Schmeller, Wörterb.
> Th. I. S. 204. v. Borzen. Wachter, gloss. v. Burtzel
> (zeigt auf bord, extremitas zurück).

Bößla, kleine Arbeiten in Holz (bois) verrichten. Boiselier, franz. Schachtelmacher. Wachter, gloss. v. Bosseln. Schmeller, Wörterbuch Th. I. S. 213. v. Bäſcheln. — Bosseler, franz. in
Wachs boſſieren. S. Tiſtla.

Bolleraug, ein (erblindetes) Aug mit krankhaft vergrößerter und vor
ſtehender Hornhaut (staphiloma?). Von Ball, Ballen, weil ein
ſolches Auge einen harten, runden Körper bildet. Kaltſchmidt,
Wörterb. v. Bolle.

Bomma, äquilibriſtiſch ſich bewegen, auf dem Bommgaul (ſ. b.) reiten,
oder die Schaukelbewegung zweier Knaben, deren jeder auf einem
der beiden äußerſten Ende eines Balkens ſitzt, welcher in der Mitte
auf einen andern Balken ſchwebend aufgelegt iſt und auf- und abbewegt werden kann. Mit dem Stuhl bomma heißt ſitzend ſich
mit den Hinterbeinen eines Stuhles ſchaukeln.

Bommgaul, hölzernes Schaukelpferd der Kinder. S. Bomma.

Bommla, baumeln, eigentlich an einem Baum hängen, und vom Winde
hin- und herbewegt werden, überhaupt ſich unſtät hin- und herbewegen, taumeln ꝛc. ꝛ.

> Der (der Bauer mit den falſchen Würfeln) muß baumeln,
> d. h. an dem nächſten beſten Baume aufgehängt werden,
> und das Spiel der Winde ſeyn. Schiller, Wallenſteins
> Lager, erſter Jäger, Auftritt 10.

Borza, hervorragen, vorſtrecken, pürzen. S. Bauſa, Börzel, Stärza.

Bot, eine einzelne Partie in Kinderſpielen, z. B. im Schießerſpiel. Deß
Bot gilt mr nichs. Bott, ictus, ital. botto, von batten, franz.
battre, ſchlagen. — Allegorice dicitur de vicibus temporis,
quia similes sunt ictibus repetitis. Wachter, gloss. v. Bott.
Vgl. Schmeller, Wörterb. Th. I. S. 223. v. Bot. — Bot
bedeutet Gebot, Befehl, mandatum, praeceptum. — Würde das
Wort Bot hauptſächlich von Schachpartieen gebräuchlich ſeyn, ſo
könnte man es um ſo mehr von Bieten, Gebieten ableiten, als,
um das Spiel zu entſcheiden, Schach geboten werden muß.

Bränzla, verbrannt riechen, z. B. verbranntes Fleiſch oder Gemüſe,
von Brand und Brennen.

Brät, breit. Si brät macha, auf einer Bank ſitzend oder ſtehend
neben andern Menſchen ungebührlich vielen Raum in Anſpruch neh-

men, it. prahlen, sich übermüthig oder eigenmächtig benehmen. S. Dickthua, Präscha.

Braimaul, Einer, der langsam und unbeholfen spricht, gleichsam als wenn er noch Brei im Munde hätte.

Breng, imper. bring' und infin. bringen.

Brettspiel, ein gefüttertes Kästchen mit Löffeln und Besteck von Silber, welches früher einen Theil der Ausstattung der Töchter bildete.

Briesli, die Halsdrüsen, Mandeln, schweiz. Milken der Thiere, besonders der Kälber. Die Kalbsbriesli gelten, besonders Vormittags zum Wein oder Schurlemurla (Student. Ausdr.), gebacken oder eingemacht als eine leckere Speise.

Britt, Brett. Gropp, Wirtzburg. Chronic. Th. II. S. 785. Archiv d. hist. Vereins. Bd. V. H. 1. S. 132.

Bröckali, ital. broccoli, Kohlbröckali, die jungen, an den Kohlstümpfen im Frühlinge hervorbrechenden Sprossen, welche als Gemüse und Salat gegessen werden.

Brösali, verriebenes, zerkleintes Brod, besonders auch geriebene, dann in Butter gelb gebackene Weckfragmente, womit man gewisse Speisen, Klöse, Nudeln 2c. 2c. bestreut, oder geriebene Wecke, womit Carbonaden, junge Hühner 2c. 2c. in Butter oder Schmalz gebacken werden. Der Darmplatz (d. s.) mit Brösali bestreut heißt auch Brösalasplaz.

> Er list am Bode b'Brösli uf.
>> Hebel, Werke. Der Sperling am Fenster. Bd. II. S. 78.

Brosa, Brosame, d. h. Brodkrume, la mie, im Gegensatz der Kruste oder Rinde des Brodes.

> Iß nit den chrosplig Ranft vom Brod,
> Und loß de weiche Brosme stoh!
>> Hebel, a. a. O. S. 79.

Brotzla, brotzeln, brodeln, von Speisen, wenn sie bei dem Backen oder Braten im Fette kreischen. Verbrotzelt ist eine Speise, wenn sie zu lange und zu hart gebacken oder gebraten ist.

Brüllochs, Zuchtstier, Büll. — Faselochs, s. d.

Brumma, Unzufriedenheit aussprechen, schmollen u. zanken, — räsoniren, s. d.

Brummer. So nennt man in Würzburg scherz- und spottweise die städtischen Gemeindebevollmächtigten, weil sie im Magistrate Opposition machen (brummen), oder auch weil sie bei der Berathung der Angelegenheiten der Stadt, wie man sagt, in den Bart brummen, statt mit scharfer Auffassung und gründlichen Kenntnissen hervorzutreten. Ob dieß gegründet sey, bleibt dahingestellt.

Brunze, piſſen, den Urin laſſen, in der gemeinſten Sprechweiſe. S. Sächa. Βρύσις, βρύω, βρύσω drücken hervorquellen aus. Im Deutſchen ſtammt das Wort von Brunnen, was — wenigſtens in älterer Zeit — auch Urin, Harn bedeutet. Urſprünglich Brun-nezen. In der Schweiz bezeichnet Brünzel den Urin und das männliche Glied.

Kaltſchmidt, Wörterb. v. Brunzen.

Der Artzet ſpricht:

Haſt du gefangen deinen brunnen?

Gib her und laſs mich den beſehen.

Der Kranck gibt ihm das Harnglas, und ſpricht:

Nemt hin und bſhawt den brunnen ſelb.

Der Artzt beſieht den Brunnen und ſpricht:

Geſell, dein brunn iſt trüb und gelb.

Hans Sachs, Faſtnachtsſpiel, in Wackernagel, Leſeb. Th. II. col. 91. 92.

Brunzera, bränzera, das Erſtere: Drang zum Harnlaſſen fühlen, 's brunzert mi; das Zweite: nach Urin riechen oder ſtinken — beß alte Bett brünzert.

Brunzi, Urin, Harn.

Bruſaflack, Bruſtfleck, eine Bruſtbekleidung auf dem Lande, Mieder.

Bruſt, weiblicher Buſen, ſtatt plur. Brüſte. S. Härz.

adolescentia iſt ein alter des mennſfken inzwiſken dere chindiſke unde dere ſtercheren jungede: daz iſt ſo dem chnappen der bart aller erſt beginnit ſpringen, unde dere magede die bruſte wohſen beginnent.

Wackernagel, Th. I. col. 252.

— der ſinin munt zuo dinen bruſtin bôt,

unde dine bruſte

in ſine hende vie.

Sequentia de S. Maria, a. a. O. col. 275.

Und er nimmt der Jungfrau ſchneewißi Bruſt.

Hoffmann, allemann. Lied. S. 71.

Buabrinda, die untere Brodrinde, weil ſie von den Buben und über-haupt dem männlichen Geſchlechte der oberen Rinde, Mädlasrinda, (ſ. b.) vorgezogen wird.

Buabaſchenkel, ein Weck, welcher zwei Bubenſchenkel vorſtellen ſoll.

Buabaſchmeckera, ein Mädchen, welches gern mit Buben (Knaben) um-geht, und deren Geſellſchaft ſucht. Schmecken (ſ. b.) wird hier im Sinne von Riechen genommen, und es liegt dabei die unedle

Anspielung zum Grunde, als rieche und schnüffle das Mädchen nach
hündischer Art immer an den Buben herum. S. **Mädlasschmecker.**

Buckel bedeutet nicht blos Höcker, sondern auch im Allgemeinen den
(selbst regelmäßig gebauten) Rücken, daher im Hochdeutschen sich
bücken, Bücklinge machen, wobei immer der Rücken thätig ist.
Staig' mr'n **Buckel** 'nauf! Aeußerung der Grobheit. **Schmeller,**
Wörterb. Th. I. S. 153. v. **Buckel.** S. **Härzbuckel.**

Büttner, Böttcher, Küfer. Würzb. Verordn. v. 14. April 1731, in der
Samml. d. Land. Verordn. Th. II. S. 25. Verordn. v. 28. März
1776, a. a. O. Th. III. S. 118. Samml. d. Pflicht. u. Ordn. d.
Stadt Schweinfurt. Feuer=Ordn. § 5. S. 18. Vgl. **Butta.**

Bumma, Bombe, daher **Bummakessel.**

Bummel, ein großes Exemplar, besonders bei Aepfeln, Birnen, Ret=
tigen, u. s. w. S. **Fäza.**

Butta, Bütte, Bottich, großes hölzernes Gefäß aus Dauben gefügt, mit
Reifen und Armbändern, um auf dem Rücken Wein oder Wasser,
auch Mörtel, Obst, Jauche und Anderes zu tragen. Die Wasser=
und gewöhnlichen Butten sind von Tannenholz, die Weinbutten der
Büttner (s. b.) von Eichenholz, eben so die Beerbutten bei der Wein=
lese. Griech. πίδος (Faß), lat. puteus (Brunnen), adv. putealis,
mittelalt. puzza, puzzi. **Schilter,** gloss. h. v., ital. buttare, aus=
gießen, busta, Geschirr, botte, Faß. Würzb. Verordn. v. 14. März
1687, Nr. 4, in der Samml. d. Land. Verord. Th. I. S. 354.
Verordn. v. 9. Jan. 1772, 4to. a. a. O. Th. III. S. 19. v. 16. Sept.
1776 a. a. S. 126. Archiv d. hist. Vereins. Bd. II. H. 3.
S. 49. 1 bütte, warein ein taphel (Zapfen) ist. **Grimm,** Rechts=
Alterth. S. 578. Der Weinleser wird eins nach dem andern in
die **Butten** werfen. **Luther,** Bibelübersetz. in Jerem. VI. 9.
Vgl. Sprüchw. u. R. A. v. **Butte.** — **Buttaschaißer** werden
spottweise die Bewohner der zahlreichen Häuser auf der Domgasse
genannt, wo wegen Mangels von Abtritten die Nothdurft in **Butten** verrichtet werden muß. — **Kierußbittli** sind die kleinen
buttenförmigen Gefäße, in welchen der Kienruß verpackt versendet wird.

Buttla, 'rum**buttla,** in einer Bouteille umschütteln. **Butteltrüb,**
trüb wie eine umgeschüttelte und mit Bodensatz verdunkelte Flüssig=
keit. S. **Löppera, Pantscha.**

C.

Calfacter, calefactor, eigentlich Wärmer, von calefacere, erwärmen, heiß machen, daher Jemanden sehr zusetzen. Vgl. Cic. ad fam. XVI. 18. Calefac hominem. — Cic. ad Quint. frat. III. 2. Virg. Aen. XII. 269. — Calefacta corda tumultu. — Nach der Nürnberger Leichen-Ordn. v. 1652 waren Calefactoren die Ofenwärmer oder Heizer in den Schulen. Dazu wurden oft die armen, daher unterthänigen und den Lehrern schmeichelnden, wohlbienenden Schüler verwendet. Schmeller, Wörterb. Th. II. S. 292. v. Kalfacter. Zur Zeit bedeutet Calfacter einen listigen und eigennützigen Schmeichler, welcher mit seinen Schmeicheleien, schönen Worten und Denunciationen höher gestellten Personen zusetzt, und warme Zuneigung für sich zu erwecken sucht. S. Fuchsschwänzer, Wohldiener.

Cammänterla (?), eine Art kleiner Schüssel.

Cannelzucker, Canbiszucker.

Canthärla, von Κανθαρος, cantharus, ein Trinkgeschirr. Das Canthärla war früher, noch im Anfange dieses Jahrhunderts, ein meistens dreieckiges, kleines hölzernes Gestell mit einigen Absätzen und gedrehten Säulchen, welches in einer Ecke der Stube hing. Das bisweilen viereckige Canthärla hing an einer andern Stelle der Wand. Das Canthärla diente dazu, um Trinkgläser, besonders Stengelgläser darauf zu stellen, und für Besuche bereit zu halten. In einem solchen Falle nahm man die Gläser herab, sie wurden entweder aus einem dastehenden steinernen Kruge oder aus einer vom Keller geholten vollen Flasche mit Wein gefüllt, und auf einem blanken zinnernen Teller credenzt. Jetzt hat man in den Visitenzimmern, im Salon die étagère, ein vergrößertes, weit höheres, eleganteres und auf dem Fußboden stehendes Canthärla, mit mehreren Stockwerken (étages), wie ein Schrank, nach den Seiten offen, oder mit einer Glasthüre geschlossen. Innen ist das Silber, Crystall und Porcellän nebst allerlei Figürchen und Spielereien der Bewunderung, dem Vorwitz und dem Neid der Besuchenden zur Parade aufgestellt. Es stehen wohl auch sehr elegante Flaschen und Gläser darin, aber der Besucher hat nur das bloße Anschauen, sie werden nicht mehr mit Wein gefüllt und credenzt, wie ehemals.

Carmanad, Carbonade. Carbonaden sind die — früher auf Kohlen (carbones) und einem Rost — gebratenen Rippchen der Kälber, Hammel und Schweine, côtelettes.

Carniffla, schlagen, durchbläuen. Carniffel ist eine Hautwunde, Kür bedeutet Haut (verwandt mit corium, Leder), und das obsolete hniupan zerreißen, rumpere. Dishniupands, bandjos. Evang. Goth. Luc. VIII. 29. S. Wachtor, gloss. v. Carniffel. Vielleicht hängt das Wort mit einer Wunde im Fleisch (caro) zusammen. S. Durchliebera.

Carstadt, Carlstadt, Städtchen am Main auf der Straße von Würzburg nach Gemünden.

Catharine, schnelle, Durchfall, Diarrhoe. Jungfer Kattl ist anders= wo die Menstruation, Καθαρισμός. Schmeller, Wörterb. Th. II. 842. v. Katharina. Καθαρός, Καθαρσις ist rein, Reinigung, catharicum i. e. medicamentum eine Purganz. Cels. II. 12. Es scheint also eine griechische Benennung des Durchfalls oder der Unterleibs=Reinigung — etwa Katharrhoe, wie man jetzt Diarrhoe (διάρροια) sagt, — sey scherzhaft in den bekannten Eigennamen Catharina geändert worden. — Κατάρροος, der Catarrh (mit τ) hat hiemit nichts gemein, außer daß etwa hier wie dort ρέω oder ρύω, ich fließe, als Wurzel angenommen werden könnte. S. Pfaifa, Schaißä.

Contract, von contrahere, zusammenziehen, gelähmt (mit zusammenge= zogenen, eingeschrumpften Muskeln und Sehnen), insbesondere vom Schlagflusse gelähmt. Gropp, Wirzburg. Chronick. Th. II. S. 211. Gropp, collect. script. et rer. Wirceb. Tom. II. p. 117—118.

Crystier, Clystier, das r in l verwandelt, wie im Worte Balbirer, s. b.

Cumplimentaschaißer, Complimentenmacher, der es mit den Complimenten und Höflichkeiten übertreibt; auch Cumplimentaraißer, Cum= plimentaschnaiber. S. Allerwälts=Arschläcker, Cal= facter, Fuchsschwänzer.

D.

Da, du. Willst ba oder willst ba mit? Allemann. be.
Frog, was de weisch, lueg, wo be witt!
Hebel, Werke. Die glückliche Frau. Bb. II. S. 55.

Dachtel, Ohrfeige, Schlag auf den Kopf oder in das Gesicht, daher Jemanden bachteln (bachtla) oder abbachteln, beohrfeigen. Insofern Dach den Kopf (das Dach des Leibes), das Oberste be= deutet, sagt man: Een eene auf's Dach gäh, d. h. Jemanden eine Ohrfeige, einen Schlag auf den Kopf geben.
Die Wachtel, die Wachtel,
Die gab der Braut ein tachtel.
Volkslied, in Wadernagel, Leseb. Th. II. col. 231.

Von Dach heißt auch nach Schmeller, Wörterb. Th. I. S. 351,
v. von Dach, von oben her. In Talhoffers Fechtbuch ist der
Schlag von Tach oder der Fry how von Tach ein Schwerthieb,
zu welchem man frei über dem Kopf ausholt, und in Fouillours
Jägerbuch wird gelehrt: „Es sol keiner sein haub niederheben, da=
mit das Schwein mit seinem Rüssel barein lauffe, sondern die hand
in aller höh haben, und jm ben Fang also von tach geben"... Nach
Kaltschmidt, Wörterb., v. Dachtel, soll dieß ein einzeln stehen=
des, noch nicht erklärbares Wort seyn. S. Sprüchw. u. R.-A.
v. Dach.

Dämma, müssig gehen, faullenzen, in den Tag hinein leben. Schlemmen
und Demmen. Sropp, Wirzburg. Chronik. Th. I. S. 90. 99.

Där, dieser, besonders wenn es ohne Hauptwort ist, und ein Nachdruck
darauf gelegt wird.

    — Der bo het
   scho in der Schuel gern's Marianli g'seh.
        Hebel, Werke. Die Hauensteiner Bauernhochzeit. Bd. II. S. 71.

Dalla, Eindruck, wie z. B. ein solcher bei dem Fall eines kupfernen
Geschirrs entsteht. Schmeller, Wörterb. Th. I. S. 364. v. Dalen.

Darrplaz, von Darre, Dörren, eine Art von flachen Kuchen, mit ge=
dörrten Brosamen bestreut, und besonders bei Kirchweihen üblich,
— auch Brösalasplaz. S. Brösali. Nebstdem ist von den
Plazen auf Kirchweihen der Käseplaz und der Zwiefelplaz im löb=
lichen Gebrauch. S. Plaz, Zwiefel.

Daucha, leise auftreten, schleichen, um nicht gehört zu werden, wie z. B.
die Secretäre und Boten bei den Gerichtssitzungen ein= und aus=
gehen.

    Vnd beschirm mich auch vor dem strauchen,
    Wenn ich die stieg sol hinauf tauchen!
        Hans Rosenblut, in Wackernagel, Leseb. Th. I. col. 1012.

Daumanikel, ein kleiner, scherzweise nicht einen Daumen hoher Mensch.
S. Börzel, Krabatt, Krott, Rickel Stumpa.

Daura, bedauern, Mitleid, Schmerz erwecken. Du bauerst mi.
    das thut mich oft dawren.
        Hans Sachs, Fabel, in Wackernagel, Leseb. Th. II.
   col. 105.

Derfa, dürfen. I derf nit, du derfst aber.

Deputat, von deputare (synonym mit amputare), abschneiden, daher der
abgeschnittene zu= und angemessene Theil. 'r hot sai Deputat
(an Wein, Schlägen u. s. w.). S. Genannts.

Deß, dieses. Deß fählt a us!

Dickthua, großsprechen, prahlen, sich überheben. Dickthua is sai Läba, Prahlen ist seine Liebhaberei. Dickthuer, Prahler, Hoffahrtsnarr. S. Brät und albda si brät macha, Präsche.

Difficultetaschaißer, Einer, der in allen Dingen, weil er zu viele Rück= sichten nimmt, Hindernisse und Schwierigkeiten findet. Mit ihm geistig verwandt ist der Zwaifelschaißer, s. b.

Dilltapp, Narr, Einfaltspinsel, — besser vielleicht Tylltapp, denn Tyll hieß der Eulenspiegel und Tapp (s. b.) ist ein plumper, alberner Mensch, obgleich Eulenspiegel als ein verschmitzter Schalk erscheint. S. Tall, Tollpatsch.

> Was woltest du denn deß diltapen?
>
> Hans Sachs, Fastnachtsspiel, in Wackernagel, Lesebuch Th. II. col. 98.

Docka, Puppe. Kaltschmidt, Wörterb. v. Docke. S. Poppa.

Dockla, mit Puppen spielen, sie an= und auskleiden, Puppenkleider ver= fertigen. Sie is wie gebockelt, sie ist aufgeputzt wie eine Puppe.

Dörla, Dörchen, Dorotheechen. Archiv d. hist. Vereins. Bd. II. H. 3. S. 24. S. Dorl.

Dötsch, Quark, Dreck, werthlose Sache, auch der Abschaum bei dem Ab= sieden und Auslassen von Butter. Archiv d. hist. Vereins. Bd. II. H. 3. S. 62. Stercur, dost. Vocabular. St. Galli, in Wacker= nagel, Leseb. Th. I. col. 36. Schmeller, Wörterb. Th. I. S. 407. v. Dötsch. — S. Jäsch. — Dötschkappa bedeutet etwas Verächtliches und ist eine grobe Abfertigung. Denkst da? Dötschkappa!

> Die groben Bauren=Trappen,
>
> Burger und andere Gäst,
>
> Förchten ihrer Dötsch=Kappen.
>
> Gropp, Wirtzburg. Chronik. Th. I. S. 153.

Dohl, Gosse, Abzug des unreinen Wassers und anderer Unreinigkeiten aus den Häusern, unterirdischer Abzugscanal, daher Dohlsäger. Tollenno est genus machinae, quo trahitur aqua, alteram partem praegravante pondere, dictus a tollendo. Fest. v. Tollenno. — Schilter, gloss. v. Dolun. — S. Guß.

Dorl, Dorothea. S. Dörla.

Dormla, schwindlich seyn, taumeln, wie Einer, der noch halb schläft, (lat. dormire). S. Tortla. Auch dormitare bedeutet bisweilen Faseln, Irren, Schwindeln. Oscitans et dormitans sapientia. Cic. Or. II. 33. — Quandoque bonus dormitat Homerus. Hor. ars poet.

359. — Dormlich oder schwindelhirnig. Würzb. Verordn. vom
22. Septemb. 1742 (Samml. b. Land. Verordn. Th. II. S. 311).
Dormel, Taumel, Schlaftrunkenheit, Rausch. Toum, altb. Dunst.
der boefse toum
der betrubet die hirne.
        Meinauer, Naturlehre, in Wackernagel, Leseb. Th. I.
    col. 771.
Ich dürmel wie eyn Gans herein,
Das schafft allein der gute Wein.
    Trinklied, a. a. O. Th. II. col. 134.

Dorscha, der untere harte Theil oder Kern der Wirsing- und Kraut-
häupter, wo der Strunk abgeschnitten ist, daher Ausdorscha, die
Dorschen herausschneiden. Lat. dorsum, Rücken. Dorsum dictum,
quod pars ea corporis devexa sit deorsum. Fest. v. Dorsum.
Exdorsua, dorsum confringe; alii exime. Id. v. Exdorsua.
Ital. torso, der Strunk am Kraute, franz. trognon. Wachter,
gloss. v. Dorsch.

Doth, Pathe, Pathin. Würzb. Kirchenordn. v. 16. July 1693, cap. V.
Nr. 50. 51. 54. 55. cap. VI. Nr. 57, in b. Samml. b. Landes-
Verordn. Th. I. S. 437—439. Samml. b. Pflicht. u. Ord. b. St.
Schweinfurt. Verord. wegen/ der Kindtaufen. § 9. S. 221. Von
b. Leichenbegäng. §§ 1. 8. S. 228. 234, Archiv. b. hist. Vereins,
Bb. II. H. 3. S. 10. 42. 43. Dothenbeutel, die Börse für
das Pathengeld. Samml. b. Pflicht. u. Ord. b. St. Schweinfurt.
Verord. wegen b. Kindtaufen. § 9. S. 222. — Doth, verwandt
mit Tatta, Tätta (s. b.), Vater. Wachter, gloss. v. Tott.
Vgl. noch Schmeller, Wörterb. Th. I. S. 464. v. Tott. Nach
Schilter, gloss. v. Toda bedeutete dieses Wort ursprünglich
Mutter. Atto (s. Aetta) hieß nämlich der Vater, und Amatodo die
nährende Mutter, denn Ama ist die Ernährerin, die heutige Amme
(span. ama de leche). Später sagte man schlechthin Toda, und
dehnte die Bedeutung dieses Wortes auf die geistliche Verwandtschaft durch die Taufe und Firmung aus.

Dr, der (bestimmter Artikel), dr Mann, er, in Zusammensetzungen,
drloga, drlanga, drschlaga, Archiv b. hist. Vereins. Bd. II. H. 3.
S. 53. 54. — da, dar, — drhäm, drnach, droba, druntig,
drunter a drüber.

Dräckkäfer, ein gewisser Käfer, Mistkäfer (scarabaeus v. aphodius fime-
tarius), aber auch ein schmutziger, unfläthiger Mensch. S. Barthel

unb allba **Saubarthel** unb **Dräckbarthel**, — **Mistfink**, **Schmiertigel**.

Drainhrstück, Vesperstück. Als man noch allgemein um 11 ober 12 Uhr Mittags bie Mahlzeit hielt (baher Mittageffen), wurbe ben Kinbern bas Vesperstück um brei Uhr Nachmittags gereicht, baher bie Benennung.

Drankriega, betrügen, überliften. S. Anführa, Anschmiera, Beluchsa, Bescheißa.

Draufgába, gehorchen, folgen. Die Kinner gäba mit brauf. Es hieß vielleicht früher barauf, b. h. auf bas Wort gehen.

Driespit, Dreispit, ber breieckige ober breispitige Hut ber Bauern. S. Sebeck.

Dripstrill wirb gebraucht, um einen nicht existirenben Ort ober ein Phantasieborf (Utopia) zu bezeichnen. Geh' nach Dripstrill! Sai Rittergüter liegan in Dripstrill. Schmeller, Wörterb. Th. I. S. 499. v. Trippstrill.

D'roba, ba oben.

Drocka (von brucken, brücken), zögern, zaubern, langsam verfahren. Drocker, langsamer Mensch, auf ber Rhön Drickés. Archiv b. hist. Vereins. Bb. VII. H. 3. S. 166. — Schmeller, Wörterb. Th. I. S. 475. 476. v. Trucken, Truckfen. — S. Träntla.

Drub, Here, wohl auch Herenmeister, Unholbin, altb. drud ober trud. Archiv b. hist. Vereins. Bb. II. H. 3. S. 7. 10. 12. 16. 33. 36. 53. 54. 56—66. Das Wort scheint von ben Druiben herzustammen, welche bekanntlich eine heibnische Priesterkaste in Gallien bilbeten. Caes. bell. Gall. VI. 13. 14. 16. Plin. hist. nat. 44. extr. Tacit. annal. XIV. 30. Die Germanen hatten jedoch nach Caes. bell. Gall. VI. 21 keine Truiben. Daß im heibnischen Priesterthum auch Zauberei (Hererei) ihre Stätte hatte, ift nicht zu bezweifeln. Vgl. Wachter, gloss. v. Druiden. Vielleicht hängt Drub auch zusammen mit ben altbeutschen Worten Druchte ober Druthe ober mit Drudos, abstammenb von Trewe (Treue), weil nach ber herrschenb gewesenen Meinung bie Druben bem Teufel Treue zuschwören mußten. Vgl. Du Cange, gloss. v. Druchte, Drudes. S. auch Grimm, beutsche Rechtsalterth. S. 229, wo Truchtin mit dominus ober κύρος überset wirb. Nach Kreitmayr's Anmerk. über b. Cod. Maximil. Bavar. civ. Th. I. cap. XVI. § II. in l. bebeutet Drut nach ber alten Munbart Braut. Noch in ben ersten Jahren bes gegenwärtigen Jahrhunderts war nicht felten von ben Druben bie Rebe, unb bie unartigen Kinber wurben

3

mit deren Erscheinung bedroht, heutiges Tags hört man wenig davon sprechen. — Der Drudenfuß befindet sich auch auf alten fränkischen Münzen. Archiv. d. hist. Vereins. Bd. VI. H. 1. S. 70. Vgl. Schilter, gloss. p. 214. Derselbe kömmt als das bedeutungsvolle Pentagramma der Magie in Göthe's Faust vor:

Mephistopheles. Gesteh ich's nur, daß ich hinausspaziere,
    Verbietet mir ein kleines Hinderniß,
    Der Drudenfuß auf Eurer Schwelle.
Faust. Das Pentagramma macht dir Pein?
S. noch Schilter, gloss. v. Der, Derwyddon.

D'rüba, dort, jenseits.

D'runter und drüber, bunt, in Unordnung durch einander. 's geht b'runter a b'rüber. Alles b'runter und b'rüber kehret. Gropp, Wirtzburg. Chronick. Th. I. S. 228—229.

Ducka si oder duckfa si, sich bücken, sich niederthun, um sich zu verbergen oder zu bemüthigen, sich angstvoll und furchtsam unterwerfen und schmiegen.

— — muß auf der ern
Mit schmerzen meine Kinder gebern,
Mich auch ducken vor meinem mann.
    Hans Sachs, Comöd. in Wackernagel, Leseb. Th. II. col. 60.

Dudla hat eine ähnliche Bedeutung wie Düta, bezieht sich aber mehr auf Blasinstrumente von Holz. Daher Dudelsack, Sackpfeife, ein veraltetes Blasinstrument. Als im Jahre 1618 unser Bischof Gottfried von Aschhausen von Bamberg wieder nach Würzburg kam, wurde er auf der Steig gegen Rottendorf mit Sackpfeifern und Musikanten empfangen. Gropp, Wirtzburg. Chronick. Th. I. S. 389—390.

Dürr, hager, mager, schmächtig.

— dürr, mager, bleich und gelb.
    Hans Sachs, Fastnachtsspiel, in Wackernagel, Leseb. Th. II. col. 96.
Hungerig, dürr und mager.
    Hans Sachs, Landsknechtsspiegel, a. a. O. col. 113.

Daraus, daß hier dürr mit mager durch und verbunden ist, wird kein Sprachkenner schließen, daß die beiden Worte nothwendig zwei verschiedene Begriffe ausdrücken, vielmehr ist diese Verbindung eine Tautologie, die den nämlichen Begriff wiederholt, so daß der ganze Satz damit erhöhten belebteren Sinn und mehr Stärke und

Nachdruck erlangt. Eine ganze Reihe solcher tautologischer Formeln findet man bei Grimm, deutsche Rechts-Alterth. S. 14—19. — Dürr bedeutet auch gedörrt, getrocknet. Dürr Fläsch, — sie haben — viel Wein und Proviant, insonderheit an allerley dürren und gesalzenen Fleisch — gefunden. Gropp, Wirzburg. Chronic. Th. I. S. 220. Dürra Zunga, dürra Zwätschga, dürra Häut, im Gegensatze von Grüa, s. d. — Dürrläber, vielleicht von Läb, d. h. Leib, ein Mensch mit einem dürren, d. h. hageren Leib. Den nämlichen Begriff bezeichnen die Worte: Dürrmäuli, Dürr= mäulet, Dürrmäuler, und liegt hier die Vorstellung zu Grund, daß in dem hageren Gesichte das Maul (der Mund) besonders breit gezogen und groß erscheint. S. Cedarm.

Dûta, auf einem Horn u. dgl. schlecht blasen. Holl. tuit, Pfeife. Der Thürmer, der Nachtwächter bûtet. S. Dubla. Kaltschmidt, Wörterb. v. Tuten.

Dum, Dom, Domkirche. Man findet auch Thum, Thumb geschrieben, besonders oft in Salver, Proben d. deutschen Reichsadels. Vgl. auch Archiv d. hist. Vereins. Bd. III. H. 2. S. 125. 158. Bd. V. H. 3. S. 31. 34. 42. 47. Bd. VI. H. 1. S. 44. 45. Thumb= herr, Thumhof. Hans Sachs, Schwank, in Wackernagel, Leseb. Th. II. col. 88. 89.

Dunner, Donner, schweiz. Dunder, engl. thunder.

Dunka, dünken, däuchen. 's dunkt mi, es dünkt, es däucht mich, es scheint mir.

Durchbrenna, entfliehen, entwischen, davonlaufen, als ob es hinter Einem brenne.

Durchliedera, liederlich etwas verschwenden, it. Jemanden durchprügeln, die Haut (das Leder) durchhauen. S. Carniffla.

Durschlächta, Blattern, Pocken. Archiv d. hist. Vereins. Bd. V. H. 2. S. 146. — S. Hoorschlächti. — Schlächtig (schlachti) ist überhaupt ein Beiwort von übler Bedeutung. Dunnerschlächtig, vom Blitz getroffen (geschlagen), oder nicht mehr werth, als vom Blitz erschlagen zu werden. Schmeller, Wörterb. Th. III. S. 429. v. Schlächtig. Durschlächta, sonst Urschlächt, Durschlach= tex. Schmeller, a. a. O. S. 428. v. Schlacht.

Dus, duster, düster, dunkel. Die Lampa brenna so dus.

Dusa, Dose.

Dusel, Räuschchen, Schlaftrunkenheit, Taumel. S. Spitz, Dormel.

Dusla, ein Schläschen machen, schlummern, den Dusel (s. b.) ausschla=

fen. S. Tärga. Altb. vertusen, einschläfern, betäuben, be=
schwichtigen.

— — ich tett es geren,
Waer mir min leid vertuft.

Weltl. Lieb, in Wackernagel, Leseb. Th. I. col. 967.

Dutta, Düte. — Dutten oder Duben sind in Tyrol die weiblichen
Brüste. — Duttanierla (Duttanichsla?), etwas Werthloses. 's is
kai Duttanierla wärth, es ist nichts werth, wie eine Dutta,
welche beim Kauf dareingegeben (aber doch jetzt mitgewogen) wird.

E.

Eba, Bejahungswort, statt ja, ja wohl; allemann. öbba. — Eba, so
eba, jetzt, unmittelbar vorher, vor kurzer Zeit. Eba kimmt 'r,
le voilà qui vient, eba hat's sieba g'schlaga, il vient de sonner
sept heures. Eba bedeutet auch gerade, genau. Davon is eba
die Red, le voilà de quoi justement il s'agit. 's is eba häut
a Jahr. Deß eba will i nit sag. S. d. Citat unter Eppes,
G'rab, Just.

Eee, ein, in Zusammensetzungen. Eeens, eins, s'is eens, c'est toute
même chose, il est une heure, Eeener, Eeena, Eeemol,
Eeefelti. S. A, Ai, An.

Eeedarm, ein ausgemergelter, hagerer Mensch, der, wie ein Wurm, gleich=
sam nur aus einem Darm besteht. In Shakespeare, K. Lear,
Aufz. IV. Scene I. erschien auch der Mensch als Wurm, während
er in Aufz. III. Scene IV. ein gabelförmiges Thier ist; als Gabel
werden aber die beiden Schenkel angesehen, denn in Aufz. IV.
Scene VI. weissagt das Antlitz der zümpferlichen Dame Schnee in
ihrer Gabel. S. Dürr.

Eeegelenk, ein ungelenker, schwacher Fant, eine Gliederpuppe.

Eeenas, Anis.

Eeens, eins, ein Uhr, einerlei, it. einig. Mr senn eens.

Eeeschichtl, einfach, einfach gelegt, im Gegensatze von doppelt. Von
Schichte.

Ehhalt, Dienstbote, vertragsmäßig dienender, gedröbeter Hausgenosse.
Würzb. Verordn. v. 20. Dec. 1654, in d. Samml. d. Land. Verord.
Th. I. S. 243—244. Verord. v. 22. Sept. 1749 u. v. 12. April
1777, a. a. D. Th. II. S. 539—542. Th. III. S. 143—148.
Samml. d. Pflicht. u. Ord. d. St. Schweinfurt v. 1780. Von den

Ehehalten und Dienstbotten. S. 247 ff. Das Ehehaltenhaus auf der Straße vom Sanderthor in Würzburg nach Randersacker ist ein Spital für alte und gebrechliche Ehehalten.

Welch mann — — — hat
— ein haus, das voll nahrung staht,
und drinnen fromme ehehalten hat.

    Reimsprüche, in Wadernagel, Leseb. Th. I. col. 1028.

Ehehalt ist eigentlich Jemand, welcher unter dem Gebot eines Andern steht, es also hält oder halten soll, denn die ē ist altd. das Gebot, das Gesetz.

Vox domini super aquas. Sin stimma schillet uber diu wazzer, daz chit uber die liute, dien er chundet sin ea.

    Wadernagel, Leseb. Th. I. col. 125.

ein iwelich ding die ē noch havit.

    Weltchronik, a. a. O. col. 178.

Es sint zwo wisen des volkes und der friunde gottes. Die eine das was die alte e, das alte gesetzede. Die ander ist dis niuwo e, das niuwe gesetzede. (Altes und neues Testament.)

    Joh. Tauler, Predigt, in Wadernagel, Leseb. Th. I.
       col. 857.

Vgl. Wachter, gloss. v. Ehalten. Haltaus, gloss. v. Ehehalt. Schmeller, Wörterb. Th. I. S. 6. v. Ehalt.

Eppes, etwas. S. Was. Allemann. Debbis.

Und sing i zwar au öbbis schlecht,
So sing i just no ebe recht.

    Hofmann, allem. Lied. S. 51.

Ern, Hausvorplatz, Hausgang. Vielleicht von area, Liv. XXV. 3. C. 4. Cod. Theod. de his qui ad eccles. confug. (9. 45.) c. 5. cod. de locat. fund. (10. 3.) L. 2. §§. 3. 6. Dig. de serv. praed. urb. (8. 2.) oder gar vielleicht von arena. Wir Franken wissen, daß die Hausvorplätze und Gänge der Reinlichkeit wegen häufig mit Sand bestreut sind. Die Römer hießen den Kampfplatz bloß deßwegen arena, weil er mit Sand überschüttet war. L. 1. §. 6. Dig. de postul. (3. 1.) L. 1. §. 1. Dig. de aedil. edict. (21. 1.) — S. Gang. Hier ist auch das erste Citat oben v. Duda si, zu vergleichen.

Eselshusta, ein starker Prellhusten, welcher dem Wiehern der Esel gleicht.

Eselsnuß, eine Art starker Wallnuß, mit sehr dicker Schale und kleinem Kern. So hat auch der Dumme (der Esel) oft einen dicken harten

Kopf (Hirnschale, testa) und innen ist wenig Geist. Die Eselsnuß ist hievon eine Nutzanwendung.

Eß, jetzt. S. Jetzt, Jetzunder.

F.

Fabla, fabeln, b. h. phantasiren, irre reden im Fieber, deliriren. Von fabulari, reden. Plaut. mil. glor. II. 5. 33. Amphit. I. 1. 46. Liv. XLV. 39 etc. Daher arch ital. savella, Sprache, savellare, span. hablar, sprechen. Etwas Anderes ist F a s e l n, welches auch Unnützes reden bedeutet.

Fachsa, Possen, Späße in Worten und Geberden. Facetiae sind Witze und Scherzreden. Plaut. Stich. V. 2. 7. Cic. Orat. I. 5. 34. Brut. 34. 48. Ital. facezie. Die Verwandtschaft von F a c h s e n mit facetiae tritt um so deutlicher hervor, wenn man bedenkt, daß die Römer den Buchstaben c immer wie k ausgesprochen haben. Keine Verwandtschaft besteht mit vacillare, woher Wackeln kömmt. S. W a c k l a. — F a c h s a m a c h e r, Possenreißer, Spaßmacher. — Fa zen, vexare. Schilter, gloss. v. Fazzon. Kaltschmidt, Wörterb. v. F a z e n. — S. S c h n a c k a, S p u c h z a.

Fächser, Ableger zur Fortpflanzung, namentlich bei Weinreben. Würzb. Verord. v. 7. Jan. 1702, in b. Samml. b. Land. Verord. Th. I. S. 522. Verord. v. 16. April 1726, a. a. O. S. 748. Verord. v. 28. Juny 1770, 6to. a. a. B. Th. II. S. 924. Das Wort hängt zusammen mit b. althochb. fahs, vahs, Haar, oberb. fächsen, fechsen, (bauen, ärndten,) endlich mit Wachsen, der F ä c h s e r ist der Wach= ser oder Wächser, denn in der Erde muß er fortwachsen.
K a l t s c h m i d t, Wörterb. v. F ä c h s e r.

Fäderfuchser, Federheld, Spott= und Schimpfname von Schreibern, Canz= leipersonen, Diplomaten u. s. w.

Fädern, Feder, auch in der einfachen Zahl mit einem n. Die Fädern is gut.

Fäl, feil, käuflich. Wohlfeil wird mit Verschluckung Wollf'l gespro= chen. S. b.

Fäsala, Fäserchen, Fädchen.

Fätt, Schläge. Sai Fätt kriega, Schläge erhalten. S. S c h m i ß, S p ä c k l ö s.

Fätza, drückt in der Zusammensetzung mit andern Worten etwas Superlatives oder den Begriff besonderer Größe und Stärke aus, z. B. a Fätzakerl, (ein großer starker Bursche,) a Fätzawaibsbild, a Fätzarausch. — Sonst ist Fetzen ein Stück, Lappen, Lumpen, Hader. Kaltschmidt, Wörterb. v. Fetzen. — S. Morb, Morbjo, Morbmäßi, Staat.

Fai, sein, Zwischenwort, um Etwas einzuschärfen, auf Etwas aufmerksam zu machen u. dgl. Kumm fai! Blaib fai zu Haus!

Faselnacket, völlig nackt, selbst bis auf den Fasel oder Fiesel. S. Faselochs, Fiesel.

Faselochs, Zuchtstier, Bull. S. Brüllochs. Althochd. fesclig, vasal, fruchtbar, niedersächs. fisel, männliches Glied, Holl. fasel, schweb. facsl. Kaltschmidt, Wörterb. v. Fasel. Fasel bedeutet nach Schilter gloss. h. v. semen. Faseln heißt Junge werfen oder auch zeugen, it. sich vermehren, daher das Sprüchwort: Ungerecht Gut faselt nicht. S. auch oben Fabla und alba Faseln. — Im Alterthum kömmt auch die Faselsau vor.

ene schneewitte faselsugge mit ihren seven schneewitten jungen beerferken wisen sie, dait sie recht hebben, war sie kombt.

Grimm, deutsche Rechtsalterth. S. 594. vgl. S. 261.

Fern, vorjährig, in oder aus dem vorigen Jahre, (vetus,) besonders bei Wein, — auch der Geschmack des alten Weines. Gropp, Wirtzburg. Chronick. Th. I. S. 496.

was ich heuer soll verzehren,
das hab ich fern verthan.

Trinklied, in Wackernagel, Leseb. Th. III. col. 130.
heur wie fern.

J. Domans Lied v. d. Hansestädten, a. a. O. col. 240.
's isch wieder accurat wie fern,
Gut Nacht, du schöni Weizen-Ern!

Hebel, Werke. D. Gewitter. Bd. II. S. 63. — Wachter, gloss. v. Fern, Firn.

Fiesel, Schwanz, Schweif, it. männliches Zeugungsglied der Thiere. Ochsafiesel. — S. Faselochs, Kniefiesel. — Verschieden ist b. altb. visel mit v und ohne e nach i, Augenzeuge, visor. S. Zämer.

Da hilfet dekein visel.

Hugo v. Langenstein, in Wackernagel, Leseb. II. Aufl. Th. I. col. 757.

Filz, Geizhals. S. **Kniefiesel.**

Von einem kargen Filz redet die ganze Stadt übel, und man sagt recht daran.

    Luther, Bibelübersetz. Sirach XXXI. 29.

Fischpera, flüstern, leise oder halblaut sprechen. Kaltschmidt, Wörterb. v. Fispern. S. Lösla.

Fix a färti, (fix und fertig,) völlig fertig mit einer Arbeit oder bereit und hergerichtet zu etwas. Wachter, gloss. v. Fix.

Fläcka, vom Flecke, vorwärts kommen, — die Arbeit fläckt nit, s. Rauma. Schuh fläcka, Flecke d. h. Sohlleder in Schuhe einsetzen.

Fläberwisch, Flatterwisch, der Flügel einer Gans, welcher zum Abwischen dient. Von Flattern; denn mit den Flügeln wird geflattert und geflogen. Kaltschmidt, Wörterb. v. Fleberwisch. — Auch die Flebermaus hat ihre Benennung von den Flügeln, (Flebern.)

Fläsch, (langes ä,) Fleisch. Rindfläsch, Kalbfläsch, Hämmelfläsch, Fläschbrüah.

Flausa, (vielleicht ursprünglich Blasen?) leere Worte, eitel wie Seifenblasen. Daher Flausamacher, Luftbeutel, Windbeutel. S. d. — Kaltschmidt, Wörterb. v. Flause.

Flenna, weinen. Lat. flere, altd. flannen. Schilter, gloss. v. Flannen. — S. Graina.

Flinnerli, Flindern, Flittern, Flittergold, ganz dünne kleine Goldplättchen, mit welchen man ehemals die Ballkleider ausschmückte. Der Königin der Nacht gibt man ein schwarzes Kleid, mit Goldflittern übersäet, um den dunklen und gestirnten Nachthimmel zu bezeichnen. Von Flimmern, leuchten, schimmern. Oberb. flinter, schweb. und engl. flitter. Kaltschmidt, Wörterb. v. Flimmern, Flitter.

Flößaug, krankhaft fließendes oder triefendes Aug.

Flürli, geziert, coquet. Flürli thua, sich zieren. Vielleicht soll es heißen flörlich, wie von Flor gemacht. — Flürlich das Feld bauen bedeutet nach der Flurordnung d. h. nach der Dreifelderwirthschaft und ihrem Flurensystem bauen. Samml. d. Pflicht. u. Ord. der Stadt Schweinfurt. Feld-Ord. §§. 10. 11. S. 69.

Förcha, fürchten. Förcher, ein furchtsamer Mensch, eine Memme. — Förcha auch allemann.

    Chumm Agethli, und förcht der nit,
    i merk scho, was du sage witt.

    Hebel Werke. Agatha. Bb. II. S. 58.

    Jumpfere, i förch, i förch.

    A. a. O. b. Häfnet-Jungfrau. Bb. II. S. 85.

Fohla, Füllen, junges Pferd.

Foppa, Jemanden aufziehen, (f. b.) vexiren, Scherz treiben. Altb. fazen.
Schilter, gloss. v. Fazzon. Engl. fob.
Kaltschmidt, Wörterb. v. Foppen. S. Uza.

Forcht, Furcht. Gropp, Wirtzburg. Chronick. Th. II. S. 367. 384. 390.

Fortpforta, fortrennen, entweichen, ungestüm, eilig sich entfernen.

Fotz, anderwärts Fut, weibliche Schamtheile, die weibliche Scheibe,
auch Schimpfwort gegen eine liederliche Dirne. Von φύειν, foetare
oder fetare, zeugen, gebären, foetus, das Gebären, it. die Leibes-
frucht. Altb. föden, gebären, ital. fottere, Unzucht treiben, fottitura,
Hurerei. Wachter, gloss. v. Foden, Fotz. Schilter,
gloss. v. Fod. S. Hundsfotza. Heut zu Tage hört man den
Ausdruck Fotz nur aus dem Munde der rohesten und unfläthigsten
Menschen.

Fräd, Freude.

Fräla, (Fräulein,) Großmutter, Ahnfrau. Schweinfurt. Stadtrecht v.
1724. Sect. IV. Tit. XLIV. §. 4. S. auch Härrla.

Fränz, Fränzla, Francisca. (Fanny!)

Fraischliche Obrigkeit, Würzb. Verord. v. 23. Jan. 1747, (Samml.
d. Land. Verord. Th. II. S. 478.) in der Randnote zu Nr. 32.

Franzel, Franz, Franciscus.

Fratz, verächtliche Benennung kleiner Kinder und unreifer Mädchen.
S. Rotznasa. Fratzag'sicht bedeutet ein verzerrtes häßliches
Gesicht. Lat. fracere, faul seyn, stinken. Ital. frasche, Possen.
Span. desfraz oder disfraz, Verkleidung, Entstellung.

Freund, verwandt, Freundschaft, Verwandtschaft, — it. verschwägert,
Verschwägerung. Kaiserl. Land-Ger. Ordn. v. 1618. Th. III. Tit.
LXXXVI. §. 7. Tit. LXXXVII. §. 1. Tit. XCIII. §§. 7. 8. v.
Schelhaß, Würzb. Landrecht. S. 90. Note 2.

Frumm, fromm.

Fuchsa, plagen, chicaniren, quälen, wie einen Fuchs, den man zu Tode
jagt oder prellt.

Fuchsschwänza, schmeicheln, den Fuchsschwanz streicheln. Der Fuchsschwanz bedeutet überhaupt Schmeichelei. Fuchsschwänzer,
Schmeichler.

Der die fuchsschwäntzer fort laefft gohen.
Weckherlin, Gedichte, in Wackernagel, Leseb. Th. II.
col. 263.

S. Allerwälts=Arschläcker, Calfacter, Cumplimenta=
schaißer, Wohlbiener.

Fuchsteufelswild, sehr wild oder zornig, wie der Teufel und ein wütthen=
der Fuchs. S. Bitzelbees.

Fuchtel, verächtliche Benennung einer Degenklinge. Von Fechten:
Fuchtla, mit der Klinge schlagen oder überhaupt schlagen. Nie=
dersächs. Fucheln. S. Gicka und allda Fröschgicker.

Fuddera, fluchen, schimpfen, soudroyer von foudre, einem französischen
Fluchwort. Foudre de diable!

Füll, Füllsel in Braten oder in andern Speisen, farce.

Fufzeh, fünfzehn.

Fufzig, fünfzig.

Funkelnagelneu, ganz neu, von der Hand des Arbeiters weg, wie ein
neuer Nagel, der noch funkelt oder glänzt. S. Nagelneu.

Fusera, Bettfusera, Fasern von Federn. Der Rock ist voller Fu=
sera, d. h. voll Federstaub, wenn man sich damit auf ein Bett ge=
legt hat.

G.

G', statt ge, z. B. G'fühl, g'rad, g'sund, G'stank, G'vatter.

Ga, ebenfalls statt der vorgesetzten Sylbe ge. Gaköpft, Galägenhait,
Gamüß, Gapfiffa, Garuch.

Gackala, Ei, in der Kindersprache. Von dem Gackern der Henne,
(schweiz. Gückel.)

Gackel, oder Gäckel. Auf'n Gackel schlaga. S. Girbel, Grind.

Gackgack, Gans, weil sie gackert, d. h. schnattert, it. verächtliche Be=
nennung alberner Menschen, besonders weiblicher Personen, wie man
auch Gans oder Schneegans gebraucht.

Bekannt ist die alte Sangweise:

Es flog ein Gänslein über den Rhein,
Und kam als Gackgack wieder heim.

S. auch Gimpel, Gischpel, Lambel, Lölla.

Gäckelmann, Gaukelmann, Gliedermann, Hanswurst, Polichinel.

Gäckerhätz, Elster oder Alster, auch hier wieder vom Gackern oder Gag=
gern, d. h. Schreien dieses Vogels entnommen, und Hetze, der Be=
nennung von Elstern, Hähern u. dgl.

Gäfer, Geifer. Gäfara, geifern, von kleinen Kindern, wenn denselben
Geifer aus dem Munde läuft.

Gäh, jäh, steil, abschüßig, z. B. gäher Berg, auch plötzlich schnell, z. B. gähen Tods sterben. Archiv des hist. Vereins. Bd. I. Heft 2. S. 160. Gähzorn ist der plötzlich aufwallende Zorn. Wachter, gloss. v. Gach.

Gähhitzera, — 's gähhitzert, so sagt man, wenn die jähe Hitze eines schnell und übermäßig geheizten Ofens einen unangenehmen Geruch verbreitet.

Gält, gelt, ein Fragewort, so viel als nicht wahr? n'est-ce pas? Allemann. Gell.

> Und wenni bi enbli sih und bi grüeß,
> Gell aber was isch die Liebi so süeß?
>
>> Hoffmann, allemann. Lieder. S. 25. Bedeutet Gelten Antworten, (Wachter, gloss. v. Gelten,) so heißt das Gält so viel, als: sage, antworte, ob es wahr ist.

Gärtla, gärteln, franz. jardiner, d. h. im Gartenbeet die zusammengebackene Erde aufhäckeln, überhaupt kleine Gartenarbeiten verrichten.

Gäß, Geiß.

Gättli, gettlich, gelegen, erwünscht, bequem, à propos. 's is mr gättli, es ist mir gelegen. Vielleicht von Gehen, — so geartet, daß die Sache gut von Statten geht.

Gäulscur, eine heroische Heilmethode, welche, um überstanden zu werden, die starke Natur eines Pferdes (Gauls) erheischt.

Gaffa, klaffen, mit den Rändern von einander abstehen, it. anschauen, anstieren.

> Schon gaffen ietzt und gienen
> Die Blümlein allerley.
>
>> Friedr. v. Spee, in Wackernagel, Leseb. Th. II. col. 280.

Gaffel, verächtliche Benennung des Mundes, — hängt wohl mit Gaffen zusammen, weil ein großer Mund oft sehr gafft, (klafft,) und weil diejenigen, welche gaffen, (vor sich hin stieren,) dabei gewöhnlich den Mund offen halten, (gaffen, d. h. klaffen lassen.) S. G'frieß, Goscha, Schmecker, Schnabel, Schnub, Schwöffel, Waffel.

Gaiz, Geiz, die Wasserschoßen an Bäumen, besonders jene, welche an der Wurzel und am Stamme hervorbrechen. Das Wort scheint aus einer verdorbenen Aussprache von Geil hervorgegangen zu seyn, man benannte diese Schoßen geile Zweige, geiles Reis, kürzer: Geiles, Geil's, und davon wird Geiz seinen Ursprung haben.

Gaihhada, sind die Ablösungen und wuchernden Auswüchse der Ober=
·haut an den Fingern zunächst bei den Nägeln.

Gampfa, stehlen. S. Gripsa, Mausa, Stänza.

Gang, der äußere Verbindungsraum, wo man von einem Gemache oder
Zimmer zum andern gehen kann. S. auch Ern.

Gar, sehr. Gar viel, gar wenig, gar zu theuer. Das Wort dient
überhaupt zur Verstärkung des Ausdrucks, z. B. gar nicht, (durch=
aus nicht,) gar nichts, (schlechterdings nichts,) warum nicht gar?
(warum nicht dieses Aeußerste?) Um noch mehr zu verstärken, sagt
man ganz und gar. — Gar bedeutet auch zuweilen ganz, z. B.
's dauert nit gar sechs Tag. Weiter ist gar so viel, als aus, (in
manchen Gegenden Teutschlands all,) oder am Ende. Dr Wai is
gar, (ausgetrunken,) mit sain Geld und sainer Härrlichkeit is es
gar. Endlich bedeutet Gar fertig und vollendet. Dr Bratn is
gar. Daher auch Garkoch und Garküche, wo man bereits abge=
kochte Speisen haben kann. — Den Garaus Jemanden machen,
tobtschlagen.

Garsti, garstig, häßlich. Wachter, gloss. v. Garstig.

Gartazalat, Gartensalat, (auch Blättlaszalat, s. b.) die jungen
Pflanzen des Salats oder Lattichs, (lactuca sativa,) wie sie im
Frühlinge mit Essig und Oel gegessen werden. Hat der Salat
schon Häupter gebildet, so heißt er Hättlaszalat. S. Hätt.

Gatter, Gitter. Gropp, Wirzburg. Chronick. Th. II. S. 343.
Grimm, deutsche Rechts=Alterth. S. 389.

Gatza, ächzen, stöhnen.

Gautza, bellen, von Hunden.

Geern, Schooß. 's Kind auf'n Geern sitz laß. Gëre bedeutet im
Mittelalter den weiten, gefälteten Rock der Weiber. Grimm,
deutsche Rechts=Alterth. S. 158.

> Vnd richet zu den Rock zu schneiden,
> Nam Ehl vnd mals, zeichnets mit Kreiden,
> Vnd legts dreifach zum forder gern,
> Der doch zween von nöten wern.
>> Burcard Walbis, Fabel vom Schneider, in Wackerna=
>> gel, Leseb. Th. I. col. 49.

Der Weiberrock bedeckt den Schoos, wer auf dem Weiberrocke
allda sitzt, der sitzt mittelbar auch auf dem Schoos, und so ist es
gekommen, daß Geern nur den Schoos bedeutet.

Geged, Gegend.

Gelächter, Gelichter, verächtlich: hölzernes Gelächter, — Holzbau im Lichten.

Gelaß, Plaß, Räumlichkeit besonders in Gebäuden.

Gelta, Zuber. Wachter, gloss. v. Gelte. Du Cange, gloss. v. Galeta.

Gelzenschneider, Viehbeschneider. Würzb. Verordb. v. 31. Januar 1728. (Samml. b. Land. Verordb. Th. I. S. 776—777.)

Gelzera, verdorben riechen, von ranziger Butter. S. Schmorlla.

Gemäch, Gemächt, die menschlichen Schamtheile, besonders des männlichen Geschlechts, und die Umgegend derselben an Bauch und Weichen. Gropp, Wirtzburg. Chronick. Th. I. S. 485. Archiv d. hist. Vereins. Bd. II. Heft 3. S. 47. — Von Machen in der Bedeutung von Zeugen, Gebären. Wachter, gloss. v. Machen. — Gemechede bedeutet bei Schilter, gloss. h. v. Ehefrau, Ehegemächt.

Gemänd, Gemeinde.

Genannt's, Maas, volle Portion, besonders im Trinken. 'r hot sai Genannt's. S. Deputat.

Genau, sparsam, karg. Nauwen, constringere. Wachter, gloss. v. Nauwen.

Geraiß, Concurrenz, Begehrtseyn. S. Raißa u. Gereiß, Letzteres in den Sprüchw. u. R. A.

Geratha, entbehren.

Gern, in der Bedeutung von vorsätzlich. J hab's nit gern gethan. It. leicht oder gut. 's senn gern vier Pfund Kalbfläsch.

Gerümpel, alter, schlechter Hausrath. Samml. d. Pflicht. u. Orb. b. St. Schweinfurt, (Feuer-Orb. §. 3.) S. 16.

Getummel, Getümmel, lat. tumultus. S. Tummla.

Geuder, Vergeuder, Verschwender. Kais. Land-Ger. Orb. v. 1618. Th. III. Tit. XXVII. §§. 4. 5. 9. (Samml. b. Land. Verordb. Th. I. S. 122—123.) Geubisch, verschwenderisch. A. a. O. §. 7. (Samml. Th. I. S. 123.) Nach Wachter, gloss. v. Vergeuden von gaudere, — in Lust und Freude (gaudium) verschwenden (vergaubiren) und so verarmen. S. Verliedra, Verthua.

Gewerb, Gelenk, Articulation am menschlichen und thierischen Körper, it. die charnière an Dosen u. dgl.

Geziefer, Geflügel, Federvieh. Bekannt ist Ungeziefer. Schmeller, Wörterb. Th. III. S. 228. v. Zifer.

Gezösch, Herumziehen, it. Streunen.
— ich steck der narren vol,

Sie haben in mir ein gezöſch,
Als ob es weren lauter fröſch.

Hans Sachs, Faſtnachtsspiel, in Wackernagel, Leſeb.
Th. II. col. 93.

S. Zöſch, Zöſcha.

G'fräſch, Gefreiſch, Gefreiſe, Zuckungen, Convulſionen, beſonders bei Kindern. — Freiſe, altb. Schrecken, Gefährdung.

dio mir diheime nôt tuont,
unde mit diheinir freiſe,
mir welle zuo chomin.

Gebet, in Wackernagel, Leſeb. Th. I. col. 278.

— der hellen freiſe.

Geiſtl. Lied, a. d. O. col. 895.

Fraisch war das peinliche Gericht.

Grimm, Rechts=Alterth. S. 872. — S. Haltaus, gloss.
v. Freis. Kaltſchmidt, Wörterb. v. Fraiß.

Hier wie in den folgenden 5 Worten wird G wie K geſprochen.

G'frieß, Gefräß, der Mund im verächtlichen Sinne, von Freſſen. S.
Gaffel, Goſcha, Schmecker, Schnabel, Schnub, Schwöf-
fel, Waffel.

G'häb, feſt ſchließend und haltend, z. B. von Gefäßen, welche Flüſſig-
keiten nicht durchlaſſen, von gut gefügten Fenſterkreuzen, Alles, was
Haltung und Habung hat. S. Habung. Geheb angeſtoßen,
Gropp, Wirtzburg. Chronic. Th. II. S. 602.

— iſch's Stübli b heb, und warm und ſtill.

Hebel, Werke. D. glückl. Frau. Bd. II. S. 56.

G'hätſchet, weich, welk, ſab. 'r ſiehat ſo g'hätſchet aus, er hat ein ſo
welkes, fahles Ausſehen. Von Hätſcheln, verweichlichen.

G'haimber Rath, geheimer Rath, das eingeſchaltete b ſcheint euphoniſtiſch zu ſeyn. Geheimbbe Räthe hat ſelbiger Zeit kein Stand
des Reichs — gehalten. Gropp, Wirtzburg. Chronic. Th. I. S.
VIII. Vgl. Th. II. S. 266. 364.

G'hannes, Johannis. G'hannesbeer, Johannisbeer, G'hanneſer
Kirch, Johanniter Kirche in Würzburg, welche auf dem Platze bei
der Ausmündung der Sandergaſſe gegen die Neubaugaſſe hin ſtand,
und wegen ihrer im Kriegsjahre 1813 erlittenen ſtarken Beſchädi-
gung kurz nachher demolirt wurde. Archiv d. hiſt. Vereins. Bd.
III. Heft 2. S. 144—150.

Gja oder **gia**, ja, ein Wort zur Einleitung und Ausfüllung langſamer ober langweiliger Reden. Gja — so is es halt! — (Das G wird weich gesprochen, wie in den Worten: Liegen, Magen.)

Gida, stechen, stoßen, daher Fröschgider, ironische Benennung eines Degens. S. Fuchtel. Ein Fehlstoß auf dem Billard heißt bekanntlich Gids.

Gickel, Stolz, Einbildung. — Von Geck? — S. Kriß.

Giehna, gähnen. Daher das Giehmaul (Gähnmaul) in dem Städtchen Heidingsfeld oberhalb Würzburg. Dort befindet sich nämlich oben an einem Thurme bei der Synagoge ein bärtiger Mannskopf, welcher bei jedem Schlage der Thurmuhr sein großes Maul öffnet und gähnt. Schmeller, Wörterb. Th. II. S. 51. v. Ginen.

— mit wite ginendom munde.

Kunhart Stoffel, in Wackernagel, Leseb. Th. I. col. 648.

Schon gaffen ietzt und gienen
Die Blümlein allerley.

Friedr. v. Spee, a. a. O. Th. II. col. 286.

Gilfa, gellend schreien oder sprechen. S. Kirra.

Ich bath und gilfert' immer mehr.

Georg Rollenhagen, Froschmäuseler, in Wackernagel, Leseb. Th. II. S. 206.

Gimpel, der Dompfaff oder Blutfink, (Loxia Pyrrhula,) it ein einfältiger, alberner Mensch, indem man den Gimpel für einen gar dummen Vogel hält. S. Gackgack, Gischpel, Lambel, Lölla.

Girbel, Wirbel, Obertheil des Kopfes. S. Gackel, Grind.

Gischpel, dummer Mensch. S. Gimpel.

Glaich, sogleich. Würzb. Verord. v. 17. Juny 1709. (Samml. d. Land. Verord. Th. I. S. 563.)

Glitscha, ausglitscha, ausgleiten, franz. glisser, z. B. auf dem Eise. Von Glatt. Etwas Anderes ist Klitscha, s. d.

Glitzara, glitzern, glänzen, gleißen. Wachter, gloss. v. Glitzen, Glitzern.

Glockahäll, sehr hell, lauter, bei Wasser, Wein, Bier u. dgl. Ursprünglich scheint das Wort auf den Schall bezogen worden zu seyn, um anzudeuten, daß etwas so hell klinge, wie eine Glocke.

Gloßa, stier und starr ansehen, große Augen machen. Archiv d. hist. Vereins. Bd. II. Heft 3. S. 39. S. Gaffa, Gucka.

Gloßauga, ausgeschlagene, gebackene Eier, (des oeufs au miroir.) Von der Aehnlichkeit mit glotzenden Augen, daher sagt man anderwärts Kalbsaugen, Stieraugen.

Glumpa, glimmen. 's Feuer glumpt unter br Afcha.

Gnaucka, nicken mit dem Kopfe zum Zeichen der Bejahung oder bei dem Einfchlafen im Sitzen. Von dem hiebei thätigen Genick oder Nacken. — Genicken, Genacken, Gnaucken.

Gockelhopfa, Guckelhupf, Bund, eine Art hohen, turbanförmigen, mit Mehl Butter und Eiern gebackenen Kuchens.

Da foll die Frau alleweil hinter dem Ofen hocken, wie ein Bay= rifches Gogelhopf.

Schmeller, Wörterb. Th. II. S. 22. v. Gogelhopf.

Göcka fi, fich erbrechen, vulg. kotzen. Sie find toll im Weiffagen, und köcken die Urtheile heraus. Luther, Bibel=Ueberfetz. Jefaia XXVIII. 7. — S. Kotza, — Ulrich fchlaga in d. Sprüchw. u. N. A.

Göcker, Hahn, Goggel, franz. le coq. (Gackerer.) Piepgöcker, f. b. unter Piepa.

Gofcha, verächtl. Mund, Maul. Gosier bedeutet im Französifchen Schlund und Hals. Statt der Antwort verfetzte er (Fürftbifchof Johann Philipp von Greiffenclau) der unverfchämten Gofch einen kräfftigen Backen=Streich. Gropp, Wirtzburg. Chronick. Th. II. S. 322. S. Gaffl, G'frieß, Schmecker, Schnabel, Schnub, Schwöffel, Waffel.

G'rab, genau, eben, — g'rab deß will i, — it. jetzt, kurz vorher, kaum, — g'rab geht 'r fort, g'rab is 'r fortganga, — it. dennoch, deffen ungeachtet, wobei fich oft Trotz ausdrückt, — jetzt thu i's g'rab. S. Aextra, Eba, Juft, Juftament. — G'raba Glieder, normale unverletzte Gliedmaffen, Arme und Beine. Würzb. Verordb. v. 9. Febr. 1758, Anhang, 9no. (Samml. b. Land. Verordb. Th. II. S. 724.) v. 27. Januar 1764, Anhang, 9no. (a. a. O. S. 794.)

Gräppala, Teufel, im Gefpräch mit kleinen Kindern gebräuchlich, ver= muthlich von Grappen oder Grapfen, (f. Gripfa,) b. Nehmen, Holen, weil der Teufel die böfen Kinder holen foll. S. Taichfel.

Graina, weinen.

Warff hin den Löffel, hub an und gren.

Burkard Walbis, Fabel in Wackernagel, Lefeb. Th. II. col. 46.

Grainmaigel, eine Perfon, die bei der geringften Veranlaffung weint. S. Flenna, Grochfa, Grona.

Grampla, aufraffen, ausgeworfene und preisgegebene Geldftücke, Aepfel, Nüffe u. dgl. haftig auflefen. Schmeller, Wörterb. Th. III. S.

117. v. **Raffen, Rapfen.** — **Grampelwerfa,** Geld u. dgl.
unter das Volk auswerfen.

Grashopfer, Heupferd oder Säbelheuschrecke, (gryllus v. locusta verru-
civora,) oder der Baumhüpfer, *(gryllus v. locusta viridissima.)*

Grasstumpf, Sichel. — Die Gras=Mägde mit ihren Sicheln und
Stümpffen. Gropp, Wirtzburg. Chronic. Th. II. S. 113.
Vgl. noch Würzb. Verord. v. 23. April 1720. (Samml. d. Land.
Verord. Th. I. S. 622.) Samml. d. Pflicht. u. Ord. d. St.
Schweinfurt, (Ord. d. Weinbergs=Leut. §. 12.) S. 123.

Gratscha oder **grätscha,** schreiten, mit krummen oder gespreizten Bei=
nen einhergehen, (gradus facere, gradiri,) — Alter **Gratscher!** —
Schmeller, Wörterb. Th. II. S. 125. v. **Grätschen.** — S.
Hatscha, Tratscha.

Gredla, das Fleisch bei Zubereitung der Würste abkochen, daher **Gre-
belfläsch, Grebelbrüh,** it. schlecht waschen, schlechte Wäsche halten.

Greffawai, Greffenwein, ein vorzüglicher Wein, welchen die Stiftsgeistli=
chen in Würzburg für ihre grossus, nämlich für ihr Mitgehen bei
Procession bekamen. Schmeller, Wörterb. Th. II. S. 119. v.
Gresserwein. — In Würzburg gab es unter den Stadtvierteln
auch ein **Gresser Viertel.**

Greth, Grethel, (poetischer Gretchen,) Margaretha. S. **Maigel,
Margel, Margreth, Rettel.**

Griebla, grübeln, grabbeln, mit den Nägeln sanft kratzen und irgendwo
etwas herauszuziehen suchen. 's griebelt m'r im Maga, ich habe
ein kitzelndes, prickelndes, übles Gefühl im Magen.

Griefa, die geschnittenen Speckwürfeln in den Würsten. Besonders ist
die **Griefawurst** mit solchen Speckwürfeln, Schweinsblut und gu=
tem Gewürz gefüllt. S. auch Sprüchw. u. R. A. v. **Griefa.**

Gries, Grütze, z. B. Habergries, Gerstagries.

Griesali, Schnittlauch, (allium Schoenoprasum.)

Grind, Schorf auf einer Wunde, bisweilen bezeichnet man damit auch
den Kopf, z. B. i gäb br eena auf'n **Grind.** In dieser Bedeu=
tung ist das Wort besonders in der Schweiz üblich.

    wir wend sie schlan umb dgrinde.

        Halbsuters Lied von dem Strit zu Sempach, in Wacker=
        nagel, Leseb. Th. I. col. 922.

    sie schlugend inn uff den tod,
    sie huwend inn in grinde.

A. a. O. col. 927.

    S. auch **Gadel, Girbel.**

Grindkopf ist eine bekannte Krankheit der Kinder, aber auch eine beschimpfende Benennung und endlich eine Art von Gebäck oder Kuchen. **Grindschübel** ist ein großes, von einer Wunde abgelöstes Grindstück, meistens aber ein Schimpfwort gegen unreine, verlumpte Menschen. S. Schübel.

Grips, der Ort, wo man packt und hält. — Jemanden bei'm Grips kriegen, Jemanden anhalten, anpacken, bei dem Fittig erwischen. — **Grips graps** (auch **rips raps**) drückt die Handlung des schnellen Zugreifens und Wegnehmens aus. Grips graps war's Geld fort, d. h. im Nu, in wenigen Griffen war das Geld fort. — Am Rhein ist Grips der Hals. Schmeller, Wörterb. Th. II. S. 117. v. Grips.

Gripsa oder **grippa**, stehlen, franz. gripper, verwandt mit Greifen. Schilter, gloss. v. Chriffen, Grifon. Franz. la griffe ist die Klaue oder Kralle eines Raubvogels. S. Gampfa, Mausa, Stänza.

Groba, grob's Zaig sind die schlechteren Trauben mit sehr großen Beeren und vielem aber wässerigem Saft.

    Auch die Würzburger Groben
    Muß man sogar loben.
        Lang, neues Hausbuch f. christl. Unterhalt. Bd. II. S. 77.

Grochsa, ächzen. S. Grona, Gronza, Quärza.

Gröpser, Rülps, aufstoßender Magenwind. **Gröpsa**, rülpsen, Magenwinde ausstoßen, ructari. Schmeller, Wörterb. Th. II. S. 66. v. Görpsen, S. 126. v. Grotzen.

Grona, murren, klagen, grollen, verwandt mit Graina. S. d. u. Gronza.

    mit gron und zanken.
        Hans Sachs, Schwank, in Wackernagel, Leseb. Th. II.
           col. 87.
    Mich dunckt, ich hoer noch einen gronen.
        Hans Sachs, Fastnachtspiel, a. a. O. col. 98.

Gronza, eigentlich grunzen, aber auch in der Bedeutung von Grona. S. d.

Grüa, grüan, grün. **Grüaner Markt** ist der Gemüse- und überhaupt der Viktualienmarkt bei der Mariencapelle in Würzburg. Grüa und grüan bedeuten aber auch saftig und frisch im Gegensatze von Dürr. S. d. Grüans Fläsch, (nicht geräuchert,) grüana (frische, noch nicht gegerbte) Häut, grüanas d. h. noch

nicht ausgetrocknetes Holz. Grimm, Rechts-Alterth. S. 521.
— Viridis hatte auch schon bei den Römern eine gleiche Bedeutung
im Gegensatze von aridus. Cic. in Verr. (act. II.) I. 17. Ignem
ex lignis viridibus atque humidis in loco angusto fieri jussit.
— Gleiches findet man in der Vulgata der heil. Schrift. Luc.
XXIII. 31. — quia si in viridi ligno haec faciunt, in arido quid
fiet? Auch die deutschen Uebersetzungen haben „grünes Holz,"
— b. griech. Text hat ὑγρον ξυλον, (feuchtes Holz.)

Grumbern, Grundbirne, Kartoffel, (solanum tuberosum.) Brod aus
Grund-Birn. — Zwei Drittel Grund-Birn-Mehl, und ein
Drittel Korn-Mehl. Gropp, Wirzburg. Chronick. Th. II. S. 485.
672. Vgl. Würzb. Verord. v. 24. Oct. 1771. (Samml. d. Land.
Verord. Th. III. S. 6.

Grummet, Grommet, niedersächs. Grumme, Gram, — Ohmet. Der
zweite und folgende Wiesenertrag nach der Heuärndte, Kaltschmidt, Wörterb. v. Grummet.

Grusla, gruseln, grasern, nach Gras schmecken, noch roh schmecken, wie
z. B. noch nicht ausgekochtes Gemüse, it. grausen, — 's gruselt
mi, es graust oder ekelt mich. Schmeller, Wörterb. Th. II.
S. 122. v. Grusel.

G'schlacht, mild, zart, reif, artig, folgsam, wohlgesittet, ung'schlacht,
roh, ungezogen. Altd. geslaht. Geschlachter Winter. Gropp,
Wirzburg. Chronick. Th. I. S. 440. 496.

> Parzival der wol geslaht.
>> Wolfram v. Eschenbach, Parzival, in Wackernagel,
>> Leseb. Th. I. col. 416.

> Zuzamen die Waffer und Flüfs,
> Das sie geschlacht und folgig werden.
>> Joh. Fischart, Glückshaften-Schiff v. Zürich, a. a. O. Th.
>> II. col. 139.

> Fornen am Kopf war er geschlacht.
>> George Rollenhagen, Froschmeuseler, a. a. O. Th. II.
>> col. 207.

Diweil er Anhart nicht allein dem hilffamen und geschlachten Podagram, welchs sich den Medicis vntertaenig vnd gefol-
gig erzaigt, hat Medicischen Rhat vnd hilf fürgeschriben.
>> Joh. Fischart, podagram. Trostbüchlein, a. a. O. Th. III.
>> col. 493.

Der chunig von Engelland ist der allerreicheft, weil die woll zu allem geschlachten gewand chompt aus feinem land. Cgm. 570.

4 *

f. 201. S. Schmeller, Wörterb. Th. III. S. 428. v. Ge=
schlacht.

— wenn so e Pfifli (Meerschaum)
recht g'schlacht soll blibe, so rc. rc.

Hebel, Werke, Epistel an b. Pfarrer Güntert, Bd. II.
S. 106.

G'schlachtes Obst. Samml. b. Pflicht. u. Orb. b. St. Schwein=
furt, (von Obst=Eichel=Aeren=Lesen, §. 1.) S. 311.

Schlachta, mittelalt. ist genus, slahta, generatio. Schilter;)
gloss. v. Sclachta.

G'schmäß, Geschmeiß, Lumpenvolk, Lumpenpack.

In Summ es hat ber Erben=Kreyß
Kein solchs tyrannisch Schelms=Geschmeiß. —

Gropp, Wirtzburg. Chronick. Th. I. S. 282· Gott gebe sein
Gnab, baß solches Unkraut und Geschmaiß (Hexen) möge ausge=
reut werden! A. a. D. S. 389.

G'schnärf, Abfall in der Küche vom Gemüseputzen u. bgl. it. schlechtes
Violinspiel. S. Pötzi, Schnärfa.

G'schwai, Schwager, Schwägerin, aus einer gemeinschaftlichen Wurzel
mit dem Worte Schwester. Archiv b. hist. Vereins. Bd. V. Heft
2. S. 165. Wachter, gloss. v. Geschwei. Haltaus, gloss.
b. v. Schmeller, Wörterb. Th. III. S. 523. v. G'schwei.

G'schwiera, schwären, ein Geschwür bilden. Dr Finger g'schwiert.
S. Schwieri.

G'schwilla, schwellen, anschwellen. 's g'schwillt mr br Finger.

G'spalzt, langsam und bequem, gleichsam mit gemächlich auseinander
gehaltenen (gespaltenen) Beinen. Do bin i um zehana g'spalzt
häm ganga.

Gucka, sehen, schauen. S. Gaffa, Glotza. Guckäugeli, in kinbi=
scher Sprache bie Augen.

Gumpa, Schüssel, Kumpf, bowle, Punsch gumpa.

Gunna, gönnen.

Ein rechtes Weib muß lauter unb haben,
erstlich ein rothen Mund,
hüpsch gesunb,
gehorsamb zu aller Stunb,
Golb unb Gelb nach bem Pfund,
bie nit bellt wie ein Hunb,
bie einem Mann alles guts vergunb,
bie nit ungebultig, so man's auch schunb,

die fein hurtig und rund,
daß man kein beſſere fund.
P. Abraham a S. Clara. Vgl. Schmeller, Wörterb.
Th. III. S. 107. v. Rund.

Gurra, knurren. 's gurrt mr im Bauch.

Guſcha, ſchweigen, ruhig ſeyn, ſich ducken und fügen. Guſch dich!
ruft man den Hunden zu, wenn ſie ſich ruhig verhalten ſollen, und
Guſch, hab acht! iſt die Anſprache an den vorſtehenden Hühner=
hund. Franz. coucher, se coucher, legen, ſich legen, ſchlafen.
Kuſchpfleger, cubicularius. Haltaus, gloss. h. v.

Guſtel, Auguſta, (?) zärtlich, poetiſch, Guſtchen.

Guß, Goſſe, Rinne, von Gießen. Würzb. Verord. v. 24. März 1700,
7mo. (Samml. d. Land=Verord. Th. I. S. 499.) Stadtbaurecht
v. 25. Febr. 1774. Von Mauern, ſo keine Giebelmauern ſind.
§. 10. (A. a. O. Th. III. S. 788.)

G'vatter, nennen ſich der Pathe und des Pathenkindes Vater gegenſei=
tig. Würzb. Kirchenord. v. 30. July 1603. Nr. 53. 54. (Samml.
d. Land. Verord. Th. I. S. 438.)

ſines gevateren tür.
Reinh. Heinrich, d. Glicheſäer, in Wackernagel, Leſeb.
Th. I. col. 207.

Ein gevatterſchaft über den zaun.
Seb. Brant, Narrenſchiff, a. a. O. col. 1069.

H.

Haa, haben. Könnt i's nur haa!

Habung, Haltung, feſte Haltung des Körpers. 'r hott kä rächta Ha=
bung. Verwandt mit dem lateiniſchen habitus. Non vides, quam
diversus ait ascendentium habitus et descendentium? Sone.
epist. 123. Auch in der abjectiven Form. Equus malo habitus,
eques habissimus. Gell. noct. Att. IV. 20.

Hackerli, Zähne kleiner Kinder, — Redensart in der Kinderſtube, wobei
die Zähne als kleine Hacken gedacht werden.

Häbucha, adject. hainbuchen. Häbüchanar Kärl, ein Kerl, welcher ſo
grob, ſtark und ungeſchliffen iſt, als ſey er vom Holz der Hainbüche
(carpinus betulus) gezimmert.

Hächel, Hechel, ein Werkzeug bei Bearbeitung des Flachſes, um ihn zu
hächeln. — Durch die Hächel ziehn, durchhächla, übel von Je=

manden sprechen, Jemanden verleumden. — It. Hechsel, der Abfall
des Flachses bei dem Hecheln, s. Aagla, it. Heckerling, geschnitte=
nes Stroh. Hächelmacher, Strohschneider. S. Sprüchw. u. R.
A. h. v.

Hächs, Hechse, eine Speise, nämlich die Sehnen und Muskeln an den
Kalbsbeinen, Kalbshächs. — Krumma Hachsa, krumme Beine.
Schmeller, Wörterb. Th. II. S. 147. v. Hächsen.

Häcker, Winzer, Weingärtner, Weinbergsmann, von Hacken. Würzb.
Verord. v. 1554, (Samml. d. Land. Verord. Th. I. S. 5.) v. 14.
März 1687, (a. a. O. S. 354, vgl. Th. II. S. 458.)
Selig sey der hecker, der dich (den Weinstock) hackt!
Hans Rosenblut, in Wackernagel, Leseb. Th. I. col.
1009.

Häbächs, Eidechse. S. Aebächs. Bayer. Egedechs, Halbdechs. Schmel=
ler, Wörterb. Th. I. S. 38. Th. II. S. 151, h. v. Ae heißt
überhaupt im Würzburgischen oft so viel als Ei, wie nachfolgende
Worte zeigen.

Häbafäld, Heidenfeld, Markt=Heidenfeld, Städtchen am Main.

Häbelbeer, Heidelbeer, (vaccinium myrtillum.)

Häbelkorn, Heidelkorn, Buchweizen, (polyganum fagopyrum.)

Häfala, kleiner Topf, Nachttopf. Archiv d. histor. Vereins. Bd. II.
Heft 3. S. 26. 35. 48. S. Hafa. Auf's Häfala geha, (bei
Kindern,) auf den Nachttopf gehen, um die Nothdurft zu verrichten.
Häfalasgucker, ein Mann, der sich unter seiner Würde mit den
Kleinigkeiten des Hauswesens und der Küche, insoferne sie der Frau
obliegen, abgibt, in die Kochhafe (Häfelein) guckt, (schaut,) u.
dgl. S. Sprüchw. u. R. A. h. v.

Häfner, Hafner, Töpfer und Ofenarbeiter. Würzb. Verord. v. 31. Jan.
1742, (Samml. d. Land. Verord. Th. II. S. 300—301.) u. 26.
July 1769, (a. a. O. S. 892—893.) S. Hafa.

Häkel, heikel, empfindlich, kritisch, apprehensiv bei dem Genusse von
Speisen, bei Gerüchen, bei dem Anblicke von Wunden, Leichnamen
u. dgl. S. Späh.

Häla, heilen. Häla Häla Sägala! Heil und Segen! So sagt oder
singt man kleinen Kindern vor, um sie bei einer Verwundung, einem
Stoße zu beruhigen.

Hälf, helfend. Zieh mir die Stiefel hälf aus, hilf mir bei dem Aus=
ziehen der Stiefel.

Häller Haufa, vollständiger, compacter Haufen von Menschen, Schwarz,
Troß. Sie senn in hälla Haufa (in Schaaren) kumma. Auch

im Bauernkriege war der helle Haufen die Hauptmacht des auf-
rührerischen Volkes. Archiv d. hist. Vereins, Bd. II. Heft 2, S.
130. Bei der Belagerung des Schlosses Marienberg im J. 1525
wurde der gesammte große Haufen der Belagerer der schwarze
genannt, dieser stand damals unter Florian Geyer bei Heidingsfeld, der helle oder lichte Haufen war unter Göz von Berlichin-
gen im Lager bei Höchberg. A. a. O. Bd. III.° Heft 3. S. 64.
Der helle Haufen bei den Landsknechten war der ganze Troß.
  Wie man auch urlaub gab
dem gantzen hellen haufen.
    Hans Sachs, Landsknecht-Spiegel, in Wackernagel,
      Leseb. Th. II. col. 116.

Häm, heim, zu Hause, (d r h ä m,) nach Hause. Hämet, Heimat.

Hämlt, heimlich.

Hämpfala, eine kleine Hand voll. Hämpfalasschnuppa ist die
  Periode des Schnupfens, in welcher man dicken und zähen Schleim
  absondert, und damit gleichsam ganze Hände vollmacht. S.
  Hampfel.

Hämschlaga, heimschlagen, die bestellte Waare eines Handwerkers wegen
  ungenügender Beschaffenheit nicht annehmen, daß er sie wieder heim
  (häm, s. d.) tragen muß.

Hänsla, hänseln, hätscheln, schmeicheln, läppisch behandeln, it. necken, —
  ein verhänseltes d. h. verzogenes und verwöhntes Kind. Nach
  dem Conversations-Lexicon (b. Brockhaus) bedeutet Hänseln die
  unter den Handwerksgesellen üblich gewesenen Neckereien und Scherze;
  welchen derjenige unterworfen war, der zum ersten Mal einen Ort
  besuchte, wo das Hänseln üblich war. Die Possen bei dem Hänseln,
  so wie der Ausdruck selbst stammen von der Hansa her, in deren
  auswärtige Comptoire man in alten Zeiten unter ähnlichen Gebräu-
  chen aufgenommen wurde. — Vgl. Samml. d. Pflicht. u. Ordn. b.
  St. Schweinfurt, (Verordn. wegen d. Kindtaufen, §. 5.) S. 220.
  Kaltschmidt, Wörterb. v. Hänseln. — Hänsla, substant. ist
  auch das diminutivum von Hans, (Johann,) und bedeutet ferner
  Dümmler, auch den aus den Weintrebern mit Wasser nachgepreßten
  Aftermost, welchen wir Laiern nennen, s. d. — it. gewässerten
  Wein.
    Und das man lert, uff tragen wyn,
    Dar uſs würt dann eyn henſelyn.
        Seb. Brant, Narrenschiff, in Wackernagel, Leseb. Th.
          I. col. 1065.

Hännel, Hänbel, Streit= oder Raufhänbel. Hännelmacher ist ein un=
ruhiger, streitsüchtiger Mensch. S. Kratehl u. Kratehler.

Hänzer, Heinz, b. h. Kater.

Härchla, hercheln, röcheln, schnarchen.

Härnach, hernach, nachher.

Härrla, alter Herr, Großvater, Ahuherr. Schweinfurt. Stabtrecht v.
J. 1724. Sect. IV. tit. XLIV. §. 4. S. Aetta, Tätta.

Härtla, (Härtlein,) harter Geschmack des Weines unb nun auch des
Bieres, it. ber sauere Geschmack bei dem Umgehen ober. ber Essig=
gährung.

Härz, Muth, härzhaft, muthig. 'r hott's Härz nit. A härzhaft's
Stück Brob ist ein so beträchtliches Stück, baß schon Muth bazu
gehört, es auf ein Mal essen zu wollen, so sagt man auch, ä härz=
hafter Trunk. Denen Thätern hat niemahl die Keckheit unb
Herz solche That zu vollbringen gemangelt. Gropp, Wirzburg.
Chronik. Th. I. S. 226. Härz ist auch ber weibliche Busen, (s.
Bruft,) wie auch im Altbayerischen.

De Hirsch hat zwoa gweihh und de Jaga zwe Hundt,
Und mei Schatz hat zwa Hertzaln, wie e Kugel so rund.
Die Madeln verbergug eana Hertzel net mer,
Wenn's glei net vil habm, so zaegng sie's her.

Schmeller, Wörterb. Th. II. S. 243. v. Herz.
Härz ist auch überhaupt bie Bruft, auch bei Männern, baher
Härzbudel, ein Höder auf ber Bruft, im Gegensatze bes Budels
ober Höders auf bem Rücken. S. Budel. Sprüchw. u. R. A.
v. Verbruß. — Bruber Härz! (eine gemüthliche Anrebe,) herz=
lich geliebter Bruber! — Härzgut, von Herzen gut.

Häscha, heischen, heißen, forbern, verlangen, verwanbt mit Haschen.

Häser, heiser. S. Rauher Hals.

Hässa, heißen, befehlen, gebieten, it. einen Namen geben ober haben.
Mr häßt 'n nur 'n Hofrath.

Häß, heiß. Siebhäß, heiß bis zur Siebhize.

Hätt, Haupt bei Gemüsen. Krautshätt, Salathätt. Daher Hätt=
laszalat, Haupt= ober Kopffalat. S. auch Blättlaszalat,
Gartazalat. — Hetmann bei ben Kosaken Hauptmann.

Hätzfäld, Heibingsfeld, Städtchen am Main oberhalb Würzburg.
Florian Geyer zu Heitzfeld lag.
Ueber 18000 Hauptmann war.

Gropp, Wirzburg. Chronik. Th. I. S, 165.

Häusla, Abtritt. In alten Häusern bilbeten nämlich bie Abtritte einen eigenen Reben- oder Hinterbau, d. h. ein eigenes Häuschen, wie man z. B. jetzt vom Main aus an der neuen Caserne mehrere zu sehen das Vergnügen hat.

Hafa, Hafen d. i. Topf. Würzb. Verordn. v. 31. Januar 1742, (Samml. b. Land. Verordn. Th. II. S. 300—301.) v. 26. July 1769, (a. a. O. S. 892—893. S. **Häfala, Häfner.** Vgl. Schmeller, Wörterb. Th. II. S. 153, v. Hafen. Kaltschmidt, Wörterbuch. h. v.

> Was man jn nüwe häfen schitt,
> Den selben g'schmack verlont sie nitt.
>> Seb. Brant, Narrenschiff, in Wackernagel, Leseb. Th. I. col. 1062.

> Din haf bin ich,
> Mach ganz, ald brich.
>> Lied v. Zwingli, a. a. O. Th. II. col. 10.

Haiduck, abg'sägter. Die Fürstbischöfe von Würzburg hatten bei Hof mehrere Heiduden in ungarischer Tracht. Im Archiv d. histor. Vereins, Bd. I. Heft 3, S. 41 und 47 kommen sechs Heiduden vor. Sie gingen neben dem Wagen des Fürstbischofs einher, und mußten sehr große Männer seyn. Deßwegen nennt man kleine Mannspersonen im Spott „abg'sägte Haiducka." Ein Heiduck ist am Plafond der Residenz über der Haupttreppe, wie man sagt, im Porträt bei dem Welttheil Europa abgebildet.

Haint, oder hait, heute.

Haira, heirathen.

Halber, halb's Glas halber austrinka. - Halber 4 Uhr. Gropp, Wirzburg. Chronic. Th. II. S. 589.

Halbschäd, Halbscheide, Hälfte. Würzb. Stadtbaurecht v. 25. Febr. 1775. Von Mauern, so keine Giebel-Mauern sind. §. 3. (Samml. b. Land. Verordn. Th. III. S. 787.)

Halt, halters, ein Zwischenwort, welches beiläufig den Gedanken ausdrückt, es sey nun einmal nicht anders, auch dient es zur Bekräftigung. J. hab's halt vergässa, i bin halt zu guat, zu hitzig. Sie macht dich halt so gar blint.

> Berthold v. Regensburg, Predigt, in Wackernagel, Leseb. Th. I. col. 669.

Halt, franz. halt, steh still, halt an!

Hampfel, Handvoll. A ganza Hampfel Thaler. S. Hämpfala.

Handhaba, Henkel, Stiel, überhaupt die Vorrichtung an Gefäßen und

58

Werkzeugen zum Anfaſſen. Auch als verbum, etwas behandeln, ba=
mit arbeiten, umgehen, z. B. den Hammer.

Handira, arbeiten, geſchäftig ſeyn, niederſächſ. handteren, von Hand.
Kaltſchmidt, Wörterb. v. Hantiren.

Und durch Geiz mit erdichteten Worten werden ſie an euch
handthieren. (Vulg. Et in avaritia fictis verbis de vobis
negotiabuntur.) Luther, Bibel=Ueberſetz. II. Petri, II. 3.

Handthierung, Handwerk, Gewerbe. Würzb. Verorb. v. 24. July 1751,
(Samml. d. Land. Verorb. Th. II. S. 608.)

Handverbrechung, das Schreiten eines überlebenden Ehetheils zur zwei=
ten oder ferneren Ehe. Orb. b. Kaiſ. Landgerichts v. 1618, Th.
III. Tit. CV. §. 2. (Samml. d. Land. Verorb. Th. I. S. 174.)
v. Schelhaß, Würzb. Landrecht. S. 90. Note 7.

Hann, ſtatt Johann, wenn ein anderer Taufname nachfolgt. Hann
Abel, Hann Nickel, doch ſagt man euphoniſtiſch Hans Jörg, nicht
Hann Jörg. — Auch Hannes bedeutet Johann. Dr Büttners=
Hannes. S. O'hannes, Hans.

Hannla, handeln, Handelſchaft treiben mit Etwas, it. über den Preis
unterhandeln, davon abhandeln, abmarkten. Daher Haunelſchaft,
Hannelsmann. — Aushannla, den Handel, Kauf abſchließen,
verhannla, verkaufen, vertauſchen.

Hans, Hanſel, Johann. S. Hann. Hans Jörg. Auch wird, wie
bei dem Worte Barthel, ſ. b., Hans der Perſonification einer
Vorſtellung wegen mit einem, oft unedlen Begriffsausdruck verbun=
den. Hans Acht's nit, Indifferentiſt, Hans Arſch, Hans Dampf,
(alberner gedenkhafter Menſch, Phantaſt, Windbeutel,) Hans Narr,
Prahl=Hans, Hans Wurſt. — Hannß Böheim oder Hanſel,
Gropp, Wirzburg. Chronik. Th. II. S. 112. 115. Große Han=
ſen, reiche Kaufleute, Haltaus, gloss. h. v. — auch ſpottweiſe
eingebildete, Aufwand machende Menſchen.

Happa, ſ. Schnitthappa. Happen als eine Art Wehr kommen vor
in Gropp, Wirzburg. Chronik. Th. I. S. 514.

Happera, anprallen, ſtecken bleiben, zurückbleiben, it. nicht richtig ſeyn.
Do happert's, da geht es nicht vorwärts, da iſt ein Anſtand, da
iſt es nicht, wie es ſeyn ſoll. Von Abern, anſtoßen. Kalt=
ſchmidt, Wörterb. v. Hapern.

Haſakühala, Kaninchen, Stallhaas. S. Kopfa, Kopfhaas.

Hatſcha oder hätſcha, ſchlecht und langſam gehen, hinken. 'r is hinta
nachg'hatſcht. S. Grätſcha, Knappa, Schnappa, Tratſcha.

— Die Hatscha, substant. sind alte abgetretene Pantoffeln oder Schuhe, (Vehikel des Hatschens.) S. Schlappa, Toffel.

Hatzel, Perrücke. S. Atzel, Procka.

Hauderer, Lohnkutscher, it. ein Mensch, des Alles oberflächlich und unordentlich treibt. Haudern, das Gewerbe eines Lohnkutschers betreiben, it. pfuscherisch, unachtsam etwas behandeln. S. Hubla, Schlumpa, Schlumper. — Haudern ist anderswo wucherisch Handel treiben. Schmeller, Wörterb. Th. II. S. 281, h. v.

Haus, heraus, außen. Ich hab's haus, ich habe es heraus=(gebracht,) z. B. die Auflösung eines Räthsels, das bekannte ευρηκα. Do haus is es kalt. S. 'raus.

Hecka, Junge werfen, besonders bei Katzen. Kaltschmidt, Wörterb. v. Hecken.

Heckawirth, Schenkwirth, Tafernwirth, im Gegensatz zu dem steten Wirth, Gastwirth, Gastgeber, Schildwirth. Letztere durften das ganze Jahr hindurch Wein ausschenken, und einen Schild mit bildlicher Darstellung und Benennung ihrer Wirthschaft aushängen, (zum Adler, zum Bären, zum wilden Mann, &c. &c.) die Bürger und Weinbergsbesitzer aber durften nur ihr eigenes Gewächs in einer gewissen Quantität verzapfen, und nur eine Zeit lang, durften und mußten aber zum Zeichen ihrer Wirthschaft nur einen Strauß aushängen. Solche Sträuße bestanden in grünen, meistens aus den Hecken oder lebendigen Umfriedigungen der Felder geschnittenen Zweigen, (Webeln.) Daher stammt die Benennung Heckenwirth. Würzb. Verord. v. 1554, (Samml. d. Land. Verord. Th. I. S. 5—6.) v. 14. März 1687, (a. a. O. S. 355,) v. 3. July 1700, Nr. 10. 13, (a. a. O. S. 504—505.) v. 20. Nov. 1744, (a. a. O. Th. II. S. 384—385.) Instruct. v. 17. Febr. 1750, Nr. 6. 7. 10. 12. 15. 28. (a. a. O. S. 566—568.) Verord. v. 19. July 1783, 3tio., (a. a. O. Th. III. S. 287.) Samml. d. Pflicht. u. Ordn. d. St. Schweinfurt, (Herbst= u. Ungelder=Amts=Ordn. §. 9.) S. 56. Diese Einrichtung ist noch nicht verschwunden. Noch im Würzburger Abendblatt v. 8. Aug. 1855, Nr. 188 ward ein Gesuch um eine stete Weinwirthschafts=Concession verbeschieden, und Heckenwirthe trifft man viele, besonders in den geringeren Stadttheilen. Noch kommen auch die Garküchner, Garköche (Jahrküchenwirthe) vor, welche nicht beherbergen, aber warme Speisen verabreichen dürfen. Würzb. Almosen=Ordn. v. 24. Juny 1732. Nr. 16. (Samml. d. Land. Verord. Th. II. S. 68.)

Hefel, eine unverbaute Masse im Magen, von Hefe. Kaltschmidt, Wörterb. v. Hefe.

Heft, spöttisch, Nase, mit der Vorstellung, als sey die Nase das Glied, wo man den Menschen anfaßt, wie man das Schwert am Heft ergreift. Dr (langnasige) Professor C. liest über Ovidius Naso mit Hinweisung auf sein eigenes Heft.

Hemm, auch Hemmeb, Hemb, althochd. hemmat. Kleyber, ohne das Hemmet. Gropp, Wirtzburg. Chronic. Th. I. S. 398. Kaltschmidt, Wörterb. v. Hemb. Hemmet, adject. bloß mit einem Hembe bekleidet. Hemmlaiter, Hembläuter, wird ein Mensch im bloßen Hembe genannt, indem man das Hin= und Herflattern des Hembes zwischen den Beinen scherzweise mit dem Läuten einer Glocke vergleicht.

Hendschi, Handschuhe.
— seidene Hentschen und Benbel.
Hebel, Werke. Die Häfnet=Jungfrau. Bb. II. S. 85.

Henkerei, Hängerei, Unordnung und Verlegenheit, besonders in Vermögens= und Rechnungssachen, wenn die Angelegenheiten an den Nagel gehängt, d. h. liegen gelassen und vernachlässigt werden.

Hie, hin, — geh hie, 'r is hie, (verloren, todt,) besonders in der Zusammensetzung mit Zeitwörtern, hiehaua, hieglotza.

Hieschlaga, verb. neut. hinfallen, hinstürzen.

Hiffa, Hagebutten. Hiffamark, Marmelade vom ausgepreßten Marke derselben.

Hinn, innen, hier innen. 'r is hinn.

Hinnerschi, hinterschi, hinter sich. 'r is hinterschi hieg'falla.

Hinterrucks, von hinten, rücklings, hinter dem Rücken, daher heimlich, verstohlen, tückisch.

Hinterschzagökerst, rücklings, it. verkehrt.
— 'r mecht Alles hinterschzagökerst.

Hinterschzöberst, hinters zu oberst, hat den Sinn wie das vorige Wort. Hinterschzöberst hiefalla, rückwärts so hinfallen, daß die Beine in die Höhe stehen.

Hirsch, Hirse. Hirschbrai und Bratwürscht.

Hoba, hier oben.

Hoblata, Hostien, Oblaten zum Siegeln.

Hock, Hühnerhock, Taubahock, Einer, der mit Hühnern, Tauben handelt, hausirt. In den Verordnungen heißen solche Leute Höckler. Würzb. Verord. v. 16. Sept. 1746, (Samml. d. Land. Verord. Th. II. S. 416—417.) Die Ableitung führt auf Hocken, Sitzen,

weil die Höcler bei den Märkten auf Schemeln hocken, und auf
Huckeln, weil sie ihre langen Geflügelkörbe aufhuckeln, auf
dem Rücken (Höder) tragen. Vgl. Samml. d. Pflicht. u. Ordn. d.
St. Schweinfurt, (Verbot d. Vorkaufs, §. 1.) S. 256, wo sie Hocken
genannt werden. — Kaltschmidt, Wörterb. v. Höke. S. Hocka,
Huckla.

Hocka, sitzen, niedergekauert sitzen. Gropp, Wirzburg. Chronik. Th.
II. S. 673.

Högner, Lichterzieher und Seifensieder, Fragner. Würzb. Verordb. v. 7.
July 1747, 3tio., (Samml. d. Land. Verordb. Th. II. S. 493.) v.
14. März 1770, 2do., (a. a. O. S. 918.)

Hörla, Hörnchen, ein mürber Weck in Form eines Hufeisens, it. das
Hörnchen eines Thiers, daher die Kinderweise:

Schnäckla thua bai Hörla raus,

  Oder i wärf d'r's Loch in's Haus.

Kleens Hörla ist der Februar oder Hornung, weil er nur 28
Tage hat, großes Hörla ist der März. Wän's kleena Hörla
nit holt, dän holt's große Hörla, d. h. wer — von den gefähr-
lich Kranken — im Februar nicht stirbt, der muß im März sterben.
In diesen beiden Monaten ist die Sterblichkeit besonders groß.
Die Hörlasgaß in Würzburg führt von St. Peter in die Neubaugasse.

Housa, Housbee macha, lange Beine machen, laufen, hanssorla
jambes.

Hofel, Hobel, niedersächs. hövel, dän. hovel. Kaltschmidt, Wörterb.
v. Hobel. — Hofelspee, Hobelspähne. S. Spee.

Hofira, die Nothburst verrichten, cacare, — sonst den Hof machen, franz.
courtiser, faire la cour.

So glangt im auch wohl zu hofirn,

zu tantzen, royen vnd zu springen.

  Hans Rosenblut, in Wackernagel, Leseb. Th. I.
  col. 1018.

Hohrick, hoher Rücken; ein Körpertheil und eine der beßten Fleischportionen
am Ochsen. (Metzgerausbruck.)

Holler, Holber, Hollunder, Flieder, sowohl sambucus nigra, von welcher
Pflanze der Hollerthee kömmt, als syringa vulgaris et Porsica.
Hollerbluma.

Hoorschlächti, haarschlechtig, hartschlechtig. Die Haar- oder Hartschlechtig-
keit — verschieden von der Herzschlechtigkeit — ist eine Krankheit und
ein gesetzlicher Gewährsmangel der Pferde. Würzb. Verordb. v. 17.

Juny 1709, (Samml. d. Land. Verord. Th. I. S. 563—564,) v. 22. Sept. 1742, (a. a. O. S. 309.) S. Schleebäuchig.

Vgl. Grimm, Rechts-Alterth. S. 609. S. Durschlächta.

Hopfa, hüpfen, hüpfend springen.

Ich wil noch tantzen an dem reyen,
Dieweyl ich nur mag aufgehopffen.

Hans Rosenblut, in Wackernagel, Leseb. Th. I. col. 1014.

Hops, interject. wenn Jemand hüpft oder hopst, eben so hopfa und hopfafa. S. Safa. It. hopfa, verb. hat die Bedeutung von Hopfa, f. d.

Hott, bei den Fuhrleuten und Kutschern find hott und wist, f. b. rechts und links. S. Wist.

Hua, Huhn.

Huckla, auf dem Rücken (Höcker) tragen. Aufhuckla, auf den Rücken nehmen. Bürger in den „Weibern von Weinsberg" nennt die von den Frauen auf dem Rücken getragenen Männer Huckepad. Im ähnlichen Sinne sagt man bei uns Huckauf. Die Würzburger, welche schon im Anfange dieses Jahrhunderts gelebt haben, werden sich wohl noch an den Huckelabai erinnern.

Hudla, nachläßig, schlecht arbeiten. S. Haubera, Hutlump, Schlumpa.

Huahla, dimin. v. Hua, f. d. Hühnlein, Hühnchen. Huahlaskraut, Satturei, (f. Satteri,) oder Pfefferkraut, (satureja hortensis,) wird bei dem Braten der Hühner diesen des Wohlgeschmackes wegen in die Bauchhöhle gesteckt.

Hüba, hier herüben, hier dießseits.

Hüchbärg, Höchberg, Dorf bei Würzburg vor dem Zeller Thore. Gropp, Wirtzburg. Chronic. Th. I. S. 97. 113. 115. 249.

Hulla, Hülle, ein weibliches, noch in diesem Jahrhundert üblich gewesenes Kleidungsstück, bestehend in einer Art sehr weiter, meistens seidener Capuze, mit welcher der ganze Kopf nach dem Gesichte hin verhüllt wurde. Solche Hullen kommen schon auf sehr alten Abbildungen vor. In den Hexenprocessen findet man, daß die Hexen oder Druden bei der Communion die heilige Hostie heimlich in ihre Hulle fallen ließen, um die Hostie sodann ihren Buhlen zu geben, welche sie mit Messerlein stupften, so daß Blut herausfloß. Archiv d. hist. Vereins. Bd. II. Heft 3. S. 25. 26. 55.

fo fol fi niht ân hülle varn,
fi fol ir hüll ze samne hân.

Thomaſius, welcher Gaſt, in Wackernagel, Leſeb. Th.
I. col. 504.

Hullafrau iſt eine verhüllte Frau, welche an den Polterabenden
erſcheint, um die kleinen Kinder zu ſchrecken. Eben ſo auch der
Hullapöpel. S. Pöpel. Ueber die Hullafrau, Frau
Holla oder Hulda und den Hullenpöpel vgl. noch Gropp,
Wirzburg. Chronid. Th. I. S. 32—33.

Hundsfotza, (gemein,) etwas Nichtswürdiges, Nichts, auch ein Wort um
Jemanden grob abzufertigen. Lehna. Se mr 'n Gulba. Antw.
Hundsfotza! (Mit Nichtem.) Haſt da Gälb kriegt? Antw.
Hundsfotza! (nichts.) S. Fotz. Vgl. Pfiſter, merkwürd.
Criminalfälle. Bd. V. S. 384. 385.

Hundsfutt, Hundsfott, Schimpfwort, (auch um ein Duell zu proviciren)
von Huntzen, corrumperc. Wachter, gloss. v. Hundsfot,
Iluntzon. S. Fot.

Hundsſchübel, Blutgeſchwür, Furunkel. S. Schübel.

Hunnert, hundert.

Hunta, hier unten.

Hur, nadeta, Zeitloſe, (Colchicum autumnale,) weil dieſe Pflanze
blätterlos (nackt) iſt, und ſich ſo den Blicken preisgibt. — Hur
hieß in den biſchöflichen Zeiten jedes gefallene Mädchen oder auch
eine Weibsperſon, welche verdächtigen Umgang, z. B. mit Solbaten,
hatte, und Hurerei war überhaupt, auch bei Männern, bie Unzucht, der unzüchtige Mann, z. B. im Concubinat, hieß Hurer,
Hurenbengel, Hurenkerl, Hurenkinder waren ohne Un-
terſchieb die unehelichen, nicht bloß die vulgo quaesiti, Gaj. I. 91.
seqq. L. 19. 24. Dig. de statu hom. (1. 5.) L. 18. Dig. de bon.
libert. (38. 2.), ſondern auch die naturales. Man muß dieſe harten
Bezeichnungen dem gerechten Abſcheu der damaligen frommen chriſt-
lichen Generation guthalten. Indeſſen bedeutet doch hure im Altdeutſchen die Miethe. Schilter, gloss. v. Huarrun, Hure.

Hurda, Hürde, Flechtwerk, geflochtene Platte, um Allerlei, z. B. Aepfel,
Zwetſchgen, darauf zu legen und zu dörren. Epfelharba. Griech.
Κύπρος, Fiſchreuße. — Wackernagel, Leſeb. Th. III col. 455.

    Pfi unſeliger Kezer! ob man dich danne ô. ûf einer hûrdé
    verbrennet.

        Berthold v. Regensburg, a. a. O. Th. I. col. 678.

Hutlump, ein Mann, welcher Lumpen für Papiermühlen ſammelt,
(und ſie in ſeinen Hut wirft) Hadel, Hubel, Hadern ſind Lumpen. Schmeller, Wörterb. Th. II. S. 153. v. Hubel.

Hutzel, gedorrtes Obst, Birnhutzel, Kirschahützali, Hutzelbrod. Verhutzeln, eintrocknen, einschnurren.

J.

J, ich. Das war i.

J thue der lei Leibli.

     Hebel, Werke. Riebligers Tochter. Bb. II. S. 45.

Jäckel, Jacke.

Jähra, ein volles Jahr werden. 's jährt si jetzt, es wird jetzt ein volles Jahr.

Jäsch, Jäscht, Gäscht, Gischt, Sch.rum. Jäscha, schäumen, z. B. Bier, Seise. S. Dötsch.

Jaufer, Fischfrevler, unbefugter Fischhändler. Würzb. Fischer-Ordn. v. 1. Sept. 1750, Einleit. u. Nr. 16. (Samml. d. Land-Verord. Th. I. S. 17.) In dieser Verordnung findet man noch viele technische Ausdrücke. — Jaufertsmarkt, Tröbelmarkt, Judenplatz am Vierröhrenbrunnen.

Jauna, Karten spielen, und damit nach Art von Strolchen oder Jaunern die Zeit verschwenden. Jauner, habitueller Kartenspieler, it. Gauner, wobei also, wie in Preußen, J an die Stelle von G tritt. Der jeniale Berliner hat bekanntlich eenen juten Jott und eenen janz jottvollen König. — Würzb. Patent v. 7. Nov. 1746. (Samml. d. Land. Verord. Th. II. S. 468, ff.)

Jeh! Jesus! ein Ausruf. Härr Jeh! S. Jerum, Jessas, Jettich.

Jenischer Abel, spottweise, das Diebs- und Spitzbuben-Gesindel, wahrscheinlich von Jauner (s. b.) d. h. Gauner, jannischer Abel, sonst abbrev. Janhagel. Auch die jenische Sprache ist die Gaunersprache. Der jenische Abel, bestehend aus allen Schelmen, Lumpen, Landstreichern, Galgenvögeln und Verbrechern, konnte vormals jährlich am Kilianfeste, 8. July, frei, unbeirrt und ungehindert in die Stadt kommen.

Jerum! verdorbener Ausruf, statt Jesus! Jeh, Jessas, Jettich.

Jessas! s. Jerum.

Jettich! eben so, s. Jerum.

Jetz, jetzunder, jetzt. Schneidt, thesaur. jur. Franncon. Abschn. I. Heft 1. S. 104. S. Etz.

Jhra, gähren, wie der Wein oder Most.

Jmmer, Ingwer.

Ingaräusch, die Eingeweide der Thiere. Würzb. Verordn. v. 28. Nov. 1770, Nr. 11. 12. (Samml. d. Land. Verordn. Th. II. S. 936.) S. **Ingawäd**. — Vgl. **Schmeller**, Wörterb. Th. III. S. 140. v. **Gereusch**.

Ingawäd, Eingeweide. S. **Ingaräusch**.

Ing'fieder, die Federn und der Flaum in den Betten, (plumage.) Archiv d. histor. Vereins. Bd. VII. Heft 3. S. 72.

Inschlicht, Uenschlicht, Unschlitt. Archiv d. histor. Vereins. Bd. VIII. Heft 2 u. 3. S. 204, ff.

Intereffen, Zinsen.

Jo, häufig statt ja, dient auch als ironische Bestätigung. Jo, beß fäh-let a no! Jou ist das jüdische Ja. **Schmeller**, Wörterb. Th. II. S. 262—263. v. **Jo**.

Jockel, Jacob, wird auch, wie Barthel und Hans, um eine Vorstel-lung zu personifiziren, mit einem andern Worte verbunden. Der Schmierjockel ist eben so, wie der Saubarthel, die personi-ficirte Unreinlichkeit. S. **Schmiertiegel**.

Jodel, ausgelassener Junge, Schlingel, Strolch, s. **Schlüffel**, in der Oberpfalz bei Viechtach **Loitel**. **Feuerbach**, actenmäß. Darstell. merkwürd. Verbrechen. Bd. I. S. 162. — Bei uns ist aber **Jodel** nicht **Jobocus**, u. dgl. **Schmeller**, Wörterb. Th. II. S. 264, v. **Jodel**, vgl. S. 262, v. **Joeln**. **Wachter**, gloss. v. **Jolen**.

Jörg, Georg. Archiv d. histor. Vereins. Bd. IX. Heft 2. S. 153. — **Jörgarosa**, Geisblatt, Speclilie, (Lonicera caprifolium, pericli-menum,) **Jörgarosa** genannt, weil gegen Georgitag hin (Jörga-tag, 24. April) die Blüthezeit einzutreten pflegt.

Juchhey! Ruf der Freude, des Jubels, it. spottweise der letzte und ge-meinste Platz im Theater, (die Galerie.) — Auch die Römer hatten einen ähnlichen Ruf: johia! **Plaut. merc.** IV. 3. 31.

Juchs, Spaß, Ergötzlichkeit, Kurzweil, von Jauchzen. Deß gitt a Mol 'n Haupt-Juchs! — Juchsa, verjuchsa, jauchzen, in Freu-den verschwenden, verjubiliren und vergaudiren. S. **Geuder**. Tantzen, hupffen, jugetzen, jaugetzen. P. **Abrah. a. S. Clara**, in **Wackernagel**, Leseb. Th. III. col. 912.

Jüh! Ermunterung an Pferde und Rindvieh, um sie vorwärts gehen zu lassen.

Jumpfer, Jungfer, Jungfrau, der natürliche Ehrengruß und Titel ledi-ger, unbescholtener Haustöchter, — später, zur Zeit von Deutsch-lands tiefster Erniedrigung unter Napoleon I., Mamsell, Mademoiselle, — nachher seit der Zeit, als man in umgekehrter Richtung ging, 1813, 1814, — auch bei Töchtern unadeligen, sogar gemeinen Standes, Fräulein, — gnädiges Fräulein. — Der Excellenztitel wird demnächst folgen!

Juſt, hat die Bedeutungen von **Eba** und **G'rab**, ſ. b. und **Juſta**ment (justement) von **Abſolut** und **Aextra**, ſ. b.

> Juſtament ſchmeckt's Pfiſli guet.
>> Hebel, Werke. D. allzeit vergnügte Tabaksraucher. Bd. II. S. 98.

's is mr nit rächt juſt, es iſt mir nicht recht wohl, ich bin unpäßlich, non gaudeo justa valetudine.

Jraverr, Xaver. Franciscus Xaverius, ein gefeierter Heiliger aus der Geſellſchaft Jeſu, der Apoſtel Indiens, † 1552.

R.

Räb, ſ. **G'häb**.

Käppala, Capellchen (eigentlich eine ſchon dermals bedeutende Kirche) mit Capuciner=Hoſpiz und Kreuzweg auf dem Nicolaus= oder Käppalasberg bei Würzburg der Feſtung Marienberg gegenüber.

Käs, der Boden, welcher noch an den Wurzeln einer ausgehobenen Pflanze oder eines Baumes hängt. Man verſetzt die Bäume mit dem **Käs**. — It. der Galaanzug. Im größten **Käs**. S. **Staat**, **Wichs**.

Käſcperla, Käſperlein, ein Viertelskronenthaler zu 40½ kr., jetzt verrufen.

Käswaiß, ſehr weiß und blaß im Geſichte bei Furcht, Schrecken und Uebelbefinden. Der friſche **Käs** (Kuahkäs, ſ. b. Quark,) iſt bekanntlich ganz weiß.

Käth, Kättel, Kätterla, Catharina, Catharinchen, Käthchen. Archiv d. hiſt. Vereins. Bd. II. Heft 3, S. 32.

> Trink, guot Kätterlein!
>> Weltl. Lieder, in Wackernagel, Leſeb. Th. I. col. 968.

> O Kätterli, die heſch's nit ſolle ſeh.
>> Hebel, Werke. D. Ueberraſchung im Garten. Bd. II. S. 40.

Kätſchet, ſ. **G'hätſchet**.

Kail Brod, ein großes Stück Brod. S. **Ranka**.

Kalch, Kalk. Würzb. Stadtbau=Ordn. v. 25. Febr. 1772. Von Mauern, so keine Giebelmauern sind, §. 9. (Samml. b. Land. Verord. Th. III. S. 788.) Sogar ein wissenschaftlich gebildeter Chemiker, der geheime Medicinalrath und Professor Dr. Pickel war von unserem Idiom so befangen, daß er „Kalchwasser, Kalchbrei" schrieb. Archiv b. hist. Vereins. Bd. IV. Heft 1. S. 159. — Vgl. Schilter, gloss. v. Chalch.

Kalt legen, tödten. Würzb. Verord. v. 2. Aug. 1770. Nr. 7. (Samml. b. Land. Verord. Th. II. S. 930.)

Kaltern, keltern, it. Kelter. Würzb. Verord. v. 9. Octob. 1726. (Samml. b. Land. Verord. Th. I. S. 761.) Arbeitslohn der Häcker u. Weinbergsleute, (a. a. O. Th. II. S. 459.) Verord. v. 17. Febr. 1750. (a. a. O. S. 566.) v. 14. März 1772. (a. a. O. Th. III. S. 11.)

> Selig sey, der dich (die Traube) in die Kalthern tregt.
> Hans Rosenblut, in Wackernagel, Leseb. Th. I. col. 1010.

Kantusch, eine alte, weibliche, über die Hüften herabreichende Oberkleidung, ungar. Köntös, Kleid, Rock. Schmeller, Wörterb. Th. II. S. 313. v. Kontusch.

Kappa, Mütze, mittelalt. lat. capa, daher auch Capuze. Du Cange, gloss. v. Almucium. Das franz. chapeau und das ital. capello stammen auch daher, und weisen am Ende auf das lat. caput zurück, denn der Hut, wie die Kappe ist eine Kopfbedeckung.

> Der studenten ich ouch nit fyr,
> Sie hant die Kappen vor zuo stür,
>
> —   —
>
> Studenten Kapp will schellen han.
> Seb. Brant, Narrenschiff, in Wackernagel, Leseb. Th. I. col. 1064. 1065.

Die Kappen waren also schon in alter Zeit eine Lieblingstracht der Studenten, wie noch heute die Cerevis=Kappen!

Katzalammer, richtiger vielleicht Kotzenjammer, das Uebelbefinden am Morgen nach Ausschweifungen besonders im Trinken am vorigen Abend oder in der vorigen Nacht, wobei sich meistens Erbrechen (Kotzen, s. Kotza) oder Neigung dazu einfindet.

Kauderwälsch, Gaunersprache, überhaupt ein unverständliches Reden und Durcheinanderschwätzen, von Ködern, reden, schwätzen. Wachter, gloss. v. Kodern. Quederen. S. Wälscha.

5*

Kee, keener, auch ke, (kurz,) kein, keiner. Kee Mol, kein Mal, d. h. niemals.

> Und lueg mer dört sel Wülkli a!
> I ha ke große G'falle bra.
> > Hebel, Werke. D. Gewitter. Bd. II. S. 61.

Kehraus, der letzte Tanz bei Kirchweihen und Tanzbelustigungen. Bildlich wird es auch gebraucht.

> Hat er den Keraufz in der stiern,
> So glänzt im auch wohl zu hofiern.
> > Hans Rosenblut, in Wackernagel, Leseb. Th. I. col. 1013.

Kelch, ein sogenannter doppelter Kinn, fetter hängender Kinn, — bei Schmeller, Wörterb. Th. II. S. 292, h. v. ein Auswuchs an den Wurzeln der Kohlpflanzen.

Keller, Amtskeller, der Justiz= und allgemeine Beamte (Träger der ganzen Staatsgewalt) in den fränkischen äußeren Aemtern, satrapa. Kellereien waren die Aemter selbst. Würzb. Verord. v. 27. April 1686, (Samml. d. Land. Verord. Th. I. S. 347.) v. 7. Aug. 1687, (a. a. O. S. 360.) Kirch. Ordn. v. 30. July 1693, (a. a. O. S. 427.) Zehnt=Vergl. Instruct. (a. a. O. Th. II. S. 449.)

Kerfel, die Kerne oder Früchte (Bohnen) in den Schoten der Phaseli, s. d. Erbsen, u. dgl. Kerfelärbas, Pflückerbsen, Kichererbsen, aus welchen ein beliebtes Gemüse bereitet wird. Schmeller, Wörterb. Th. II. S. 285. v. Kif=Erbeß. — S. Austerfla.

Kibitzen, ehemals zu Würzburg Knaben, welche im Gesange unterrichtet wurden, und in den Kirchen sangen. Gropp, Wirtzburg. Chronic. Th. II. S. 352. Sonst ist Kibitz oder Geibitz ein Vogel, (tringa vanellus,) berühmt durch seine schmackhaften Eier.

Kiefa, nagen, weil dabei der Kiefer (s. b.) in großer Thätigkeit ist.

> 's küffelt ein Schneider ein Geißfuß ab.
> > Anfang eines Volksliedes bei Abraham a S. Clara.
> > Schmeller, Wörterb. Th. II. S. 285. v. Kifen.

Kiefer, Kinn. — Sommer, im Gemälde der physischen Welt, (Prag, II. Aufl. 1827—1831.) Bd. VI. S. 552. spricht von den Zähnen der Nagethiere (glires) in jedem Kiefer.

Kieferna Holz, Kiefer= oder Föhrenholz, von pinus silvestris. Würzb. Trauer= und Leichen=Ordn. v. 6. Aug. 1783, Nr. XXX. (Samml. d. Land. Verord. Th. III. S. 292.)

Kiefner, Küfer, Böttcher, — der Weißkiefner arbeitet in weißem (weichem) Holze, welches im Gegensatze zum rothen Eichenholze also genannt wird, er verfertigt Butten, Gelten, Kübel, Stützen,

u. dgl. Der eigentliche **Büttner** (f. b.) arbeitet in Eichenholz, und verfertigt besonders Fässer, Kufen und Beerbutten. Man leitet **Kiefner**, d. h. Küfer gewöhnlich von **Kufe** ab. S. b.

Kienrußbittla, kleines, buttenförmiges Gefäß, worin der Kienruß verpackt ist.

Kimmel· a **Salzkappa**, eine grobe, schlechte Mütze, welche von hellen und dunklen Stoffen gewirkt ist, und daher mit vermengtem Kümmel und Salz verglichen wird. — Diese Mützen werden nur von Packern, Schubkärrnern und andern ganz geringen Leuten getragen.

Kimmelkäs, ein kleiner, mit den Händen rund geformter Käs oder Quark, welcher mit Kümmel gewürzt und bestreut ist, und theils frisch, theils spünbig (f. b.) verspeiset wird. S. **Kuahkäs**.

Kimmerli, Kümmerlinge, Cucumern, Gurken. **Kimmerlaszalat**, Gurkensalat.

Kinder, (Würzb. **Kinner**,) dieser Ausdruck umfaßt alle Descendenten. v. **Schelhaß**, Würzb. Landrecht. S. 90. Note 2. Vgl. L. 220. Dig. de verb. signif. (50. 16.)

Kindskopf, kindischer, läppischer Mensch.

Kinnla, Kindlein. **Christkinnla**, Christuskindlein. Kinnli sind die Pupillen, Augäpfel oder Augensterne, in fremden Sprachen haben sie ähnliche, auf Kinder bezügliche Bezeichnungen, weil sich in ihnen die vor denselben befindliche Person in kleiner Gestalt, gleichsam wie ein Kindchen abspiegelt, lat. pupillae, ital. lo pupille, span. las niñas de los ojos.

Kippa, ein Einverständniß unter Tröblern und Käufern, vermöge dessen sie in Versteigerungen einander nicht überbieten, damit Einer die Sache wohlfeil erhalte, und sich dann mit den Andern abfinde. Man nimmt auch bei Verkäufern Kippe an, wenn sie sich vereinigen, nicht unter einem gewissen Preise zu verkaufen, z. B. Marktweiber, Materialisten, Getreidehändler. Man wird hier an **Kipper** und **Wipper**, das Verringern von Münzen, Ducaten=Beschneiden, Ausgeben falschen Geldes erinnert. Würzb. Verord. v. 23. Nov. 1736. (Samml. d. Land. Verord. Th. II. S. 150—151.) Gropp, collect. scriptor. et rerum Wirceb. Tom. II. p. 158. Auf der Rhön bedeutet **Kippe** Tasche. Archiv d. hist. Vereins. Bd. VII. Heft 3. S. 166.

Kippla, Wortwechsel unterhalten, sich zanken, necken. Schilter, gloss. v. **Kippeln**.

Kirba, Kerbe. S. Sprüchw. u. R. A. — Verschieden ist **Kirwa**, f. b.

Kirchner, Küfter. Würzb. Kirchen-Orb. v. 30. July 1693, im Eingang und cap. VII. n. 68. (Samml. b. Land. Verord. Th. I. S. 427. 440.)

Kirra, in hohen, durchbringenden Tönen schreien, wie etwa Weibspersonen im plötzlichen Schrecken oder Nothstand. Verwandt scheint Girren zu seyn, bedeutet aber doch ganz andere Laute, die sogar sanft und angenehm seyn können, wie bei den Tauben.
— gurullat, cirrit, (girrit.)
Vocabul. S. Galli, in Wackernagel, Leseb. Th. I. col. 30. Kerren, a. a. O. col. 578.

Kirrsauer, sehr sauer, so daß man wegen des Schmerzens des Uebelgeschmacks laut aufkirren möchte, z. B. unreife Trauben und Johannisbeeren.

Kirwa, Kirchweih. Verschieden ist Kirba, s. b.

Kitta oder **Kütta,** Quitte, (pyrus Cidonia.) Kittagelb, sehr gelb wie eine Quitte. Küttenbaum ist ein alter Würzburger Eigenname, unter diesem bestand ehemals ein Beguinenhaus zu Würzburg in der Nähe des Dominicaner- nunmehrigen Augustinerklosters. Archiv b. hist. Vereins. Bb. IX. Heft 1. S. 100. 109.

Kitz, die Kätzin, das Weibchen bei den Katzen, (auch Ziegen und Rehen.) S. Minz. Kitzgrau, sehr grau, (an den Haupthaaren.) Eine curia Kytz in der Katzengasse zu Würzburg erscheint urkundlich im Jahre 1323. Archiv b. hist. Vereins. Bb. IX. Heft 1. S. 109. Von dieser alten curia hat die Katzengasse (vermuthlich in der Vorzeit Kitzengasse) allem Anscheine nach ihre Benennung erhalten.

Kitzinger Haube, eine Haube mit über den Rücken herabhängenden schwarzen Moiré-Bändern, die frühere constante Tracht der weiblichen Dienstboten, wahrscheinlich in der Stadt Kitzingen aufgekommen. Vornehmer war die bürgerliche Kröshaube, s. u. Krös. Diese Hauben haben sich beinahe ganz verloren, wie überhaupt die bescheidene und solide, eigenthümliche Tracht der Dienstboten und der Bürgersleute.

Kläd, Kleib. — ehm. Kleder. Grimm, Rechts-Alterth. S. 577. 581. 585.

Kläppern, klettern.

Klecka, genügen, hinlänglich (erklecklich) seyn. Wachter, gloss. v. Klecken. S. Langa.

Klee, kleener, klein, kleiner. Kleener Bua!

Klitscha, Klatschrose, rothe Kornblume, (Parnassia Rhoeas.) Daher Klitschroth, sehr intensiv roth. Von anderer Bedeutung ist Glitscha, s. d.

Klöppera, rühren, umrühren, quirlen, z. B. Eier.

Kluppat, eine Anzahl (5) zusammengebundener, todter Vögel (z. B. Krammetsvögel) zum Verkaufe. Gropp, Wirtzburg. Chronik. Th. I. S. 468. Archiv b. histor. Vereins. Bd. VI. Heft 3. S. 30. Klupp (lacet) ist die Schlinge zum Vogelfang, daher schreibt sich das Kluppat. — Krieget i bi nur a Mol in mai Kluppl

Knäudel, Knäul, Klumpen, Knöbel. Kurze dicke Würste heißen Knäudel.

Knappa, hinken. Knapp ist eng, kurz, — wenn der Stiefel zu eng, oder der eine Fuß zu kurz ist, muß man knapp gehen. S. Hatscha, Schnappa.

Knarza, knärza, knarren, z. B. von einer Thüre. Archiv b. histor. Vereins. Bd. II. Heft 3. S. 51. S. Quärza.

Knatsch, ein mißrathenes, mit der Hefe nicht aufgegangenes Gebäck. Knatscha, (verb.) knätscha, kneten, auf unreinliche Weise durcheinander kneten. S. Matsch, Matscha.

Knaula, s. G'naucka.

Knenga, näseln, durch die Nase sprechen. (Assonanz.)

Kniebel, Knippel, Knippali, die Knöchel an den Fingern. S. Knorra.

Kniefiesel, Geizhals, Knicker. S. Fiesel, Filz. Wie bei dem Geizhals der Hals figurirt, so bei dem Kniefiesel andere Theile des Körpers, das Knie und der Fiesel.

Knöller, schlechter, stinkender Rauchtabak. Knellen im Altb. bedeutet Knallen, mit Knall Brechen oder Bersten.

Ein junger zwyg sich biegen lat,
Wann man eyn altten understat
Zum biegen, so knelt er entzwey.

Seb. Brant, Narrenschiff, in Wackernagel, Leseb. Th.
I. col. 1062.

In einem unserer Kinderlieder heißt es: Engeli, sengeli, sickali sa, rippabi, pippati, knell! Bei diesen Worten wird ausgezählt, und derjenige, auf welchen das Knell trifft, muß ausscheiden.

Knöra, drücken, mit Knorren drücken. S. Knorra.

Knopf, Flegel, Grobian. Daher das Wortspiel, wenn man, da Jemanden ein Knopf von den Kleidern abspringt, sagt, derselbe werde höflich, indem er die Knöpfe (die Zeichen der Flegelhaftigkeit) verliert. S. Rülp.

Knorra, die Knöchel, die Gelenkknochen, besonders an den Füßen. — Ein von den Lenden bis auf die Knorren reichendes Röcklein. Gropp, Wirtzburg. Chronik. Th. II. S. 109. Wegen der Finger s. Kniebel.

Knuppa, stoßen, schlagen, daher Knüppel, Knittel, Prügel. S. Stumpa. Vgl. Haltaus, v. Knuppeln.

Kochat, eine Partie Gemüse, gerade in gewöhnlichen Fällen genug, um für das Bedürfniß einer Mahlzeit gekocht zu werden. S. Richt.

Köhl, Kohl, (brassica,) Winterkohl, span. Col. Das Wort stammt vom lat. caulis, Stengel, auch colis. Varro, IX. 75. Doch bedeutet caulis auch schon den Kohl. Cic. de N. D. II. 47. Plin. H. N. XVII. 24. extr. Horat. Sat. II. 4. 15.

König, rother, monatliche Reinigung, Menstruation. S. Monatlis.

Kösta, Kosten, Unkosten. Würzb. Verord. v. 8. Octob. 1732. (Samml. b. Land. Verord. Th. II. S. 70.)

Kötza, ein von Weiden geflochtener Tragkorb, welcher auf dem Rücken getragen wird. — Gropp, Wirtzburg. Chronik. Th. I. S. 469. Würzb. Verord. v. 14. März 1687, Nr. 4. (Samml. b. Land. Verord. Th. I. S. 354.) v. 30. Jan. 1742. (a. a. O. Th. II. S. 300.) Archiv d. hist. Vereins. Bd. II. Heft 3. S. 20.

Kohlrabaschwarz, intensiv schwarz, wie der Kollrabe, (corvus corax.) Rabenschwarz kömmt schon in dem Nibelungenliede vor, VII. 55. von rabenswarzer varwe truogin richin Kleit.

Kollera, knurren, rumpeln im Bauch. (Cholera!)

Kopp, Kapaun.

Korgla, kugeln, rollen, sich wälzen, wie eine Kugel, Walze.

Kotza, sich erbrechen, von Roth. Wachter, gloss. v. Kotzen. S. Göda, — Ulrich schlaga in b. Sprüchw. u. R. A.

Krabatt, vielleicht Kroat, eine Reminiscenz aus dem dreißigjährigen Kriege, oder auch aus Krott (s. b.) formulirt. So benennt man scherzweise kleine Knaben. S. Börzel, Daumanickel, Krott, Nickel, Stumpa. Vgl. Schmeller, Wörterb. Th. II. S. 378. v. Krabat. — Krabattadörfla, ein ehemaliges Dörfchen, welches, als noch das Spittelthor beim Bürgerspitale gegenüber am Eingange in die Spiegelgasse bei den beiden großen Heiligenstatuen bestand, und das neue Thor noch nicht erbaut war, (Würzb. Verord. v. 27. Febr. 1738, in b. Samml. b. Land. Verord. Th. II. S. 175.) außerhalb der Stadt lag, und in jetziger Zeit eine eigene abgeson=

berte Häusermasse hart am Walle bildet. Ehemals war auch da-
selbst die Schinderei, und zwar noch im Anfange dieses Jahrhunderts. Ob dort ehemals ein Lager oder eine Ansiedelung der
Kroaten — etwa im dreißigjährigen Kriege — war, weiß der Verfasser nicht zu sagen.

Krad, craculus, Vogel aus dem Rabengeschlechte, sey es nun die Dohle,
(corvus Monedula,) oder die Saatkrähe, (corvus frugilegus,) oder
die Rabenkrähe, (corvus Corone.) In der Würzb. Verordn. v. 14.
Nov. 1758, Nr. 1. (Samml. d. Landb. Verordn. Th. II. S. 740.)
ist von Graugracken, wahrscheinlich Nebelkrähen (corvus Cornix)
die Rede. Das Wort hängt zusammen mit Rache, Krachen, altd.
chrachen, niedersächs. kraken, holl. kraaken, engl. krack, franz.
craquer, ital. croccare, krächzen, kreischen u. f. w. Kaltschmidt,
Wörterb. v. Krachen, Rache. — Allemann. Grapp.
> 's feige Grappe gnueg druf giesse.
> Hebel, Werke. Die Häfnet-Jungfran. Bd. II. S. 87.
> Gerne slief ich jemer da;
> wan ein unseligin Kra
> din begonde schrien,
> daz alle Kra gedien,
> als ich in des günne!
> Walther v. d. Vogelweide, in Wackernagel, Leseb.
> Th. I. col. 380.
> Es krekken, krorekken und quecken
> grüngelbliche Frösche.
> Sigm. v. Birken, a. a. O. Th. II. col. 417.
> Die Galgen-Vögel, Rab und Geyer
> Soll'n ihms si bona lieblich leyer,
> Und singen grax, grax mit Geschrey
> Von Grumbachs That und Schelmerey.
> Gropp, Wirzburg. Chronik. Th. I. S. 283.

Krämpla, diminit. von Kramen, Kram halten, d. h. tröbeln, (krämeln,)
alten Hausrath und allerlei Gerümpel feil halten und damit handeln. Krämpler, Tröbler. Anfänglich glaubte ich, dieß Wort
von Gerümpel ableiten zu müssen, (s. b.) — Gerümpler,
(später Grümpler und Grämpler, weil er mit Gerümpel
handelt,) ich stand aber wieder hievon ab, nachdem ich auf Kram
und Krämeln verfallen war. — Man solle denen Priestern kein
Opffer-Geld oder Seel-Geraid geben, es sey ein lauter Gremp-
lerey. Gropp, Wirzburg. Chronik. Th. II. S. 108.

Kräper, Kratzer, saurer und daher kratzender Wein.

Kräuti, das grüne Kraut, d. h. die Blätter und Stengeln bei Kartoffeln, Rüben und allerlei Gemüsen im Gegensatze der eßbaren Knollen, Früchte und des s. g. Herzchens in den Kraut= und Salat= häuptern.

Kraga, bedeutet bisweilen den Hals. 's geht 'n an Kraga, an den Hals, (an das Leben.)

> Ob einer den andern durch den Magen
> Stichet oder durch den Kragen.
>
> Archiv d. hist. Vereins. Bd. III. Heft 3. N. 192.

Krakehl, Zorn, Aerger, Händel. **Krakehler,** zorniger, händelsüchtiger Mensch, Hitzkopf. S. Hännel, Hännelmacher. — Franz. caracoler, caracouler, craqueur.

> er und d'Chatze, und d'Gühl, und 's
> Wirths fuulärtige Hofhund
> hen 'n Gragöl mitenander.
>
> Hebel, Werke. Epistel an d. Pfarrer Guntert. Bd. II. S. 107.

Kranket, Krankheit. Auch allemann.

> Er hat e schweri Chranket gha.
>
> Hebel, Werke. Agatha. Bd. II. S. 58.

Kraus, fein, schwach. Krauses Bürschla, zart gebautes Bürschchen, mit schwachen Knochen. Krauses Holz, kleingespaltenes Holz. S. Spraißel.

Krautwänstla, der Wanst oder Magen des Schweins, mit gehacktem Weißkraut, Speck, Fleisch und Gewürzzuthaten gefüllt und einge= näht, dann gebraten, eine sehr beliebte Speise in Franken.

Kree, Kreen, Meerrettig.

Krenk, fallende Sucht, Epilepsie, von Krank. Kaltschmidt, Wörterb. v. Krank. — Krieg die Krenk! ist ein Fluch, eine Verwünschung, wird aber auch oft im Scherze ausgesprochen. S.-Roth schwera.

Kreuztoll, spaßhaft, lustig. Kreuztoller Kärll

Kriega, bekommen, erhalten, it. ergreifen, z. B. Schläge, Verweise, den Schnupfen, Jemanden am Rocke.

> Ihr bittet, und krieget nicht.
>
> Luther, Bibel=Uebersetz. Jac. IV. 3.
>
> Dieweil mir dann Gott das Glück geben, daß ich die Stadt Wirtz= burg einkriegt.
>
> Gropp, Wirtzburg. Chronik. Th. I. S. 253.

Kritz, Hochmuth, Einbildung, Eigendünkel. Kritz im Kopf. Chrize,

altb. Betrug. Schilter, gloss. h. v. Was ist Hochmuth Anderes, als ein Selbstbetrug? S. Gickel.

Krös, Krause, gekrauster Halskragen, it. das Gekröse oder Geschlinge
der Kälber, (Kalbskrös.)

> Archiv d. hist. Vereins. Bd. VIII. Heft 2 u. 3. S. 203.

> Carthaunen giengen heftig drein,
> Der Bauern Krös thät kochen.

> Gropp, Wirtzburg. Chronick. Th. I. S. 168.

Kröshauba, (j. g. goldreiche Haube) ist eine weiße Spitzenhaube mit
Goldgrund in der beiläufigen Form der Kitzinger Haube, (j. d.)
und war die Sonntagstracht der wohlhabenden Bürgersfrauen.

Krott, Kröte, auch als Schimpfwort gegen kleine, krummbeinige Personen. S. Börzel, Daumanickel, Krabatt, Nickel, Stumpa.

Krücka, Coagulum in den Augenwinkeln, da, wo bei Hirschen und Elent-
thieren die sogenannten Thränen oder Zähren gefunden werden.
In einem alten Thierbuche v. 1718 lese ich: „Hirsch-Trähnen
seynd einem Wachs gleich gehärtet, in den Aug-Winckeln deß Hirschen mit Haaren bißweilen vermischet, an der Farb dunckel, am
Geruch starck, und wohlriechend, wird gepulvert, und gemeiniglich
mit dem Bezoar-Stein (betrüglich?) vermengt, zu 3 biß 4 Gran
eingegeben, trocknet, ziehet an, stärcket und treibt den Schweiß, dient
wider alles Gifft, und darumben auch in gifftigen, schweren Seuchen
nutzlich zu gebrauchen. — Ich habe schon die Krücken in Würtz-
burg auch Spitalklöse nennen hören, weil sich diese unsauberen
Ablagerungen häufig bei den alten und kranken Leuten in den Spitälern vorfinden. S. Spitalklös.

Krumpa, ein altes übrig gebliebenes Stück, besonders von Brod, —
vermuthlich von Krume, was indessen noch eine andere Bedeutung
hat. S. Brosa. — Aus Unwillen ein und anderen verschimmel-
ten und erhärten Krumpen-Brods fürgeworffen. Gropp, Wirtzburg. Chronick. Th. I. S. 222.

Krusta, Rinde am Brod, lat. crusta. Plin. H. N. XXIV. 4. im Gegensatz der Brosa. (S. b.) — S. Ranft.

Kuah, Kuh.

Kuahfläda, die Excremente der Kuh.

> Rubein, ich wil dir den quarck geben,
> Dafs du das jar nicht musst uberleben,
> Und auch einen fladen darzu,
> Den da machet die Ku.

> Osterspiel, in Wackernagel, Leseb. Th. I. col. 1017.

Küahkäs, ein aus dem frischen Quark der Kuh bereiteter größerer Käs, welcher nach Einspündung und einiger Gährung genossen wird, besonders zum gährenden Most. Verwandt ist der **Kimmelkäs**, S. d.

Küahla, kleine oder junge Kuh.

Kuffa, ein großes, rundes, zuberartiges Gefäß von Eichenholz, um bei der Weinlese die gestoßenen (gemösteten) Traubenbeeren und den Most vor dem eigentlichen Keltern zum Einheimsen aufzunehmen, — Beerkuffa. Herbst=Instruct. in d. Samml. d. Laub. Verordn. Th. II. S. 450. Samml. d. Pflicht. u. Ordn. d. Stadt Schweinfurt. (Feuer=Ordn. §. 18.) S. 28.

Kuffer, Koffer.

Kulcha, stark und krampfhaft husten.

Kumma, kommen, it. gekommen.

Kummat, Joch der Pferde, Ochsen u. s. w. Kaltschmidt, Wörterb. v. Kummet. Kummet kömmt auch als eigener Name vor. Gropp, Wirtzburg. Chronick. Th. I. S. 172.

Kumrad, Kamerad, **Kumräbin**, Kamerädin.

Kunn, Kunde, regelmäßiger Einkäufer bei gewissen Kaufleuten, Gast bei Wirthen, Besteller bei Handwerksleuten, it. Kerl, Kauz, Person. Du bist a schöner Kunn. — Kunnschaft ist der Besitz von Kunden. — Kunn bedeutet altd. Geschlecht und Familie. Schilter, gloss. v. Chun. Schmeller, Wörterb. Th. II. S. 306. v. Kunn. Vgl. Kaltschmidt, Wörterb. v. Kunde.

Kunnel, Cunigunda.

Kußhand, Handkuß.

Kutzla, kitzeln, kützeln.

K.

Labeth, hinfällig, matt, krank, erschöpft, vom lat. labes, labare, labi, Fall, fallen, — franz. labile, ital. labile, labole, labente. Schmeller, Th. II. S. 408. v. Labet.

Lachengel, ein zum Lachen sehr geneigter Mensch, denn bei den Abbildungen der Engel in den Kirchen findet sich oft der lachende Mund.

Lacher, ein kurzer Ausbruch des Lachens. Deß kost mi nur 'n Lacher.

Läb, Laib, Brodlaib. 24,000 Pfund Brods, so 3428 Leeb — auswirfft. Gropp, Wirtzburg. Chronick. Th. I. S. 471. Leib

(Körper, corpus) wird nicht Läb gesprochen, behält vielmehr den Laut seiner Buchstaben, und läßt dabei das e wie a hören, (Laib,) — Leibschaden, Leibschmerzen, Oberleib, Unterleib. Eine Ausnahme macht Dürrläber, (s. d. unt. Dürr,) obgleich es auch von Leib abstammt. — S. noch Laib.

Lächa, leck seyn, und Flüssigkeiten durchrinnen lassen, wie hölzerne Gefäße, welche bei warmer Witterung im Trockenen gestanden, und verlächt sind. Lechzen ist offenbar verwandt.

Läcker, Zunge, (von ihrer Function des Leckens,) it. ein Fant, Geck, Laffe. Junger Läcker!

> Du, lecker, wilt du mich erst lehren.
>> Hans Sachs, Comöd. in Wackernagel, Leseb. Th. II.
>> col. 63.
> Was solln wir mit dem lecker thun?
>> A. a. D.

Läcker kömmt auch in Verbindungen vor. S. Allerwälts-Arschläcker.

Läckerli, Leckzucker, Leckbonbons, man nimmt sie in den Mund und läßt sie auf der Zunge verschmelzen.

Läckkucha, Lebkuchen, Honigfladen, wie sie besonders in Nürnberg gemacht werden.

Läb, Leib, Härzaläb, Herzenleib. 's thut mr läb, eppas zu läb thua.

Läffa, die äußeren, grünen Schalen von Nüssen und Castanien. Läfza? s. d.

Läfza, Lippen, altd. Lefsa. Schilter, gloss. h. v. Länf bei Schmeller, Wörterb. Th. II. S. 445, h. v. — Würzb. Verord. v. 26. Febr. 1772. §. 6. (Samml. d. Land. Verord. Th. III. S. 26.)

> Etlich die unterleffs auch hiengen.
>> Froschmeußler v. G. Rollenhagen, in Wackernagel,
>> Leseb. Th. II. col. 193.

Lämma, Lehm, Letten. — Ein alter persönlicher Spottname in Würzburg Lämmaschwanz bedeutet übrigens einen Lamms- oder Lämmerschwanz.

Lästerli, sehr, sehr stark, sehr viel. Lästerli saufa. Lästerli Gälb verspiele. — Von Laster.

Lättern, Leiter.

Laib, der Bestandtheil einer Jacke, eines Rocks oder Kleides, soweit damit Brust und Rücken bedeckt werden, namentlich mit Ausschluß der

Aermel und der Schöße. Nichts als Laib ist der ärmel= und schoß=
loſe Schnürlaib. Vgl. oben Lāb.

Laibla, Jäckchen, — Nachtlaibla. S. Muţa, Miţla. — Allemann.
Lübli.

> — — vom breit verdenblete Lübli
> fallt bis zu be Chnöblenen (Knöcheln) Fältli an Fältli.
>> Hebel, Werke. Die Wieſe. Bd. I. S. 7.

Laiern, Lauerwein, Nachwein, Treſterwein, vom lat. lora. Varro de
re rust. I. 54. Cato de re rust. 57. Colum. de re rust. XII.
40. (Röm. Recept.) Franz. piquette, ital. acquarella, acquarello.
Wenn die Weintrebern oder Treſtern nach dem Keltern in der Kel=
ter mit dem Grabſcheit umgeſtochen, mit Waſſer überſchüttet und
nochmals gekeltert worden ſind, ſo nennt man das daraus gewon=
nene weinähnliche Getränk Laiern. Es gibt bei großer Sonnen=
hiţe während der Aernbte eine nicht unbeliebte Erfriſchung der Ar=
beiter ab. Wachter, gloss. v. Laur.

Lailach, leinene Lale, Leintuch im Bette. Lilakon in Grimm,
Rechts=Alterth. S. 869. Leilachon, a. a. O. S. 255. 257. 282.
Leibläge. Archiv des hiſt. Vereins. Bd. VII. Heft 3. S. 72.
Vgl. Bd. VIII. Heft 1. S. 146.

Laisli, diminit. leiſe, allemann. lisli.

> Und neig ſi iebs, und betet lisli no!
>> Hebel, Werke. D. Hauenſteiner Bauernhochzeit. Bd. II.
>> S. 70.

Laita, Lage, beſonders bei Weinbergen, — kömmt davon her, daß man
auf dem Lande ſagt, es lait, ſtatt es liegt. Archiv d. hiſtor.
Vereins. Bd. X. Heft 1. S. 122. Die Conjugation leit, ge=
leit iſt ſchon altdeutſch.

> So iſt das gelt geleit wol an.
>> Seb. Brant, Narrenſchiff, in Wackernagel, Leſeb. Th. I.
>> col. 1065.

> Der Schnee in unſern Landen
> Nicht mehr ſo häufig leit.
>> Barth. Ringwaldt, Gedichte, a. a. O. Th. II. col. 188.

So hat man auch im Altdeutſchen die Form geit ſtatt geht,
Schilter, gloss. v. Geit, während bei uns jeţt noch im Ochſen=
furter und Schweinfurter Gau der Bauer gait ſpricht. Häuer
gait's n guata Wäß, (heuer gibt es einen guten Weizen,) Wir
unterſcheiden in unſern Weinbergen die Summerlaita und die
Winterlaita, dann iſt eine Menge von Weinbergslagen oder

Diſtricten mit Laita benannt, z. B. Abtslaita, Albertslaita, Buch=
laita, Buhllaita, Heinrichslaita, 2c. 2c. Samml. d. Würzburg. Land.
Verord. Th. II. S. 460. — In Würzburg herrſcht unter den jun=
gen Leuten die muthwillige Sitte, von zwei Brüdern den wohlge=
rathenen, geſitteten die Summerlaita, den ungerathenen, unge=
ſitteten aber die Winterlaita zu nennen. Allein ſo Etwas ſcheint
nicht bloß in Würzburg erſt ſeit geſtern und vorgeſtern vorgekom=
men zu ſeyn, denn in Wacernagel, Leſeb. Th. I. col. 1063
nennt ein alter Autor die Schlingel und ungerathenen Kinder
Winterbutz, und dieß iſt allerdings etwas Aehnliches mit unſe=
rer Winterlaita.

Lamatabel, Jammer, Wehklagen, — lat. lamentari. 's is a Lamata=
bel, 'n Lamatabel aufſchlaga.

Lambel, auch Lambacius und Lambacius, alberner, dummer Menſch,
— von Lamm, ſonſt auch Lamb. Archiv d. hiſt. Vereins. Bd.
VIII. Heft 2 u. 3. S. 203. In Oeſterreich hört man Lambel
oft ſtatt Lamm, in Wien war immer ein Gaſthof zum Lambel.
S. Gacgac, Gimpel, Giſchpel, Lölla.

Landconfect, Leute, beſonders Frauen und Töchter aus dem Bürger=
oder doch einem beſſern Stande, welche vom Lande, namentlich von
Landſtädtchen in die Stadt kommen, und hier mit dem Veſten, was
ſie haben, auftreten. Etwas linkiſches Benehmen, Mangel an Ge=
ſchmack in der Kleidung, bunte Ueberladung mit Ketten, Ringen
u. dgl. Zurückbleiben hinter der Mode und Cultur ſind die gewöhn=
lichen Kennzeichen des Landconfectes, und darüber können eingebil=
dete Städter und Städterinen ſpötteln. (Stadtconfect!)

Landwehr, Sicherheitsvorrichtung auf dem Felde, Einfriedigung. Würzb.
Inſtruct. Nr. 7. (Samml. d. Land. Verord. Th. II. S. 457.)

Langa, lang genug ſeyn, d. h. hinreichen, hinlänglich oder genug ſeyn,
ſ. Kleca, it. verb. activ. mit Händen oder Armen reichen, barrei=
chen, daher hinlanga, härlanga, 'nauflange, 'runterlange, 'rlanga.
Lang mr bai Hand her! Kannſt da hielanga?

Laſt, ſ. A Laſt.

Latſcha, ein Mangel im Sprechen, beſonders wenn man das L und
Sch, z. B. wegen Zahnlücken oder ſchwacher Zunge nicht gehörig
ausſprechen kann, daher auch die Schmähworte: Latſchapeter,
Latſchari. Der Lambdacismus (Labdacismus) der Alten ſcheint
nicht ganz das Nämliche geweſen zu ſeyn. Nach Isidor. Orig. 31,
extr. war es Lambdacismus, wenn man ſtatt des einfachen L zwei

LL ausspricht, wie z. B. der Altbayer sagt: Herr Köller, statt Herr Köhler, es ist zu vüll statt zu viel.

Laub, Weinlese. Samml. d. Würzb. Land. Verord. Th. II. S. 461. Lauborbnung ist die obrigkeitlich festgestellte Ordnung, nach wel=cher im Herbst die Weinberge und Weinbergslagen abgelesen wer=den müssen. Seit alter Zeit wurde immer im Herbste die Laub=ordnung an den Stadtthoren und Straßenecken angeschlagen, und mußte, außer bei zehntfreien Weinbergen, von den Weinbergsbe=sitzern eingehalten werben, um den Zehnt je in den verschiedenen Lagen auf ein Mal einsammeln zu können.

Laugla, eppas, etwas ableugnen, lügend etwas, worüber man zur Rede gestellt wird, verneinen.

Lauter, nichts als, durchaus, ausschließlich. 's is lauter Milch, kai Tröpfla Wasser drunter, (lantere, d. h. reine Milch.) 's senn lau= ter Lüga.

Lauter frösch.

Hans Sachs, Fastnachtsspiel, in Wackernagel, Leseb. Th. II. col. 93.

Lavor, (franz. lavoir,) Waschbecken. Gropp, Wirtzburg. Chronick. Th. I. S. 416.

Leebsaiga, eine feige, furchtsame Person, welche bei jedem Leib in Feigheit versinkt. Schmeller, Wörterb. Th. I. S. 515. v. Feigen. Th. II. S. 518. v. Lettfeigen.

Lehna, leihen, daher Lehen, Darlehen.

Lena, Magdalena, s. Madlena.

Letzung, Schmaus, letzter Abschiedsschmaus, Laetitia, bayer. Letitzel. Schmeller, Wörterb. Th. II. S. 518. v. Letitzel. S. 529. v. Letz. S. Niederfall.

Licht, bedeutet nicht nur die Helle und die Flamme, sondern auch die Kerze, z. B. Wachslicht, brennendes Licht, gegossene und gezogene Lichter, Lichterzieher. Würzb. Kirch. Orb. v. 30. July 1693, Nr. 35. (Samml. b. Land. Verord. Th. I. S. 435.) Licht bedeutet ferner Fenster. Würzb. Stadtbaurecht v. 25. Febr. 1774. Von Mauern und zwar von Giebelmauern. §. 2. (A. a. O. Th. III. S. 786.) So steht auch bisweilen das lat. lumen statt fenestra. Cic. p. domo. 44. L. 13. §. 7. Dig. de usufr. (7. 1.) L. 40. Dig. de serv. praed. urb. (8. 2.) L. 25. §. 2. Dig. loc. cond. (19. 2.) Lichtbraten ist der Braten, welcher den Gesellen von den Mei=stern auf Lichtmeß (2. Febr.) zum Beßten gegeben wurde, weil jetzt

Abends nicht mehr bei Kerzenlicht, sondern nur, so lange es die Tageshelle verstattet, gearbeitet wird.

Liebschifti, runiös, baufällig, verdorben. ..

Lies, Liesbeth, Elisabetha, auch Liesel. Archiv d. histor. Vereins. Bd. V. Heft 2. S. 183.

Lips, Philipp.

Litta, eine von Letten oder Thon besonders bereitete wasserdichte Mör= telmasse, mit welcher besonders die gebohrten eichenen Steine (s. Aechene Stee unt. Aecha,) in den Abtritten verbunden werden. Würzb. Stadtbaurecht v. 25. Febr. 1774. Von Mauern, so keine Giebelmauern sind. §. 7. (Samml. d. Land. Verord. Th. III. S. 788.)

Lober, Lohgerber, Rothgerber, eigentlich nur in der alten Schriftsprache gebräuchlich, von der bei der Gerberei verwendeten Lohe. Würzb. Verord. v. 3. Jan. 1572. (Samml. d. Land. Verord. Th. I. S. 21—22.) v. 13. Juny 1615, (a. a. O. S. 42.) In Aschaf= fenburg sagt man Löher, und es ist auch dort ein Löhergra= ben. Altd. lowen, gerben, das Leder herrichten.
— soll er (der Schuchart d. h. Schuhmacher) sein Leder lowen. Grimm, Rechts=Alterth. S. 520.

Löckla, locken, 'rauslöckla, herauslocken, Geld, Geheimnisse, Verspre= chungen.

Lölla, ein kindischer, unbehülflicher Mensch, vielleicht von Lallen. Auf dem Brückenthurme zu Basel war der Lölla oder Lallh als fratzenhafter Menschenkopf angebracht. S. Gackgack, Gimpel, Gitschpel, Lämbel. Ueber Lollus, Lullus, Loellus, Löll, vgl. noch Gropp, Wirzburg. Chronic. Th. I. S. 33—34.

Löppera, mit Flüssigkeiten spielen, sie dabei theilweise verschütten und davon trinken, — von Lippe. S. Buttla.

Lösla, (lefeln,) leise sprechen, flüstern. Schmeller, Wörterb. Th. II. S. 504. v. Lößeln. — S. Fischera.

Lohnfrau, eine Ehefrau ohne eheliche Vermögens= und Erbrechte.

Los, muthwillig, ungezogen, bösartig. Archiv d. hist. Vereins. Bd. II. Heft 3. S. 47. — Loser Bua. Los Maul. — Für einen losen Gesellen geachtet. Gropp, Wirzburg. Chronic. Th. I. S. 254. Es heißt auch so viel, als unächt. Los Gälb. Loser Groscha. A. a. O. S. 441. Los ist altd. dolus. Schilter, gloss. h. v. Colorici die sint los, drugenhaft, zornic. Meinauer, Natur= lehre, in Wackernagel, Leseb. Th. I. col. 769.

Aber der Herr, ſölchs ſchauend, ſpöttlich lachet
Des loſen ſchalks.

Gedichte v. Paulus Meliſſus, a. a. D. Th. II. col. 126.
Du wolleſt beine Magd nicht achten, wie ein loſes Weib. Luther,
Bibelüberſetz. I. Sam. I. 16.

Losmucka, eine Art von Mücken oder Fliegen, vermuthlich die Läus-
fliege, Roßmucke, (Hippobosa.) Archiv. d. hiſt. Vereins. Bb. II.
Heft 3. S. 49. — Schmeller, Wörterb. Th. II. S. 549, v.
Mucken. — Insbeſonbere werben auch bei uns bie Sommerflecken
ober Sommerſproſſen auf ber Haut Losmucka (Lousmucka) genannt.

Lotter, locker, wankend, ſchlotternd, allemann. lopperig.
Zu wit iſch ke Weg,
zu lopperig ke Steg.
Hoffmann, allemann. Lieb. S. 23.
Lotterbube, locterer, verruchter Bube, iſt bei uns nicht ge-
bräuchlich.

Luck, locker, leicht und luftig gebacken, von Brob, Kuchen u. bgl.
Schmeller, Wörterb. Th. II. S. 458. v. Lugt.

Lügabäutel, Lügner.

Luera, lauern, horchen.

Luftbäutel, leichtſinniger Abenteurer, ſ. Winbbäutel.

Lurpſa, Lorpſa, den Buchſtaben R nicht voll ausſprechen können.
Vielleicht mit Lurz (allemann. Letz) verwandt, welches ehemals im
Würzburgiſchen Land bebeutet haben ſoll, benn Lurpſen iſt gewiſſer
Maßen ein ungeſchicktes linkiſches Sprechen. Schmeller, Wör-
terb. Th. II. S. 491, v. Lurz. Als Eigenname iſt Lurz in Würz-
burg einheimiſch.

Luſch, Hure, lieberliche Dirne. Isländ. bebeutet lioski vagina uteri.
Hat de 'Lasch geheiratt, is dreyze Jar alt,
Ka's Kislo, net lei'n, was heirat's ſo bald.
Schmeller, Wörterb. Th. II. S. 505—506. v. Laſch,
Leuſch. — S. Böſch, Zuchtel.

M.

Mablena, Mabel, Magbalena. S. Lena.

Mäck, übermüthig, frech, vorlaut. 'r mecht ſi ſo mäck. — Hängt mit Mäckern zuſammen. Der geile und übermüthige Bock mäckert. Kaltſchmidt, Wörterb. v. Mücke. S. Bätzet, Mauſi.

Mäd, altd. Maib, Magd. Archiv. d. hiſt. Vereins. Bd. II. Heft 3. S. 32. — Mettenc. Creſcentia, in Wackernagel, Leſeb. Th. I. col. 994. — Daß der Ausdruck Maib in alten Zeiten auch im Würzburgiſchen einheimiſch war, beweiſet der Name des Kloſters und Dorfes Maibbrunn. Im Jahre 1232 unter dem Biſchof Hermann I. v. Lobbenburg entſtand „zu Lob der gebenedeyten Maid und Gottes-Gebährerin Marien" (Gropp, Wirtzburg. Chronick. Th. II. S. 172.) das Frauenkloſter Maibbrunn, welches 1525 von den Bauern bis auf die Kirche zerſtört, ſpäter 1552 an Wilhelm von Grumbach geſchenkt, nach deſſen Aechtung wieder zurückgezogen, endlich dem Juliusſpitale verliehen wurde. Stumpf, Bayern. München, 1852—1853. Th. II. S. 919. — Die Brodmaib kömmt vor im Archiv d. hiſt. Vereins. Bd. V. Heft 2. S. 105. Mab iſt die Ausſprache auf dem Lande, und auch in der Stadt lautet in Magbalena die Sylbe Magb wie Mab. S. Mablena.

Mädla, Maiblein, Mägblein, Mädchen, dimin. von Mäd. — Mädlasrinda, die obere glatte Brodrinde, weil man annimmt, daß ſie von dem weiblichen Geſchlechte der Weichheit wegen der unteren Rinde vorgezogen wird. S. Buabarinda. — Mädlasſchmecker, Einer, welcher den Mädchen nachläuft. S. Buabaſchmecara.

Mälber, Mehler, Mehlhändler. Würzb. Verord. v. 10. Sept. 1753. (Samml. d. Land. Verord. Th. II. S. 642.) Samml. d. Pflicht. u. Ord. d. St. Schweinfurt. (Verbot d. Vorkaufs. §. 4.) S. 268. Archiv d. hiſt. Vereins. Bd. IX. Heft 2. S. 95.

Mäſter, Meiſter, altd. mestar, angelſächſ. maestr, maester, lat. magiſter, (v. magis, mehr,) altfranz. maistre, nun maitre, der Mehrſte, der Vornehmſte. Kaltſchmidt, Wörterb. v. Meiſter. — Mäſterg'ſchäfti, ſich viel zu thuen machend, ſehr rührig, geſchäftig, wie wenn man der Meiſter wäre.

Mäusla, Muskel, lat. musculus. Man ſagt: 's Mäusla is mr vorgaloffa, wenn man ſich an den Ellbogen ſtößt, ſo daß ſich deßhalb

6*

ein prickelndes Gefühl über den ganzen Vorderarm bis in die Fin=
gerspitzen verbreitet.

Mäuslasstill, ganz still und schweigsam, wie eine Maus, die sich ver=
borgen hat, und nichts von sich hören läßt, oder so still, daß man
es hören müßte, wenn sich nur ein Mäuschen regte.

Magamerschälla, ein hartes stomachale in den Apotheken, stark gezuckert
und gewürzt. (Gelée?)

Mai, soviel als gelt, quceso, eh bien, z. B. um eine Frage einzuleiten.
Mai, sag mir doch, wo soll deß naus? S. Ah mai. — Schmel=
ler, Wörterb. Th. II. S. 592. v. Mein.

Maigel, Margaretha, hieß anfänglich Margel. S. d. u. Grainmai=
gel, (unt. Graina,) Greth, Margreth, Nettel.

Mainer drai, mainer sechs, eine Betheuerung, wobei man beachten
muß, daß mainer drai nicht meiner Treue (sur ma foi,) be=
deuten soll. In dem Kirchen=Lexikon von Weyer und Welde,
(Freiburg, im Breisgau, 1847, ss.) Art. Eideshelfer, Bd. III.
S. 474—475, habe ich folgende Erläuterung gegeben: „Nach den
alten deutschen Volksrechten war bereits damals der Eid zur Be=
kräftigung von Behauptungen freier Leute im gerichtlichen Procesße
eingeführt. — Bei dem Eide der Parteien kamen aber auch noch
andere dritte Personen vor, welche eidlich betheuerten, daß sie an
die Wahrhaftigkeit jenes Eides glaubten. — Eideshelfer. — Diese
mußten Verwandte oder Verschwägerte, wohl auch Standesgenossen
der Partei, außerdem freie und unbescholtene Leute, seyn. Ihre
Anzahl war verschieden, und stieg zuweilen auf 72. — Es ist mög=
lich, daß die in einigen Gegenden Deutschlands, z. B. in Franken
bei dem Volke gebräuchlichen Betheuerungsformeln: Meiner drei,
Meiner sechs, Meiner sieben, auf jenes Justitut zurücktönen,
in dem Sinne: Meiner Leute oder Anverwandten, drei, sieben,
meine Behauptung mit mir beschwören.“

Manscha, mengen, unordentlich durch einander kneten. S. Matscha,
Panscha.

Margel, Margaretha, Name der großen Domglocke in Würzburg. Archiv
d. hist. Vereins. Bd. IV, Heft 1. S. 70, 78, 138. S. Greth,
Maigel, Margreth, Nettel. Die Benennung des Dorfes
Margetshöchheim stammt wohl auch von Margel oder Mar=
greth her.

Margreth, Margaretha, s. Margel.

Markt, Markt. Grainaer Markt, s. Grain. — Itzelmarkt (Georg

Grünwald) der Kopff auf dem Marck hbgeschlagen worden. Gropp,
Wirtzburg. Chronic. Th. I. S. 99. Vgl. S. 138. 248.

Markschraier, Schwätzer, Lärmmacher, Prahler, — vom ehemaligen
Ausrufen und Anpreisen der zu verkäufenden Waaren auf dem
Markte. Gropp, Wirtzburg. Chronic. Th. II. S. 784.

Materie, Eiter.

Matrizen, sind das ursprüngliche oder Muttergemäß des Getreides.
Hubert, Vergleichung d. Wirzburg. u. anderer Fruchtmaaße.
(1777.) S. 3. ff.

Matsch, eine verdorbene, geknetete Masse. — Matscha, unreinlich, kneten und herhandeln. S. Quatsch, Quatscha, Manscha,
Panscha.

Matza, Judamatza, die ungesäuerten Brodkuchen der Juden. V. Mos.
XXI. 3. Mazze, altd. Matse, goth. ist Speise. Schilter, gloss.
v. Maaze, Wachter, gloss. in praefat. XXXII. Mezza-
merro, ital. bedeutet Schiffszwieback. —
Zu Breslau uf dem tumo bockot man gute Mosanzen.
Osterspiel, in Wackernagel, Leseb. Th. I. col. 1021.

Maulaff, mißiger, alberner Gaffer. S. Sprüchw. u. R. A. h.

Maultasch, ein mürber, sehr fetter und beliebter, aber auch prächtiger
Weck, welcher zu Würzburg in der Fastenzeit Nachmittags gebacken
wird.

Mausa, stehlen. — Mäuse stehlen gerne Mehl, Speck, Butter, u. dgl.
— Maushuben hießen im Jahr 1645 zusammengerottete Diebe
und Streuner. Archiv d. hist. Vereins. Bd. VII. Heft 2. S. 182.
S. Gampsa, Grlpsa, Stänza.

Mausi, frech, anmaßend. Ei mausi macha, anmaßend handeln und
auftreten, — scheint mit dem Mausen oder Federnwechsel der Vögel zusammenzuhängen. S. Bäßet, Mäd.

Maustodt, ganz todt, nach Wachter, gloss. h. v. vom goth.
maus, todt.

Mee, Main, Mainfluß, altd. Moin. Auch in Zusammensetzungen: Mee-
bärg, (bei Schweinfurt) Meebruda. Der Rückermee (Gropp,
Wirtzburg. Chronic. Th. II. S. 670.) ist ein großer Hof zur Wür-
burg am Fischmarkt.

Meena, meinen, Moerung, Meinung.

Meenz, Mainz. Erz-Stift Mentz, Gropp, Wirtzburg. Chronic. Th.
I. S. 494.

So fint wir zu Lyps, Erfordt, Wyen,
Zu Heidelberg, Mentz, Bafel g'ftanden.

—

Das man fpräch, meyfter hans von Mentz.
Seb. Brant, Narrenfchiff, in Wackernagel, Lefeb. Th.
I. col. 1065.

Menfch, das, eine liederliche, gemeine Weibsperfon, (Schimpfwort,) in der vielfachen Zahl die Menfcher. Menfch kömmt her von Männifch, adject. von Mann und Männin, (Mos. Gen. II. 23.) Ehemenfch, als Benennung des Ehemanns und der Ehefrau, kömmt in der Landgerichts-Ordnung v. 1618 vor, ift aber jetzt veraltet. Ordn. d. Kaif. Land-Gerichts, Th. III. Tit. XCVI. §§. 3. 4. Tit. C. §§. 3. 5. Tit. CIV. §§. 9. 11. Tit. CV. §. 1. (Samml. d. Land. Verord. Th. I. S. 168. 171. 174.)

Metzla, fchlachten. Mezalare, mittelalt. — Metzger, Schlächter. Schilter, gloss. h. v. Metzelfuppe, ein Gefchenk von Würften und Fleifch, oder folches Alles aufgetifcht zur Bewirthung bei Gelegenheit des Schlachtens. Früher fcheint nur die Suppe, d. h. die fette Grebelbrühe (f. Grebla,) damit gemeint gewefen zu feyn.

Miala, Maria. Anna Miala ift ein fehr verbreiteter Name.

Minz, Katze, von Miaunzen, Miauen, wie eine Katze fchreien. S. Kitz.

Miftfunk, (Schimpfwort,) unreinlicher Menfch. S. Dräckläfer.

Möfi, Mößig, Moos. — Mit Gras, Möfig und Stauben überwachfen. Gropp, Wirzburg. Chronick. Th. II. S. 299.

Möfta, bei der Weinlefe in den Beerbutten die Beeren mit einem Stößer ftoßen und rühren, daß der Saft (Moft) ausfließt.

Monatlis, die monatliche Reinigung, Menftruation. S. König, rother.

Montur, fcherzweife die Schale der Kartoffeln. Grumbern (f. b.) in der Montur, abgefottene und ungefchälte Kartoffeln.

Mora, die, timorem, (accus. v. timor,) Furcht. 'r hot Timora. — Ich hätte gerne das Wort Timora gefchrieben, und in den Buchftaben T aufgenommen, wenn ich nicht hätte vorausfetzen müffen, daß man Mora auffuchen würde, in der Meinung, es handle fich hier um den Ausdruck: die mores. Dieß ift aber der Fall nicht. Der Satz: 'r hot Timora, bedeutet nicht: er hat die Mora, d. h. mores, fondern: habet timorem. Mores wird bei uns fo, wie es gefchrieben ift, gefprochen, — Jub, mach mores! — und bedeutet auch nicht Furcht. Als in den alten Schulen die lateinifche Sprache noch mehr im Gebrauche war, mag man oft von einem eingeſchüchterten Schüler gefagt haben: habet **timorem**, oder er hat **timorem**, oder im einheimiſchen Dialecte **timora**. Nachdem aber das ganze Verſtändniß der Phraſe mit dem Aufhören des lateiniſchen Unterrichts und Verkehrs in den modernen Schulen verloren gegangen war, wähnte man, die Ableitung aus **mores** machen zu müſſen! **Timorem habere** iſt übrigens kein Kirchenlatein, und kömmt ſchon im Alterthume vor. Nep. Alcib. 3.

Mord, Mordjoh, Mordmäßi, lauter Worte; um zu vergrößern. Mordskarl, mordjoh kalt, mordmäßi kalt. Joh iſt übrigens ein weitſchallender, anbern Worten nachfolgender Schrei bei dem Hülferuf. Man ruft und ſchreit: Mordjoh! wenn man unter die Mörder gefallen iſt, und Feuerjoh! bei Feuersgefahr. Schmeller, Wörterb. Th. I. S. 8. v. O, vi, j—o. — S. Fätza, Staat.

Moſt, Maſt. Dieſen Namen behält der neue Wein in Franken bis zur nächſten Weinleſe.

Mr, man, it. mir und wir. Mr ſegt, (man ſagt.) Bleib mr (mir) vom Leib! Mr (wir) wella nacher Hauſ geh. Allemann. Mer.

  Jergli, hol mer an Triema.

   Hebel Werke. Riebligers Tochter. Bb. II. S. 44.

  Mer ſin iez no nit im Himmel.

   a. a. O.

Mucke, Mücke, holl. mug, mugge, poln. muchn. Kaltſchmidt, Wörterb. v. Mücke.

Muckſa ſi, ſich regen, ſich rühren, niederſächſ. mucken, medlenburg. mieden, griech. μύω, μύζω, (ſtöhnen, ſeufzen.) das Muhen der Ochſen und Kühe hängt hiemit auch zuſammen, lat. muttire. Muttito modo. Plaut. Amph. I. 3. 22. Etiam muttis? Eod. I. 1. 225. — von mutare, bewegen. Neque se luna quoquam mutat. (Der Mond bewegt ſich nicht vom Flede.) Plaut. Amph. I, 1. 118. Pectore curas mutabat. Virg. Aen. V. 702. 703. Nu quis invitus civitate mutetur, (i. e. ejiciatur, exeat.) Cic. Balb. 13. Kaltſchmidt, Wörterb. v. Mucken. S. Ruckſa.

Mucha, übel und verſtockt riechen, beſonders vom Brode. Schmeller, Wörterb. Th. II. S. 45. v. Mücheln.

Mürſtadt, Mürſcht, Münnerſtadt, Städtchen im Würzburgiſchen. Gropp, Wirzburg. Chronic. Th. I. S. 174.

Muffla, mit vollem Munde kauen. Mouſtard iſt eine Perſon mit Bausbacken, und ein Munbvoll wird am Niederrhein Muffel geſprochen.

Muhhämmala, Kuh, in der Kinderſprache, — vom Muhen oder Muh-
ſchreien der Kühe.

Muſla, waſchen und im Waſchen reiben, mit dem naſſen Handtuche oder
Schwamm im Geſichte herumfahren. Mousser, ſchäumen; mou-
ſiren.

Mutterſeeli allei; ganz allein und einſam, wie die ſelige Mutter, als ſie
alt und einſam den Reſt ihrer Tage verlebte.

Muza, Jacke, Mitzla, Jäckchen, mittelalt. lat. almucium, almucia, almucia. Du Cange, gloss. v. Almucium. — Ital. mozzeta, Span.
muceta; Mäntelchen, kurzes Kleid des Papſtes, der Carbinäle und
Prälaten, — franz. aumusse. — Altd. bedeutet muzen bedecken,
ſchmücken. Schilter, gloss. h. v. — Bgl. noch Archiv d. hiſt.
Vereins. Bd. XII. Heft 2 u. 3. S. 33. Nr. 23. — Am Ende möchte
man beinahe noch auf das lat. mutilus, verſtümmelt zurückgehen,
denn die Jacken (Muzen) und auch die ſprachverwandten Mützen
oder Kappen ſind knapp zugeſtutzte und zugeſchnittene, verſtümmelte
Kleidungsſtücke. — In München ſagten im J. 1613 die Tuchhänd-
ler in einer Beſchwerde: Die Bauersweiber haben ehemals lange
gefaltete Mäntel getragen, jetzt tragen ſie ſtatt der Mäntel kurze,
nette Mützel und Mänteli. Schmeller, Wörterb. Th. II. S.
664. v. Muz. — S. Laib, Laibla.

N.

'n, abbrev. ſtatt ihm und ihn, it. ſtatt einem, einen, dem, den. J'hab's
'n g'ſagt. In 'n Bach falle und 'rſaufa. Geb 'n Kaiſer, was as
Kaiſers is. Auch ſtatt hin, ſ. 'nauf, u. dgl.

Nabelgazärr, Bauchgrimmen, Kolik.

Nacher, nach, it. nachher. Nacher Haus. Würzb. Verord. v. 24.
Sept. 1726. (Samml. d. Land. Verord. Th. I. S. 760.) Nacher
Höchberg. Würzb. Verord. v. 25. April 1755. (A. a. O. Th. II.
S. 660.) Nacher Heydingsfeld. Gropp, Wirtzburg. Chronik
Th. I. S. 248. Zuerſt äſſa, nacher trinka, is g'ſund.

Nachlaufa, wird von Speiſen und Getränken geſagt, wenn ſie bei zu oft
wiederholtem Genuſſe Ueberdruß und Ekel erregen, Nee — jetzt
im April — alle Tag Spinat! Der Spinat laut it Een un a Haus.

Nacket, nackt, nackig. S. Faſelnacket.
unde nacket vor mir ſtât.

Hartmann, armer Heinrich, in Wackernagel Leseb. Th.
I. col. 348.
— und wart nacket unde bloz.
A. a. O. col. 351.

Nakent. Hugo v. Langenstein, a. a. O. col. 760.
Wer unter euch (unter die Dörner) kompt nacket,
Der ist gar bald verwunt.
Gedichte v. Paulus Melissus, a. a. O. Th. II. col.

Nägi Neige, ...
Näga, neigen. Anna Miala, näg bi vor'n Härrn Pfarr!

Nägalei Nelke, Gartennelke (Dianthus Caryophyllus.) ...
... (Lichnis vistaria,) Pfingstnägala, Federnelke, (Dianthus pluma-
rius.) Nägeli heißen auch die Gewürznelken, welche die Eugenia
caryophyllata hervorbringt. Hier ist wegen der nagelförmigen Gestalt und bei den andern Blumen wegen des im Kelche befindlichen
langen Stiels (Nagels) die Benennung Nägala (dimin. v. Nagel)
passender und richtiger, als Nelken. Auch stimmen mit jenem Aus-
drucke die fremden Sprachen überein, franz. clou, (lat. clavi)
der große, ital. chiodi di garofano, span. clavos, clavillos
von Kaltschmidt, Wörterb. Nagel. ...

Näßquad Nesthäckchen, der kleinste und zuletzt flügg werdende junge
Vogel in einem Neste, auch das jüngste unter mehreren Geschwistern. ...

Nättera, Näherin, Wäherin. Das t. ist hier rein euphonisch, wie man
auch vorbem sagte: Geheimber Rath, statt: Geheimer Rath.

Nägelnei, ganz neu, novissimus. S. Funkelnagelneu.

Nai, nein, s. Nee, st. Nuein, nämann.
Ihr bringt mich immer zu euch nein,
Grobp. Wirtsbudj. Chronik. Th. I. S. 272.
Trinkt me nit e guete Wi,
no Goht er nit wie Baumöli?
S. Hebel, Werke. Di Schwarzwälder im Breisgau. Bd. II.
S. 94.

Naid, Mißgunst, Feindschaft überhaupt. Würzb. Stadtbaurecht
v. Febr. 1721. Tit. Von Mauern und zwar von Giebel-Mauern.
§. 28. (Samml. d. Land. Verordn. Th. III. S. 780.) Daher nennt
man Mauern, welche aus Mißgunst gegen den Nachbarn errichtet
sind, Naid- oder Nietmauern.

Narrathai, Narrentheidung, Narrheit, Albernheit, närrische, alberne
Worte und Handlungen. Schmeller, Wörterb. Th. II. S. 698.

Rasapöpel, die coagulirte Unreinigkeit in der Nase. S. Pöpel.

Ratzel, Ignatius.

'nauf, hinauf.

'naus, hinaus.

Nee, nein. S. Nat. Persisch Neh. Wachter, gloss. in praef.
§. XVII.

Nichs, nichts.

Nickel, Nicolaus. S. Daumanikel.

Niebla, nebeln, das Fallen eines Nebelregens. 's niebelt, s'
niebla.

Niederfall, Schmaus, Trinkgelage, gleichsam als ob man dabei bis
Niederfallen trinken müßte. Samml. b. Laud. Verordn. Th. II.
S. 460. S. Letzung.

Niß, die Geniste, Neßer, resp. Eier, der Läuse auf den Köpfen.

Nit, nicht. Nit, nitt und, allemann. nüt findet man in unzähligen
Stellen der altdeutschen Literatur.

No, noch.

Mer sin, iez no nit in Himmel.
Hebel, Werke. Riedligers Tochter. Bd. II. S. 44.
It nun, z. B. wenn man von Jemanden gestoßen wird, — no!
was gitts? — oder wenn man auf eine Frage keine Antwort erhält, — no! wirb's ball?

Nockerli, kleine, lockere Klöse, die ihrer Lockerheit wegen bei einer Bewegung der Schüssel nockeln, (s. Nockla,) zittern. Ital. gnoccho.
S. Spatz.

Nockla, wanken, wackeln, sich bewegen, zittern, rütteln. Dn. Tisch
nockelt. Du hast an Tisch ganockelt. In Bayern Nackelu.
I gib der eene, daß de de Kopf nackit!
Schmeller, Wörterb. Th. II. S. 876. v. Nackeln. —
S. Wackla.

Noth, schwera, fallende Sucht, Epilepsie. S. Krenk. — Auch von
dem Vieh gebräuchlich. Grimm, Rechts-Alterth. S. 610.
Schweranöther dient als ernstes und scherzhaftes Schimpfwort.

'nüber, hinüber.

Nunn, Nonne. Nunnaträpfli, Nunnapfürzli, ein kleines Gebäck, Kräpfchen, mit Honig und Gewürz bereitet, und mit einem
Füllsel. Sie wurden früher von den Nonnen (z. B. in Himmelspforten) gebacken und verkauft, jetzt sind sie auch bei den Lebküchnern und Wachsziehern zu haben. S. Schiffla.

'nunter, hinunter.

Nuz, nuzi, nütze, nützend, tauglich, in der Regel mit der Negation nichs, (nichts,) nichsnuzi, untauglich, ungerathen, Nichsnuz, Taugenichts. Gropp, Wirzburg. Chronic. Th. II. S. 669.

Das ist dem menschen besser vnt ouch nützer,
denne ob sin alline menschen gedechtin.
　　Sprüche deutscher Mystiker, in Wackernagel, Leseb. Th. I. col. 889.

Gott die gab nicht geben thut,
Das ihm gar nicht wer nutz und gut.
　　Hans Sachs, Comöb. a. a. D. Th. II. fol. 72.
— der Chopf (an der Meerschaumpfeife) blibt wiiß, 's isch nüt nuz, wenn er nit wiiß blibt.
　　Hebel, Werke. Epistel an b. Pfarrer Güntert. Ab. II. S. 105.

O.

O, wird oft statt A gesprochen. Oal, Aal, Das, Aas, Olber, Albern. Diese Worte hier zu verzeichnen, wäre zu weitläufig.

Oberschi, öberschi, über sich. Oberschikahlraba, Kohlrabi mit den Knollen über sich, b. h. noch außerhalb der Erde, im Gegensatz der Unterschikahlraba, Erbkohlrabi, Kohlrüben. S. Unterschi.

Ober, aber. 'r hot gazankt, i bin ober fortganga.

Oed, wird vom Uebelbefinden, besonders bei nüchternem (ödem) Magen gesagt. 's is mr öb. S. Aitel.

Oehm, Ohm, Oheim. Gropp, Wirzburg. Chronic. Th. II. S. 445. 602.

Oekeln, necken, reizen. Würzb.-Verord. v. 1154. (Samml. b. Landl. Verord. Th. I. S. 3.)

Oelgöz, ein dummer, verstockter Mensch.

Ohnigeha, fortgehen. Geh ohni! apage! Vielleicht ohne Jemanden, ohne Gesellschaft abgehen.

Ohrnbüllerer, Hornisse (vespa crabro). Es geht die Sage, daß die Hornissen schlafenden Menschen in die Ohren kriechen, und sie aus-fressen, aushölen.

Olat, Alant, ein gekochter und eingedickter Most zur Bereitung des sü-ßen Senfs und als Zuthat zum gekochten Obst, besonders Birnen,

Würzb. Herbst = Instruction, (Samml. d. Land. Verord. Th. III.
S. 450.)

Du, an. Zieh di on! Dufangd.

Sprache beim Herr. Max in Nadersnagel, Sect. II. I.
col.

Pälza, schlagen, prügeln, den Pelz durchbauen, s. Schmitza — it.
Bäume pfropfen.

Päpä, Dreck, Koth, Unrath, in der Kinderstube gebräuchlich.

Päpperla, Püppchen! Schmeichelwort für kleine Kinder.

Päppi, Josephine, ital. Peppita, s. Säppi.

Bartla, Beilchen! Barte, hieß Beil, daher Partisane, in welcher
Spieß und Beil vereinigt sind. Barte oder parté war namentlich altd. die Streitart.

— als in gesliesen barte
als sniten im die füeze.
Wackernagel, Leseb. I. col. 648.

So streyt er künlich mit der parten.
A. a. D. col. 1013.

Die Hellebarde (gleichbedeutend mit Partisane) ist die den Helm
zerhauende Barte oder Axt. — Wachter, gloss. v. Barte.

Pasel, schlechte Waare. Anderswo Pöbel, von populus, peuple. Schmeller, Wörterb. Th. I. S. 279. v. Posel.

Panscha, in Etwas rühren, kneten, vulg. herumfauen. S. Buttra,
Zöppara, Manscha, Matscha.

Partel, vermuthlich von pars, parcella, particulus, besonders bei Most
und Wein gebräuchlich. Ein Partel, d. i. ein größerer mit
Wein (magna parte vini) gefüllter Krug.

Patsch, Patschmaul, eine große Schwätzerin, Klatscherin, Plander-
tasche, — it. Hand und Handschlag, 'n Patsch gäbg, — it. Hieb.
— it. klatschender Ton.

Patscha, schwätzen, plaudern, s. Tratscha, it. hauen, schlagen, — it.
einen Ton oder ein Geräusch von sich geben oder verursachen, wie
ein Hieb, ein starker Regen u. dgl., — im Wasser rumpatscha
ist plätschernd im Wasser herumgehen.

Patschnaß, pfatschnaß, durchaus und triefend naß, so daß die Ge-
wänder patschen, wenn sie anstreifen oder berührt werden. S.
Tut. Naul, ein gelehrter und einsichtiger Mann zur heut.

Pensel, Pinsel. Gropp, Wirzburg. Chronic. Th. II. S. 590. 533 ℳ

Petterli, Petersilien. Petterlaswurzel, Petersilienwurzel. Gropp, Wirzburg. Chronic. Th. I. S. 257 . . . . Chromet (sanft) Ziebele, . . . Rüebe, Peterliwurze. . . . . Hebel, Werke. Geisterbesuch auf . . . b. . Feldberg. Bd. II. S. 26.

    S. auch Sprüchw. u. R. A. h. v.

Pfäffer, sonst Klein genannt, die kleineren Gliedmaßen und einige Eingeweide der Thiere abgekocht und in einer Brühe mit Blut . . . . civet, Hasapfäffer, Genspfäffer, — auch das Reh . . . . ist ein Pfäffer . . . .

Pfätza, kneipen, keifen, zwiden.

    — da du daz fleich mite phezzis . . . . Hartmann, vom Glauben, in Wackernagel, Lesb. Th. I. col. 244.

    Der ich doch vil sah, schetzn, fehen, martern, und pfetzn.

    Hans Sachs, Landsknecht-Spiegel, a. a. O. Th. II. col. 446.

    Schon im Alterthume wurden bei dem Steck der Grenzsteine zur fortwährenden Erinnerng an diese feierliche Handlung Knaben in die Ohrfeigen bedient oder in die Ohren gepfetzt. Grimm, Rechts-Alterth. S. 144. 545.

Pfäisa, vulg. Durchfall, Diarrhoe, vielleicht von dem pfeifenden Geräusch bei schnellen, von Winden begleiteten Ausleerungen. S. Catharina, Schnelle, Schaißa. — Pfaisa, verb. cacare. I pfaii dr drauf! — Der Tanz hätte erst recht angefangen, und würde einem jeden Fürsten für seiner Thür gepfiffen werden. Gropp, Wirzburg. Chronic. Th. I. S. 113.

Pfarr, Pfarrei, Pfarrer. Schneidt, thesaur. jur. Francon. Abschn. I. Heft I. S. 113. Gropp, Wirzburg. Chronic. Th. II. S. 116. 540. Archiv d. hist. Vereins. Bd. VIII. Heft 2. u. 3.

Pfarza, s. Pfurz, Pfurza.

Pfiff, listige (pfiffige) Streiche. Preußische Pfiff. S. Schlich.

Pfinna, Finnen. Ausschlag der Schweine. Würzb. Verord. v. 22. Sept. 1742. (Samml. d. Land-Verord. Th. II. S. 311.)

Pfütsche, Pfütscha, Pfütze. Damit hängt zusammen Pfatschasse ein Pfütschgass. S. Patschgass . . . .

Pfül, karg, geizig, karg zugemessen, wo überall etwas abgepfetzt wird. S. Pfätza.

Pflauma, Flaum, Federflaum.

Pflöckla, einen Kranken sorgfältig pflegen, und so eine Zeit lang am Leben erhalten, aus Pflegeln, dimin. von Pflegen entstanden.

Pflocka, pflücken.

Pfludera, im Wasser mit Armen und Beinen um sich schlagen.

Pfotscha, Pfote.

Pframpf, allzu dicke Suppe, übermäßig mit Mehl eingebrenntes Gemüse, womit der Magen voll gepfropft oder gestampft wird. Voll= pframpfa, vollstopfen, vollstampfen.

Pfucka, warzenartiger Hautauswuchs.

Pfülba, Pfühl, Pfühlkissen im Bett. Archiv d. hist. Vereins. Bd. VIII. Heft 1. S. 146. Altd. pöll. Grimm, Rechts=Alterth. S. 577. Pfülba ist auch eine Weinbergslage bei Würzburg.

Pfurz, Furz, Farz, Bauchwind. Pfurza, Pfarza, Bauchwinde lassen.

Pfutscha, zischen, z. B. zornige Katzen und heiße Butter.

Phaseli, Phaseolen, Phijolen, Bohnen, (phaseolus vulgaris.)

Piepa, welsche Henne. Piepgöder, der welsche Hahn, Puter, (Meleagris Gallopavo.) Samml. b. Pflicht. u. Ord. b. St. Schweinfurt. (Verord. wegen b. Kindtaufen. §. 12.) S. 225. Piepgöder bedeutet auch einen heftigen zornigen Menschen, Kralehler, (s. b.) weil der Puter leicht in Zorn ausbricht, so daß ihm der Kamm schwillt. Piepa ist wahrscheinlich die Assonanz von dem Rufe oder Laut der Hennen: Piep! Piep! Daher auch Pipi, s. b.

Pika, franz. pique, heimlicher Groll, auf die Spitze getriebener Haß. In demselben Sinne sagt man auch Piquanterie.

Pimpala, Bürschchen, Männchen, Spottname mit mancherlei Zusammensetzungen. Pimpala Hurti. Pfäffer=Pimpala.

Pipi, (Assonanz,) Hennen, Hühner, Hühnchen in der Kindersprache. S. Piepa, it. ein Spottname. Im Anfange dieses Jahrhunderts gab es einen s. g. Fächtpipi, (Fecht=Pipinus?) — Piepala, Pippala, diminut.

Pitschira, petschiren, mit einem Petschaft (Pitschaft) versiegeln. — verpitschirt, und unterschrieben.

Gropp, Würzburg. Chronick. Th. I. S. 264. 335.

Pläch, Pleichach, ein eigener Stadttheil von Würzburg, Plächer Viertel; es gibt auch ein Plächer Thor, eine Plächer Kirche und

eine Plächer Pfarrei, ja sogar eine vulgo s. g. Plächer Tum-
oder Domgaß, außerhalb des ehemaligen Ochsenthores. Würzb.
Verord. v. 27. Febr. 1738. (Samml. d. Land. Verord. Th. II.
S. 175.) Pläch, Pleichach kömmt wahrscheinlich aus der alten
Benennung Pleiben, Pleibenthurm her. Archiv d. hist. Vereins. Bd. VIII. Heft 2 u. 3. S. 165. Ober- und Unterpläch-
fälb (Pleichfeld) sind Dörfer im Würzburgischen.

Pläßa, s. Bläßa.

Plärum, ein alter, nach und nach erlöschender Spottname der Bürgersoldaten, Flächlascompagnie, (unregelmäßig gekleidete Truppe,)
von Bläß resp. Pläß? S. Bläßa. Die Bürgersoldaten hatten auch
an andern Orten das Mißgeschick eines Spitznamens, in Köln am Rhein
hießen sie Funken, und sie erscheinen noch jetzt alljährlich beinahe
im Carneval. Auch in Aachen hatten sie eine eigene Benennung.
In Würzburg lebt noch die Erinnerung, daß man auch die Holländer, als solche am Ende des vorigen Jahrhunderts mit den Franzosen allda waren, spottweise Plärum genannt habe.

Plages, Hiebe auf die flache Hand zur Strafe in den Schulen, — lat.
plaga Hieb. Plages (d. h. plagas) kriega.

Platte, Kahlkopf, Blatze.

Plaz, ein flacher oder platter Kuchen, placenta. Hor. satyr. II.
8. v. 24. epist. I. 10. v. 11. Martial. V. 39. v. 3. VI. 75. v.
1. Von Platt. Griech. heißt πλατυς breit und πλακους Kuchen.
— Blez ist frustum. Wachter, gloss. v. Fladen. Schilter,
gloss. v. Blezza. An manchen Orten außerhalb Franken sollvonk
Flaz sprechen; dieß ist aber nur eine Variation von Plaz, und
dann in Flaben umgeschlagen. Kaltschmidt, Wörterb. v. Flaben. S. Darnplaz.

Plümplamplorum, unnützes, weitwendiges Geschwätz oder Handeln, Gauk-
lelei, Alfanzerei. Das „allerlei Brimborium" in Göthe's
Faust (in der Straßenscene zwischen Faust und Margaretha) will
nicht viel mehr sagen. — Allotria, nugae.

Plunza, mit Speck bereitete Blutwurst. Samml. d. Pflicht. u. Ord. d.
St. Schweinfurt. (Von den Metzgern. §. 2.) S. 331. Schmeller, Wörterb. Th. I. S. 336. v. Plunzen. Wachter, gloss.
v. Plunz. S. Griefa u. Griefawurst.

Plunzfinster, ganz finster.

Pöpel, Popanz, verkleidete Person, um Lachen oder Furcht zu erregen;
it. ein Strohmann als Vogelscheuche. Herbstpöpel ist der verkleidete Mann oder Junge, welcher bei der Weinlese auf dem Wa-

gen bei der Beerkufe sitzt oder steht, und mit allerlei sonderbaren Geberden das gaffende Volk belustigt. Hullapöpel ist eine verhüllte Person, um die Kinder zu schrecken. S. Hulla, Hullafrau. — Kaltschmidt, Wörterb. u. Schmeller, Wörterb. Th. I. S. 291. v. Pöpel. — S. auch Rasapöpel.

Pöpla, schlecht zeichnen oder malen, so daß die Figuren wie Pöpel (s. b.) aussehen.

Pötzi, Pötzig, Pützig, — von Putzen, Ab- oder Auspußen, — der Abfall bei dem Gemüseputzen u. dgl. in der Küche, auch das Kehricht bei dem Aufputzen der Zimmer. Die Ableitung von dem s. g. Butzen oder Strünken und Rippen des Gemüses und die damit in Verbindung stehende Schreibart Bötzig scheinen unrichtig zu seyn. — S. Würzb. Verordn. v. 24. März 1700. (Samml. d. Land. Verordn. Th. I. S. 497—498.) v. 20. Sept. 1755. Nr. 13. (a. a. D. Th. II. S. 674.) Stadtbaurecht v. 25. Febr. 1774. Vom obern Theil d. Grund und Bodens. §. 3. (a. a. O. Th. III. S. 789.) Samml. d. Ord. u. Pflicht. d. St. Schweinfurt. (Von d. Reinlichkeit auf d. Gassen. §. 2.) S. 315. — S. Gscharrt.

Pollera, poltern, lat. pulsare, pultare. Plaut. Cist. III. d. 7, mil. glor. II. 2. 47. Terent. adelph. IV. 5. 3. Cf. Quintil. Inst. 14. — Niedersächs. Pultern, pollala

Popo, podex, Hintern, besonders bei dem Sprechen mit Kindern.

Poppa, Puppe. S. Dock. Aia Poppa sa, wird in der Kinderstube gesungen, um die Kinder in den Schlaf zu bringen.

Poppala, ein Fant, ein Mensch, welcher den Andern zum Gespötte dient, und von denselben benützt und mißbraucht wird, wie eine willenlose Poppa oder Puppe, (franz. la poupe.)

Pori, Porri, Lauch, (Allium Porrum.)

Potter, Halsgehänge, silberne, oft vergoldete Münze, (Muttergottes Thaler;) welche von den Bauernmädchen an einer Kette oder Schnur auf der Brust (franz. poitrine) getragen wird, pectorale.

Potzoberster, scherzhaft der Höchste und Gebietende. Potz ist ein Ausruf. Potztausend

Pouscher, Pösch, Pascher bei dem Würfelspiel. Keen Pouscher werth, nicht so viel werth, daß man darum wirft.

Präscha, prahlen, sich rühmen, aufschneiden, franz. prêcher, predigen, loben. S. Brät, si brät macha, Dickthu.

Press, Rummler, Kram, von Presse

Preßhaft, gebrechlich, lebend. Gropp, Würzburg Chronik. Th. I. S. 132. Würzb. Verordn. v. 10. Febr. 1741. (Samml. d. Land.

Verord. Th. II. S. 236.) Altd. bresten, Gebrechen. Hartmann, armer Heinrich, in Wadernagel, Leseb. Th. I.
col. 323.

> des hatte er keinen bresten.

   A. a. O. col. 748.

> , die da sint in oriento, die schint-
> des manen (Mondes) gebresten
> umbe die dritten stunde der naht.

   Meinauer, Naturlehre, a. a. O. col. 767.

Procäßkrämer, habitueller und muthwilliger Processirer, temere litigans.

Proda, Perrücke. S. Atzel, Hatzel.

Procrater, (procurator,) großer Schwätzer; in dieser Beziehung fand man
von jeher, wie es scheint, unter den Advocaten und bei ihren ge-
schäftsverwandten Procuratoren die Meister. Säusack-Procra-
ter, welcher Ausdruck jetzt schon ziemlich veraltet ist, bedeutet, einen
solchen Procrater, der gleichsam vor Gericht auf dem Dubel-
sack (Säusack) bläst, und trotz der Kais. Land-Ger.-Ordn. Th. I.
Tit. VI. §. 5. schändet, schmäht, schimpfirt, vexirt und cavillirt.

Prüfa, fühlen, empfinden. — wurden von denen Lutherischen Bauern
mit knöpfenden Knitteln also empfangen, daß sie solche Streich ihr
Lebenlang geprüfet. Gropp, Wirtzburg. Chronic. Th. I. S.
134. S. Spüra.

Puff, Schlag, puffen, schlagen. S. Träf.

> Sweiget, frau! oder ich gebe euch einen puf.

> Osterspiel, in Wadernagel, Leseb. Th. I. col. 1021.

   Puffen, sind an den Aermeln der Kleider.

Pumphosa, lange, weite Hosen, pantalons. Als im Anfange dieses
Jahrhunderts die kurzen und nachher auch die anliegenden langen Hosen, welche den Wuchs der Schenkel und Waden sehen
ließen, von den langen, weiten Hosen verdrängt wurden, verglich
man diese ihrer Unzierlichkeit wegen mit Wasserpumpen, oder
Pumpcylindern.

Pufferla, Rützchen. S. Schmutz, Schmützla. Poffenhendelein
ist Rußhändchen. S. Rollenhagen, Froschmeuseler, in Wadernagel, Leseb. Th. II. col. 196.

Putza, ein schneller und ungefährlicher Regen oder Sturm. Aprila-
putza. Man sagt auch nach einem solchen Regen oder Sturm:
„iez hot si dr Himmel geputzt,“ (d. h. gereinigt.) In der
Schweiz sagt man Putsch, und meint damit einen politischen
Sturm, eine kleine Revolution. Züri-(Züricher)Putsch.

Q.

Quarza, knarzen, knarren, it. ächzen, jammern. Archiv d. hist. Vereins. Bd. VII. Heft 3. S. 168. S. **Grochsa, Gronka, Gronza, Knarza.**

Quätscha, Zwetschgen.

R.

'r, statt er, — 'r hot's g'sagt, 'rloga, 'rwischa, it. statt her, f. 'rai, 'raus, 'rüber, 'rum, 'runter.

Racker, bedeutet eigentlich Henker oder Schinder, dient aber auch gewöhnlich als Schimpfwort gegen ungezogene Knaben, und heißt so viel, als Range, Lotterbube, u. dgl. Homo vilis et abjectus, ut sunt cloacarii, excoriatores et similia ejectamenta plebis. — Von recken, ejicere. Wachter, gloss. h. v. Das Wort soll mit Rache verwandt seyn. Kaltschmidt, Wörterb. v. Rache. Vgl. Schmeller, Wörterb. Th. II. S. 38. v. Racker.

Rächt, sehr, — rächt gut, rächt bös, rächt sehr.

Räf, Reif, Faßreif, — a Räf Holz ist eine abgemessene Karrenladung Holz. Gropp, Wirzburg. Chronik. Th. I. S. 468. Würzb. Verord. v. 31. März 1740, Nr. 12. (Samml. d. Land. Verord. Th. II. S. 226.)

Räs, Reise.

Rätla, rätteln, reibeln, d. h. drehen, binden, fesseln, — an Hend a Füäß garätelt. Schmeller, Wörterb. Th. III. S. 49. v. Raibeln.

Rätza, reizen.

Räuerer. Zu Würzburg in der Vorstadt Sand bestand ein Frauenkloster zu St. Maria Magdalena. Die Klosterfrauen zu St. Maria Magdalena, Cistercienser Ordens, hieß man hier, wie auch anderswo Reuerinnen, d. h. Büßerinnen, Pönitentiarinnen. In solche Klöster wurden nämlich weibliche Personen aufgenommen, welche ihre Unschuld verloren hatten, nunmehr aber in Nachahmung der heiligen Magdalena ihre Sünden bereuen, Buße thun und sich von ihrem Falle zu einem heiligen Lebenswandel erheben sollten. Aschbach, allgem. Kirch. Lex. v. Reuerinnen. Bd. IV. S. 775—776.

Im Jahre 1627 berief der Fürstbischof Philipp Adolph von Ehrenberg die unbeschuhten Carmeliten (Discalceaten) nach Würzburg, und wies denselben das unterdessen eingegangene Frauenkloster zu St. Maria Magdalena an. Das Kloster hieß aber jetzt wie vorher zum Reuern, so nennt man es auch heute noch, und die Patres sind unter dem Namen Reuerer bekannt. Im Jahre 1662 sind unter dem Fürstbischofe Johann Philipp von Schönborn Kirche und Kloster, wie sie dermals bestehen, zu bauen angefangen worden. Gropp, Wirzburg. Chronic. Th. I. S. 403. Th. II. S. 159. Die Beduinen (Beghinen) sollen auch Reuerinen genannt worden seyn. Archiv d. hist. Vereins. Bd. IX. Heft 1. S. 831. — Vgl. noch Schmeller, Wörterb. Th. III. S. 2. v. Reu. S. Sprüchw. u. R. A. h. v.

Raffla, zammaraffla, raffen, zusammenraffen, franz. raflor.

'rai, herein.

Raiha, der obere Theil des Fußes von den Knöcheln bis zum Anfange der Zehen, it. Reigen, Tanz.

> — die sprungen di den reien vor, ir einer, der nach zwêne.
>> Lied v. Herrn Reibhart, in Wackernagel, Leseb. Th. I. col. 512.

> Ich wil noch tantzen an dem reyen.
>> Hans Rosenblut, a. a. O. col. 1014.

Ringala-Raiha ist ein Ringeltanz der Kinder.

Raiha si um eppas, sich um den Besitz einer Sache (oder Person) streiten, wetteifern. S. Sprüchw. u. R. A. v. Garaiß.

Rammla, 'rumrammla im Bett, sich im Bett hin- und herwerfen.

> — Rammeln sagt man von der Begattung der Hasen und Katzen,
> — a verrammelt's Bett ist so in Unordnung gebracht, als wenn die Katzen darin gerammelt hätten.

Ramönase, Römernase, gebogene Nase.

Randsacker, Randersacker, ein Dorf am Main oberhalb Würzburg.

Ranft, Rand an Geschirren, Fruchtmaaßen, — Huberti, Vergleich. d. Wirzb. u. and. Fruchtmaaße. (1777.) S. 2. — it. d. Rand, d. h. die Rinde (Krusta, s. b.) am Brode; denn ranft ist altd. Rinde.

> ein ranft vom halben bröte.
>> Hartmann, Gregorius, in Wackernagel, Leseb. Th. I. col. 316.

> Iß mit den chrosplig Ranft vom Brob!
>> Hebel, Werke. D. Sperling am Fenster. Bd. II. S. 79.

Bgl. Schmeller, Wörterb. Th. III. S. 106. v. Ranb, S. 111.
v. Rant. — S. Ranka.

Ranga, Rain, Feldrain, Abhang an einem Hohlweg. Gropp, Wirzburg. Chronick. Th. II. S. 673. Schmeller, Wörterb. Th. III.
S. 108. v. Rang.

Rangeres, Rangersen, Mangold, Römischer Kohl, (Beta Cicla,) eine Ge-
müßpflanze in Gärten.

Ranka, ein großes Rindenstück Brod. S. Kail, Ranst.

Ranzabaißer, ein saurer Wein, welcher die Ranze, d. h. den Wanst,
— Bauch, Magen mit seiner Säure durchbeißen könnte.

Rappati cappati, schnell, hastig, übereilt. Ursprünglich erkannte ich hie-
rin raptim, captim, Raptim ist classisches Latein, Cic. dom. 54.
Att. II. 9. Liv. V. 37. Horat. epist. II. 2. v. 198. nicht
captim. Auch in du Cange ist von captim nichts zu finden.
Es schien mir aber nicht unwahrscheinlich, daß die launige Trink-
lust deutscher Studenten oder anderer Küchenlateiner dem raptim
das captim (von capere) beigesellt habe. Nun ist mir aber auch
der Gedanke gekommen, daß unser Rappati cappati nichts Anderes seyn möge, als rabido capite, (mit brennendem Kopf,) und
daß dieses nach und nach die beliebte Reimform angenommen habe.

Rappel, fixe Idee, Narrheit, — 'r hot 'n Rappel, er ist nicht bei
Trost, närrisch oder rappelköpfisch. S. Rappla, Stuß.

Rappla, rasseln, klappern, — rappeldürr, so mager, daß bei Bewe-
gungen oder Berührungen die Knochen rappeln: 's rappelt
bei 'n, er ist närrisch. S. Rappel.

Rarat, Rorate, die heilige Rorate-Messe in der Adventszeit, so genannt,
weil das Eingangsgebet des vierten Sonntags mit den Worten
anfängt: Rorate coeli desuper, et nubes pluant justum. Jesai.
XLV. 8. Gropp, Wirzburg. Chronick. Th. I. S. 895. Wirzbg.
Kirch. Ord. v. 30. July 1693, Nr. 33. (Samml. d. Land. Verord.
Th. I. S. 435.)

Ratla, Rateln, Unkraut in Linsen, Getreide u. s. w. — altb. râten.
dâ mir hie vor weize wuobs, da wochsot mir nu râten.
Sprüche d. Meisters, in Wackernagel, Leseb. Th. I.
col. 690.

'rauf, herauf.

Rauher Hals, heiserer Hals, Heiserkeit. — Heiser, lat. raucus. S.
Häser.

Raum, Rahm, Sahne, schweb. ram, holl. raam. Kaltschmidt; Wörterb.
v. Rahm. Die Innwohner nennen diesen Brunnen (zu Kissingen)
insgemein den Raum=Brunnen, womit sie dessen Güte zu
verstehen scheinen wollen. Gropp, Wirzburg. Chronick. Th. II.
S. 600. S. Abtrauma.

Rauma, viel Raum zurücklegen, vorwärts kommen. Mit der Eisen=
bahn da raumt's besser, als mit 'n Postwaga. S. Fläcke.

Raupa, einjähriger Etter. Würzb. Verordn. v. 26. Nov. 1770. Nr.
10. 11. (Samml. d. Land. Verordn. Th. II. S. 936.) v. 18.
July 1800, Nr. 8. (a. a. O. Th. III. S. 860.) Vgl. Schmel=
ler, Wörterb. Th. III. S. 117. v. Rarp.

'raus, heraus.
— im schönen adeligen Hauß,
welches vor die Burg gebaut ist 'raus.
Archiv d. hist. Vereins. Bd. III. Heft 2. S. 53. — S.
noch Haus.

Resel, Resala, Therese, Theresschen.

Resonnira, (franz. raisonner,) zanken, lärmen, disputiren.

Rettel, Margaretha. S. Greth, Grethel, Maigel, Margel,
Margreth.

Richt, Gericht, Schüssel bei der Mahlzeit, Portion, (franz. mets, plat,)
so viel man gewöhnlich zu= und anrichtet oder auf den Tisch
gibt. A Richt Kraut. S. Kochat.

Riffel, Verweis. Riffla, (reiben,) Jemanden zanken, einen Verweis
geben. S. 'runtermacha, 'runterputza. — Altb. reffen.
Si reffent niewan die armen.
Heinrich, v. d. gemeinen Leben, in Wackernagel,
Leseb. Th. I. col. 221.

Ringalaraiha, (Ringelreigen,) ein Kinderspiel. Die Kinder stellen sich
im Kreise (Ring) auf, fassen sich an den Händen, bewegen sich
tanzend in der Runde, und singen: Ringala=Ringala=
Raiha!

Rinnafäld, Rinderfeld, Klee=Rinnafälb, Klein=Rinderfeld, Dorf
im Landgerichte Würzburg links des Mains.

Rinnaras, Rindfleisch.

Rips raps, die Handlung des schnellen Zugreifens und Wegnehmens.
S. Raffla, auch Grips graps. — Rips raps nennt man
jenes Spolienrecht, welches sich zuerst Kaiser Friedrich I. beige=
legt haben soll, und vermöge dessen der Kaiser, dann auch die
kirchlichen Schutz= und Schirmvögte den Nachlaß verstorbenen Geist=

lichen an sich zogen. In der Folgezeit maßten sich sogar die Patrone an, die Einkünfte vacanter Patronats-Beneficien zu beziehen. Doch haben die Kaiser Otto IV., Friedrich II. und Rudolph I. auf das jus rogaliae et spolii verzichtet. Müller, Lexikon b. Kirchenrechts. II. Ausg. Bd. IV. h. v. Vgl. Walter, Lehrb. b. Kirchenrechts. XII. Ausg. §. 263.

Ritt, — alle Ritt, alle Augenblicke, in kurzen Pausen. Alle Ritt 'n Trumpf! In een Ritt, auf ein Mal, (franz. d'un seul coup.) Span. rato, Augenblick.

Röhrlasbirn, wilde, schlechte Birnen, die man erst im Ofen, in der Ofenröhre (Röhrla) braten muß, um sie genießen zu können.

Rösch, resch, hart gebacken, so daß die Speise bei dem Anbeißen kracht, z. B. die Haut des Spanferkels.

Sie knat und bachet Küechlach,
nur is mein lieber Bruder,
sie sein so resch und schön.

Ingolstadt. Reime v. 1562. Schmeller, Wörterb. Th. III. S. 140. h. v.

Rösch bedeutet auch scharf im Geschmacke. — Unter diesem Heyl und Trinck-Brunnen (in Kissingen) befindet sich ein anderer, welcher, weilen er im Geschmack rescher, — der scharpffe Brunnen und — der Bad-Brunnen gennennt wird. Gropp, Wirtzburg. Chronick. Th. II. S. 598.

Rolza, ausgelassen spielen, laufen, sich balgen, wie die Knaben thun. Rollen, Rolzen heißt auch brünstig seyn, sich begatten, rammeln.

Romanababel, s. Babel.

Ropfa, rupfen. S. Zopfa.

So ropft die Gans, so zopft die Gans.

Volkslied, in Wackernagel, Leseb. Th. II. col. 233.

Ropfhaas, Kaninchen, zahmes Kaninchen, an manchen Orten Stallhaas, wird in den Ställen gehalten, und von Zeit zu Zeit gerupft. S. Hasalüahla.

Roz, Schleim in der Nase. Roznase, Gans, Gelbschnabel, — Schimpfwort gegen junge, alberne Mädchen. Buben werden Rozbuben, Rozer, Rozlöffel genannt, und kömmt dies daher, daß kleine, verwahrloste Knaben und Mädchen mit rozigen, ungeschneuzten Nasen herumlaufen. S. Fraz.

Ruda, rücken.

Rudsa, unruhig sich bewegen, besonders mit dem Rücken, (lat. ructare, rülpfen.) — S. **Wudſa** ſi. — **Ruckſer**, ſchnelle Bewegung des Rückens, it. eine weite, um den Rücken bewegliche Jacke.

'rüber, herüber.

Rülp, Flegel, Grobian. Schmeller, Wörterb. Th. III. S. 81. h. v. S. 256, v. **Jolp**. — S. **Knopf**.

Rüſter, aufgeſetzter Leberfleck (Bläß) an einem alten Schuhe oder Stiefel. — Schmeller, Wörterb. Th. III. S. 144. v. **Riſter**.

Ruſta, trockene, rauhe Oberfläche. **Ruſti**, rüſti, trocken, rauh, ſpröd, beſonders von länger angeſchnittenem Brod. **Ruſta** iſt auch die getrocknete Stelle, die Kruſte, der trockene Grind einer Wunde.

'rum, herum.

Rumor, lat. rumor, Lärm, Getöſe, Gerücht, **Rumora**, lärmen.

    mit mangerley rumores vnd geſchrayes.
        Niclas v. Weyl, in Wackernagel, Leſeb. Th. I. col. 1047.

Solcher **Rumor** und Auflauff. — Gropp, Wirtzburg. Chronick. Th. I. S. 87. 92. Auch iſt dazumahl ein **Rumor** entſtanden, ob wäre dem Grafen von Brandenſtein das Stift Haug von der Cron Schweden verehrt worden. A. a. O. S. 477.

Die **Rumorknechte**, **Rumorwachen** waren die Policeybiener und Polzeywachmannſchaften. Würzb. Verord. v. 9. Jan. 1772, Nr. 9. (Samml. d. Land. Verord. Th. III. S. 20.) v. 1. Febr. 1773. Nr. 8. (a. a. O. S. 62.) Die **Rumorwache**, d. h. die Wachſtube und das Gefängniß waren in den noch ſtehenden Gebäulichkeiten neben und auf dem neuen Thore.

Rumpelkammer, Gerümpelkammer, wo allerlei Unbrauchbares, altes Geräthe u. ſ. w. zuſammengeworfen und aufbewahrt wird. **Rumpelkaſta**, ein ſolcher Kaſten, it. eine alte, rumpelnde (ſ. **Rumpla**) Chaiſe. S. Gerümpel.

Rumpelmetta, (franz. les tenèbres,) eine eigene Andacht in der Charwoche, wobei vor dem Altare das ſogenannte Triangulum ſteht, auf der Spitze desſelben, und ſeitwärts brennen 15 Wachskerzen, eine weiße und 14 gelbe. Während des Officiums wird allmälig eine Kerze nach der andern ausgelöſcht. Die weiße Kerze auf der Spitze wird brennend erhalten, nach Abſingung des Benedictus hinter den Altar getragen, dann nach Abbetung des Pſalmes Miſerero und der Oration des Tages wieder hervorgebracht, und unter einem mit hölzernen Klappern gemachten Geraſſel, (wovon dieſes Officium Rumpelmette heißt, ſ. **Rumpla**) vor den Altar

gestellt. Wetzer u. Welte, Kirchen-Lexikon. Bd. II. S. 457. v.
Charwoche.

Rumpla, poltern, lärmen, knurren, it. fallen, purzeln.
und rumpelt mir in meinem bauch.
Hans Sachs, Fastnachtsspiel, in Wackerhagel, Leseb.
Th. II. col. 93.

'runter, herunter.

'runtermacha, Jemanden schimpfen, zanken, verleumden. S. Niffla.

'runterputa, eben so wie 'runtermacha, s. d.

Ruppa, Aalruppa, Quabbe, (gadus lota.) Schmeller, Wörterb.
Th. III. S. 118. v. Ruppen, S. 170. v. Rutten.

Ruster, Rüster, Ulme, (ulmus campestris.) Die Allee am Hofplatz
steht aus solchen Bäumen.

Rutscha, schleifen, auf dem Eise. Die Rutscha ist die Eisbank zum
Schleifen.

S.

's, es und das, 's is kalt, 's Mädla. Auch allemann.
— Der Fridli schlingt ſi Arm
um 's Kätterli, und 's wird em wohl und warm,
druf hat em 's Kätterli e Schmützli ge.
Hebel, Werke. Die Ueberraschung im Garten. Bd. II.
S. 42.

Sächa, seigen, pissen, das Wasser lassen. S. Brunza.

Säda, Seide.

Säffa, Seife.

Sähl, Seil. Sähler, Seiler.

Sälber, selbst.

Sälbiger, derselbige, derselbe.

Säller, jener.
Und lueg mer dort ſel Wüllti a! —
Sel brucht me gar.
Hebel, Werke. Das Gewitter. Bd. II. S. 61. 62.
Und ſell thüen au mini Gibanka.
Hoffmann, allemann. Lied. S. 25.
Sälla Mol, jenes Mal.

Säpper, Joseph.

Säppi, Josephina, ſ. Päppi.

Sätta, Satte, Darmsaite, Metallsaite.

Saldat, Soldat.

So spricht a Saldat am Strand von Algier.
Hoffmann, allemann. Lied. S. 96.

Salvet, Serviette, auch ital. bisweilen salvietta.

Sappa, schwerfällig gehen, Variation von Tappen.

Sasa, Ausruf. Hopsasa! Tausehsasa! — Tausehsasa als Haupt=
wort ist ein Hauptkerl, Wundermensch. Hör, Bolz, du bist a Tau=
sehsasa, beß kann kee Annerer. — Der Dichter Bürger ist mit
solchen Ausrufen: Hopp, hopp! holla, holla! klinglingling! trapp,
trapp! sehr freigebig, z. B. in der Entführung, im Lied vom bra=
ven Manne, im wilden Jäger. So heißt es denn auch in Lenore:
Sasa! Gesindel, hier! Komm hier!

Satteri, Saturei, Pfefferkraut, (satureja hortensis.) S. Quahla,
Quahlaskraut.

Sau, Flecken, insbesondere Tintenflecken, Tintenklecks, s. Talka, it. Aß
oder Daus in den vier Farben des Kartenspiels.

Saubarthel, s. Barthel.

Säupelz, Schweinpelz; unfläthiger Mensch, s. Barthel, Dräcklä=
fer, Mistfink.

Schaarwach, eine eigene städtische Policeywache, doch nicht gerade die
Rumorwach, s. d. Gropp, Wirzburg. Chronik. Th. I. S. 524.
Archiv d. hist. Vereins. Bd. I. Heft 2. S. 178. Schaarwächter
kommen 1532 vor, (a. a. O. Bd. VIII. Heft 1. S. 126.) und es
gab deren noch — in einem sehr herabgekommenen Zustande —
im Anfange dieses Jahrhunderts, es waren alte, abgerissene Leute,
ihre Schilderhäuser waren bei den Wällen aufgerichtet, am vorma=
ligen Teufelsthor in der Nähe der Brunnenstube, bei der Curschmiede
und jetzigen Veterinäranstalt.

Schaba, Motten. Kaltschmidt, Wörterb. v. Schaben. S. Sprüchw.
u. R. A. h. v.

Schabesdeckel, scherzweise ein alter Hut. Schabes (jüdisch) ist der
Sabbath.

Schäck, ein gesprengeltes oder buntes Pferd.

Schäcket oder g'schäckelt, schäckig, gescheckt, gesprengelt, getiegert, ge=
tupft, getippelt, s. Tippala.

Schäbe, Scheide eines Säbels, Degens u. dgl.

Schämper, Schemper, Larve, Maske, so scherz= und spottweise Gesicht.

Schänza, ein flacher, grober Weidenkorb, um Allerlei damit aufzufassen
und wegzutragen, — solche Körbe gebraucht man auch bei dem

Schanzen ober der Schanzarbeit, Gropp, Wirtzburg. Chronic.
Th. I. S. 472.

Schänzla, ein Holzmagazin in der Stadt Würzburg auf einer Schanze
am Main.

Schäpp, schief, krumm. Schmeller, Wörterb. Th. III. S. 370. v.
Schepp. — In einem pommerischen Liede heißt es:
   Ja, förwaar vör allen Dingen
   Moot bet Koopmanns
   Goot gelingen,
   Süst gächt oalles scheep und krumm.
      Kehrein, deutsch. Leseb. Ob. Stufe. S. 305.

Schära, scheeren, plagen, beunruhigen, si schära, fortgeben. Deß
schärt mi wenig. Laß mi ung'schora! Schär di fort! Si
schinban 'a schära.

Schärf, Schärpe. Würzb. Verorb, v. 26. Oct. 1756. Nr. 1. 3. (Samml
b. Land. Verorb. Th. II. S. 710. 711.)

Schät, Scheit, Scheit Holz.

Schafa, schaben. Aetsch! ätsch! Rübla g'schaft! spottweise so viel als
ätsch! ätsch! ausgelacht! wobei mit den Fingern das Schaben der
Rüben nachgeahmt wird.

Schain, Samentrieb an den Reben.

Schaißa, die, Durchfall, s. Catharina schnelle, Pfaifa. —
Schaißlärl, elender Kerl.

Schaitera, scheitern, zu Schaitera geha, zu Schanden, zu Grunde
gehen. Würzb. Verorb. v. 31. Jan. 1728. Nr. 4. 5. (Samml. b.
Land. Verorb. Th. I. S. 777.
   Gottlose wirst auch sen zu scheittorn gan.
      Paul Melissus, Gedichte in Wackernagel, Leseb. Th.
      II. col. 128.

Schala, Tasse. No a Schala Caffe, no a Schälala!

Schamber, Schambes, Schambetist, Jean Baptiste, Johann Baptist.

Schank, Schrank. Würzb. Kirch. Orb. v. 30. July 1693. Nr. 136.
(Samml. b. Land. Verorb. Th. L. S. 450.) Verorb. v. 28. Aug.
1750. Nr. 5. (a. a. O. Th. II. S. 502.)

Schanza, stark und angestrengt arbeiten, wie bei der Schanzarbeit.

Scharra, das Unterste einer Speise, (z. B. des Breies,) was am Boden
des Gefäßes angebacken ist und daher abgescharrt (abgescheuert)
werden muß.

Schee, schön.

Schelfa, oder **Scheela**, Schale an Aepfeln, Birnen, Kartoffeln u. dgl. von Schälen. Waohtor, gloss. v. Schelfe.

Schelch, Kahn. Fischer=Ordn. v. 1. Sept. 1750. (Samml. d. Land. Verord. Th. I. S. 19.) v. 6. März 1766. Nr. 14. (a. a. O. Th. II. S. 835.) Gropp, Wirtzburg. Chronick. Th. I. S. 249. Eine eigene Gattung ist der Wätschelch. Gropp, a. a. O. Th. II. S. 399.

Schenda, schänden, (von Schande oder Variation von Schelten,) schimpfen, zanken, schmähen. Land. Ger. Ordn. v. 1618. Th. I. Tit. VI. §. 5. (Samml. d. Land. Verord. Th. I. S. 61.) Dienstbot. Ordn. v. 22. Sept. 1749. Nr. 15. (a. a. O. Th. II. S. 541.) Anhang zur Schulordn. v. 1774. §. 2. Nr. 1. (a. a. O. Th. III. S. 99.) Samml. d. Pflicht. u. Ordn. d. St. Schweinfurt. (Von Injurien, Schänden und Schmähen. S. 156.) — Item so eyner — die jungkfraw Maria scheubet, — Carl's V. peinl. Ger. Ordn. Art. 106. Gropp, Wirtzburg. Chronick. Th. I. S. 335.

> Do begunde si sere zu weinen, und klagete ire not das man si in erem enelende söldo so jamerlich schelden unde schenden.
> Crescentia, in Wackernagel, Leseb. Th. I. col. 993. 994.
> — die nit ungebultig, so man's auch schuub.
> P. Abraham a S. Clara. Vgl. Schmeller, Wörterb. Th. III. S. 107. v. Zunb. — S. Schmäla.

Scherba, irdenes Gefäß, — Blumascherba, Brotscherba, — it. sind Scherba überhaupt die Trümmer zerbrochener Gefäße u. dgl. — Glasscherba.

Scheuer, Scheune. Würzb. Zehnt=Verleih. Instruct. v. 1746, (Samml. d. Land. Verord. Th. II. S. 448.) Samml. d. Pflicht. u. Ordn. d. St. Schweinfurt. (Verbot d. übermäß. Trinkens. §. 5. c.) S. 188. — Altb. Schiura. Sebilter, gloss. h. v.

Schicka, schielen.

Schickfela, spöttisch, Judenmädchen.

Schieber, Muff, denn die Hände werden aus= und eingeschoben.

Schier, beinahe, fast. Schilter, gloss. v. Schiere.

Schießer, Klicker, (franz. chique,) steinerne Kügelchen, womit im Frühlinge die Knaben spielen. Gropp, Wirtzburg. Chronick. Th. II. S. 670.

Schiffla, kleines, mit Honig bereitetes und mit einem Füllsel versehenes Backwerk, welches wie die Runnakräpfli (s. Runn, Runna=

kräpfli,) ursprünglich von den Nonnen gebacken wurde, jetzt aber bei den Lebküchnern und Wachsziehern verkauft wird.

Schillerhaus, Schilderhaus.

Schinnoas, Schindbaas, Schinderaas, Luder, pöbelhaftes Schimpfwort, besonders gegen Weibspersonen.

Schläf, schlaff, d. h. in Fäulniß übergehend, von Fleisch. Schmeller, Wörterb. Th. III. S. 457. v. Schläß.

Schläffa, Schleife.

Schlämptlu, kleiner Vortheil, Emolument.

   Jedes Aemtla

   Hot sai Schlämptla.

Schlamassa, Unordnung, 2c. 2c. (Jüdisch?)

Schlankel, schlanker Schlingel, Strolch, (in Nürnberg Schlack.) — rumschlankla, herumschlendern, herumstreunen, sich müßig herumtreiben.

   Mit schlenkeln und spazieren,

   Mit kesseln und galanisiren,

   Mit springen und tanzen,

   Mit ligen und ranzen;

   Mit Räppel und Schimmel

   Kompt man, weiß Gott, nit in Himmel.

     P. Abraham a S. Clara. Vgl. Schmeller, Wörterb. Th. III. S. 453. v. Schlanken.

Schlapp, Schlamp, unordentlich, nachläßig gekleidete Person, die schlapp herabhängenden Kleider nach sich schleppend.

Schlappa, Pantoffeln, eingetretene Schuhe, die nur lose an den Füßen hängen. S. Hatscha, Toffel.

   pes — pelle natet.

    Ovid, art. I. 516.

Schlarfa, Schlappe, Schramme, Wunde von einem Hieb, 2c. 2c.

Schlata, Sumpfrohr, Schilf, womit man bei der Fronleichnams-Procession die Gassen bestreut.

Schleebäuchig, oder haarschlechtig, (s. Hoorschlächti,) Krankheit der Pferde. Würzb. Verord. v. 22. Sept. 1742. 2do. (Sanmml. Landb. Verord. Th. II. S. 309.)

    Grimm, Rechts-Alterth. S. 609.

Schlegel, Keule, Kalbsschlegel, Rehschlegel.

Schlegla, mit Armen und Beinen (Schlegeln) um sich schlagen, wie die Kinder.

Schlich, Schleichwege, List, Räule, von Schleichen. S. Pfiff.
>Der Rothfuchs wußte die Schliche besser.
>> Gebrüder Grimm, Mährchen, in Wackernagel, Leseb.
>> Th. IV. col. 1374.

Schlorcha, mit Pantoffeln in der Art gemächlich gehen, daß die Füße kaum gehoben, und die Pantoffeln auf dem Boden nachgezogen werden.

Schlot, Rauchfang, Schornstein. Würzb. Verord. v. 25. April 1724, (Samml. b. Land. Verord. Th. I. S. 710—711.) Stadtbaurecht v. 25. Febr. 1774. (c. a. O. Th. III. S. 785—786.) Würzb. Verord. v. 4. Nov. 1779, (a. a. O. S. 191.) v. 4. Hornung 1780, (a. a. O. S. 192—193.) v. 30. Sept. 1782, (a. a. O. S. 275—276.) Nürnb. Reform. v. 1564. Tit. XXVI. Ges. V. VI. — Schlotfäger, Schornsteinfeger. — Schmeller, Wörterb. Th. III. S. 395. v. Schornstein.

Schlucker, Schluchzen, Aufstoßen, armer Schlucker, armer Teufel, s. Schnaufa, Schnaufer.
>Wie soll wir armen schlucker than?
>> Hans Sachs, Comöd. in Wackernagel, Leseb. Th. II.
>> col. 77.

Schlüffel, Schliffel, ungeschliffener Mensch, Grobian, Schlingel. S. Jobel. — Vgl. v. Feuerbach, actenmäß. Darstell. merkwürd. Verbrechen. Bd. II. S. 334.

Schlumpa, etwas nachlässig und eilig verrichten. S. Hubla. — Wolle schlumpa, Wolle kartäschen, kämmen, (im Arbeitshaus.) Schlumper, fauler, oberflächlicher Arbeiter, s. Hauderer. — Wachtär, gloss. v. Schlump.

Schmach, Injurie, (in der Schriftsprache.) Land-Ger. Ord. v. 1618. Th. I. Tit. VI. §. 40. (Samml. b. Land. Verord. Th. I. S. 65.) Würzb. Ord. b. Pollcey-Gerichts v. 28. May 1745, Nr. 4. (a. a. O. Th. II. S. 391.) Vgl. Cod. Maximil. Bavar. civ. Th. IV. cap. XVII.

Schmäha, schmähen, schimpfen, zanken, s. Schenda.

Schmäßmucka, Schmeißfliege, (musca vomitoria.)

Schmaißa, schlagen, prügeln, s. Pälza, it. statt s. v. scheißen, cacare. Hieschmaißa, hinwerfen.

Schmalg'sell, Schmaljungfer. Knaben und Mädchen, welche das erste Mal zur heiligen Communion gehen, haben bei dieser sacramentalischen Handlung und bei den darauf folgenden Vergnügungen andere jüngere Knaben und Mädchen zur Assistenz und Genossenschaft.

Dieß sind die Schmalgesellen und Schmaljungfern.
Schmal bedeutet hier jung, klein. Man erinnert hier an Schmal=
reh und Schmalthier. In einem Hexen-Verhörsprotocoll d. d.
Klingenberg am 23. July 1629 (Manuscript) sagt die Inquisitin:
„Der hingericht Schultheiß von Elßhonen hab sie in des bösen
Rahmen copulirt, — Albert Zengell von Elßhonen sey Breubtfüh=
rer und Helena Larossin Wahr Schmallmaydt (Brautjungfer) ge=
wesen." Schilter, gloss. v. Smale. Wachter, gloss. v.
Schmal.

Schmaß, Ruß, s. Schmuß. Der Ruß, besonders, wenn er naß gegeben
wird, schmaßt, tönt, s. Schmaßa.

Schmaßa, bei dem Essen mit offenem Munde das Kauen hören lassen,
it. etwas Nasses z. B. Mörtel mit patschendem Geräusch hinwerfen,
it. patschend tönen.

Schmecka, statt riechen. Lunta schmecka. Die Bluma schmeckt härrli.
Die enge Verbindung zwischen Geschmack und Geruch mag diese
Sprechweise veranlaßt haben. Schon im Altdeutschen bedeutet
smac den Geruch, wie den Geschmack.

der edeln würze süezen smac.

Schwab. Spiegel im Eingang.

der smac begundin wifen
für sines gevateron tür.

Reinhart, Heinrich d. Glichesäre, in Wackernagel, Leseb.
Th. I. col. 207.

von der edelen würze craft
und von der edela gesmake.

Berthold v. Regensburg, Predigt, a. a. O. col. 658.
Ein pfannkuoch oder würst gebachen,
er hett's geschmeckt, vnd hören krachen.

Seb. Brant, Narrenschiff, a. a. O. col. 1067.
Schmecks ist ein grobes Abfertigungswort auf eine Frage, welche
man nicht beantworten will.

Schmecker, verächtliche Benennung der Nase und des Mundes. 'n
Schmecker macha, die Nase rümpfen, den Mund verziehen. S.
Gaffel, G'frieß, Goscha, Schnabel, Schnub, Schwöffel,
Waffel.

Schmiedsklös, die Eisenschlacken der Schmiede.

Schmiera, verfälschen, vom Wein und Most. Würzb. Verord. v. 1. Oct.
1727, (Samml. d. Land. Verord. Th. I. S. 773.) v. 20. July
1747, (a. a. O. Th. II. S. 506.) it. bestechen, 'n Landrichter

schmiera, um ein günstiges Urtheil zu erlangen, denn wer gut schmiert, fährt gut. S. Spendira.

Schmieralien, Geld und Geschenke zum Zwecke der Bestechung. S. Spendira, Spendirung.

Schmierkittel, unreinliches Gewand.

Schmiertigel, unreinlicher Mensch. S. Barthel, Dräckkäfer, Mistfink.

Schmiß, Schläge, Prügel. Archiv d. hist. Vereins. Bd. VII. Heft 3. S. 169. S. Fätt, Spädklös.

Schmorkla, stinken, faulen, verdorben riechen, von Wildpret u. dgl. S. Gelzera. — Schmeller, Wörterb. Th. III. S. 475, v. Schmirkeln.

Schmutz, Schmützla, Kuß, Küßchen, S. Pusserla, Schmatz.

> Druf hat em's Kätterli e Schmützli ge.
>> Hebel, Werke. Die Ueberraschung im Garten. Bd. II. S. 42.

> Du liebe, schöne Obestern!
> Was gilt's, du hättsch die Schmützli gern.
>> A. a. O. der Abendstern. S. 73.

Schnabel, verächtlich statt Mund, s. Gaffel, G'frieß, Goscha, Schmecker, Schnuub, Schwöffel, Waffel. So auch rostrum im Latein. Apud mensam plenam homini rostrum deliges. Plaut. Menaech. I. 1. 13. — personas, ex quarum rostris aqua salire solet. L. 17. §. 9. Dig. de act. emti et vend. (19. 1.) Rostro span. Gesicht. — S. auch Sprüchw. u. R. A. v. Schnabel.

Schnabliera, essen, naschen, schmausen.

Schnacka, Späße, Witze, eben so Schnickschnack. S. Fachsa, Spuchza.

Schnäcka, Auswurf, Schleim- oder Rotzbatzen, von der Aehnlichkeit mit der Schnecke. Bierschnäcka, der Auswurf am Morgen, wenn man sich vorher am Abende mit Bier überfüllt und den Magen verschleimt hat.

Schnärfa, schnarren, schlecht geigen. S. auch G'schnärf.

Schnappa, hinken, s. Gratscha, Hatscha, Knappa, it. in irgend einer Weise das Gleichgewicht verlieren, daher überschnappa, närrisch werden, umschnappa, z. B. von einem Brett, zuschnappa, z. B. von einem Messer. Schnappgalga.

Schnappbastel, altes Schnappmesser.

Schnaufa, athmen. Schnaufer, Athemzug, it. elender Mensch, s.
Schluder.

Schnaupa, Krempe am Hut.

Schniebankskopf, Schnitt= oder Schneidbankskopf. Bei der Schneidbank
oben an dem beweglichen Hebel befindet sich ein unförmlicher Kloß
oder Kopf, darum nennt man vergleichungsweise unförmliche Men-
schenköpfe „Schniebanksköpf."

Schnipp, schnapp, schnurr, schnäppäpper, ein bekanntes Kartenspiel, wobei die vier auf einander folgenden Karten eines Stichs succeſſiv
diese Namen führen.

Schnippali, Abschnitzeln, kleine Stücke zerschnittenen oder zerriſſenen Hol-
zes, Papiers u. dgl. Schnippla, in kleine Theile zerstückeln.
S. Bizali.

Schnitthappa, Schnittheppe, krummes Messer zum Beschneiden der
Reben.

Schnitz, (von Schneiden, Schnitt,) geschnittene Früchte, geschnittenes Obst,
Aepfelschnitz, Würzb. Verord. v. 23. Juny 1788, (Samml. d.
Land. Verord. Th. III. S. 407.) Birnschnitz, Kartoffelschnitz,
— it. Lügen. Schnitza, zerschneiden, it. lügen. Aufschneiden
bedeutet auch Lügen, mit Schneiden ist aber Schnitzen stammver-
wandt. — S. Aufschnitza. — Schnitzer, Fehler, s. Bock,
Bockshäuser.

Schnud, verächtlich Mund, Schnauze. Nach Wachter, gloss. v.
Schuto bedeutet das Wort Nase. S. Gaffel, G'rieß,
Goscha, Schmecker, Schnabel, Schwöffel, Waffel.

Schnufera, durch die Nase schnaufen, schnüffeln, schnobern, mit der Nase
suchen und untersuchen, wie die Hunde thun.

Schnulla, saugen. Schnuller, ein mit pulverisirtem Biscuit gefülltes
zugebundenes und dann angefeuchtetes Stück Leinwand, um die
Kinder daran saugen zu laſſen. S. Suckla, Zülla, Züller.

Schnuppa, der Schnupfen, das Catarrhalfieber. Würzb. Bekanntmach.
v. 27. Juny 1788. (Samml. d. Land. Verord. Th. III. S. 407.)
— Tabak schnuppa, Tabak schnupfen. Schnupptuch, Schnupf-
tuch, Nastuch.

Schockla, in die Höhe werfen.

Schockla, schaukeln.

Schoppel, alberne närrische Weibsperson. Schmeller, Wörterb.
Th. III. S. 376. h. v.

Schlof, (Schaß) Grabscheit, Spaten; daher Schmiekarr, auch Schwardl
Schmeller, Wörterb. Th. III. S. 394, v. Schoren Cod.

.... Maximil. Bavar. ... Th. II. cap. .... Mundart .... (Schorn
) ... Privatrecht .... Villa Apag (1326) Schorafara — Schora,
'rumschora, mit dem Grabscheit arbeiten, umgraben, ...

Schoß .... , v. der Saat und Söhne ....
verbleichen, das Tuch schoßt, it. aufschießen, ausbachsen, in den
.... Samen ....) der Salat, der Rettig schoßt, ... und ... S

Schottmer, Schotten! Die Schottmer waren Benedictiner, und hat-
ten ihr Kloster, ... S. Jacobus, sammt Kirche im Maibacher zu
Würzburg, in der Nähe des Zeller Thores. Würzb. Ord. und
Anschr. d. Kirchen. (Schlimm. b. .... Erord. Th. II. ....)
Sie wurden im J. 1139 gerufen, der h. Macarius, (+ 1153) noch
jetzt hoch verehrt, war der erste Abt. Zu dankbarer Rücksicht auf
das Vaterland der ersten Verkündiger des Glaubens wurden in
Deutschland mehrere Klöster der Benedictiner aus Schotten errichtet,
in Köln, Regensburg, Nürnberg, Wien, Erfurt und Erfurt.
Wetzer u. Welte, Kirchen-Lex. Bd. IX. v. Schottenklöster.
Die ansehnliche Kirche in Würzburg steht jetzt verödet, und das
Kloster ist ein Militärspital. So hat die Stadt Würzburg, welche
dem h. Bonifacius ihr Bisthum verdankt, (denn dieser hat den er-
sten Bischof Burchardus eingesetzt) seit der Secularisation im J.
1803 nicht nur kein Schotten-, sondern überhaupt kein Benedictiner-
kloster mehr. Nur die Platz vor Kirche und Kloster ist der
Schottmer Anger oder Schottenanger. Doch fanden auch
Einrichtungen Statt. Gropp, Würzburg. Chronik. Th. II.
S. 116.

Schredli, sehr, übermäßig, als Vergrößerungswort, schredli groß,
schredli gut, schredli wenig. .....

Schriter, Hirschkäfer (Lucanus cervus) it. Arbeiter bei dem Auf- und
Ablaßen (Auf- und Abschroten) des Weines. ....

Schrolla, Scholle, Erdscholle. Grimm, Rechts-Alterth. S. 113—114.
.... Schuchbind, Schuhbändern, ...
Schübel .... Schübe S. Schrolla .... S .... Erdscholle.
Statt Schübel in Schneller, Wörterb. Th. II. S. 514,
.... S. Grind und ....

Schütt, Schütt Stroh, Strohschütt .... hingeschüttetes Stroh,
daß man darauf sein Nachtlager halten kann. (von ....

8

Schunka, Schinken, (von Schenkel.) 'n alter Schunka') ein altes schlechtes Buch.

Schuß,) schnelle, unaufhaltsame Bewegung, wie wenn z. B. ein Wagen ohne Hemmschuh einen Berg hinabrollt. **Schußbarthel,** s. Barthel.

Schwadroniren, lärmen, wie eine Schwadron Reiter, it. prahlend leeres Zeug schwätzen.

Schwänza, aus der Schule, aus dem Collegium wegbleiben, — ursprünglich aus der Stubensprache. S. Sprüchw. u. R. A. v. Straße.

Schwänzla, mit dem Schwanze wedeln, it. einen gezierten Gang einhalten, wobei der Frauenrock hin- und herbewegt wird.

Schwäß, Schweiß. **Schwäßer,** ein mit mühevollem Fleiße lernender Student, der im Schweiße seines Angesichts (Mos. I. 3. 19.) studirt.

Schwanz, der bei dem Trinken und Kosten des Weines auf der Zunge zurückbleibende Geschmack der Gähre. Schlechte, leichte und gemischte Weine haben keinen oder doch einen unbestimmten, verdunkelten Schwanz.

Schwarte, Haut, besonders die Speckhaut der Schweine. Arbeiten, daß die Schwarte kracht. Auch bezeichnet das Wort die Kopfhaut.

    daz hâr ûz der swarte brach.

        Schlacht von Ravenna, in Wackernagel, Leseb. Th. I.
col. 87.

    Ich hab einen menschen gesehen, der seine oren beweget und die
schwarten auf dem haubt.

        Conrad v. Megendorf. Vgl. Schmeller, Wörterb.
Th. III. S. 548. v. Schwarten.

    Endlich bedeutet **Schwarte** ein schlechtes, armseliges Bett. (franz. grabat.)

Schwartamaga, ein bekanntes Machwerk der Schweinemetzger, Magenhaut des Schweines, mit Blut und Speckwürfeln gefüllt und gepreßt, Preßmagen. — Schwartamaga hieß auch ehemals eine gewisse weibliche Kopfbedeckung oder Haube.

Schwibboga, Schwebebogen, Gewölbebogen, besonders am Spitz- und Kreuzgewölb. Majestätisch ist der Schwibbogen der Streben zwischen dem Kürschnershof und der Domgasse zu Würzburg. In diesem Jahrhundert, in den 20er oder 30er Jahren, hat man ihn gegen die Domgasse hin aus barbarischer Albernheit des schönen mittelalterlichen Erkers beraubt, während auf der Seite des Kürschnershofs der Erker noch besteht.

Schwieri, schwärig, schwärig, mit einem Geschwür behaftet. Schwie-
riar Finger.

Schwinde, Flechte.

Schwoffel, verächtliche Benennung des Mundes, S. Gaffel, G'sväß.
Goschg, Schmecker, Schnabel, Schnub, Waffel.

Schwul, schwül, — is wird mr schwul, d. h. schlecht, — von Schwä-
hlen, heiß werden. Wachter, gloss. v. Schwülon,
Schwuliteta, Umstände, Hindernisse, Zögerungen, Widerwärtig-
keiten, Mißgeschicke.

Sebeck, ein dreieckiger Bauernhut, s. Dreispitz.

Sella, sehl, sollen, — nhd. geba salla, sall.

Semmel, (Sämmel,) ein doppelter Weck. Lat. simila, Weizenmehl.

du hast ouch bereite semelon die wize,
also du wilt, inbize.

Hartmann, vom Glauben, in Wackernagel, Lesbb. Th.
I. col. 243.

Die Semmelsgasse hat ihren Namen von den bei den dortigen
zahlreichen Bäckern ausgelegten vielen Semmeln.

Sickira, quälen, bedrängen, beunruhigen.

Simlira, nachdenken, grübeln.

Sotter, solcher.

Soutela, diminut. so, — in der Kinderstube mit ganz kleinen Kindern.
— Setz di, Kinnla! Soutela!

Späda, abspäda, Schläge auf den Hintern, geben.

Spädklös, Hiebe auf den Hintern, Arschprügel. S. Fätt, Schmiß.

Späh, empfindlich, leicht sich edelnd, apprehensiv bei Speisen und Getränken, bei Wunden, Krankheiten, Leichen u. dgl. Späh sind die
die Leute, welche kein Blut sehen können. S. Häkel.
So spech ist er mit seinem Fressen.
Hans Sachs, s. Schmeller, Wörterb. Th. III, S. 558.
v. Späh.

Spängler, Blecharbeiter, Flaschner, Klempner, — von Spange. Würzb.
Verordn. v. 7. Aug. 1764. (Samml. d. Land. Verordn. Th. II.
S. 807.)

Spännig, abweichend, getheilt. Spännige Meinung. Würzb. Poli-
zey-Ger.-Ordn. v. 28. May 1745. Nr. 18. (Samml. d. Land.
Th. II. S. 397.)

Sperl, Sperling, Sperk. Schmeller, Wörterb. Th. III. S. 573.
v. Sperl.

offen, die Thüren auf den Angeln auswärts gedreht...

Spätza, speien, spucken. **Späßi,** Speichel.

Speis, Speise, ... baurecht ... Von Mauern ... Samml. d. Land. Verord. Th. III.

Spat, Uebel am Beine eines Pferdes. **Spedig,** Grind, Rechts...

> ô mensch, nicht hink an einer spat
> des kristenleichen glauben.
> Peter Suchenwirt.

Spatz, Sperling, f. **Spätz.** ... ein kleiner Vogel. Würzb. Verord. v. 20. Juny 1746, (Samml. d. Land. Verord. Th. II. S. 410) v. 19. Febr. 1748, (d. a. D. S. 518) v. 11. Sept. 1760, (a. a. D. S. 760.) Spatz ist auch ein kleiner Kloß, der sich eben durch seine Kleinheit von den eigentlichen Klößen unterscheidet. S. Nockerli. — Vgl. Schmeller Wörterb. Th. III. S. 582. v. Spatz.

Special, besonderer Freund, (amicus specialis.)

Spes, Spähne, Sägspäe, Sägmehl. S. Hofel, Hofelspee.

Spelta, spälten, spalten. Holzspelter, holzspalter.

Spendira, spenden, geben, schenken, griech. σπενδειν, ausgießen. S. Schmiera. — Spendirung, Spendage (?) Spendung, Geschenk. Würzb. Verord. v. 30. May 1749 (Samml. d. Verord. Th. II S. 680) ... S. Schmieraben.

Spiel, Menge, große Zahl. Merkspiel, ein Obstbaum ...

Spinnafaind, sehr feindselig ...

Spitalklös, Coagulum in den Augenwinkeln, ...

Spitalnarr, ... Mensch.

Spitalstudent, in früherer, bischöflicher Zeit hätten arme Studenten ... freie Unterkunft, wie in einem Spital ... Spitalpaung ...

Spiz, Räuschchen, franz. pointe de vin. S. Dachel, Dusel ...

Spora, schimmeln, durch Feuchtigkeit verderben, wie Wäsche und Kleider. ... Sporfläd... von der Feuchtigkeit entstandener Flecken ...

Spreißel, Spreißel, Splitter, Matth. VII. ... Klein gespaltenes Brennholz.

Spröstuck, spröd... zur Sprödigkeit ... Wörterb. Th. III. S. 584. v. Sprö.

Spötza, Albertheiten, einfältige Witze, von Spnd. Schmeller, S. Wörterb. Th. III. S. 555. v. Spſichten. S. Fuchſia, Schnacka.

Spund, eingeſpundet und von Gährung durchdrungen, wie Kas, it. ſchlecht gebacken, nicht aufgegangen, feucht, von Brod und Gebäck, it. im Gegenſatze von Mehlig, bei jeſenartigen, nauen Kartoffeln.

Spüra, fühlen, bemerken, Spuren oder Nachſuchen von Etwas empfin-

Staat, Pracht, beſonders Kleiderpracht, Gald, it. Kas, Wichs. Staat macha, prächtige Kleider tragen. Mit Eppas Sta'dt macha, der Bevölkerung wegen Etwas der allgemeinen Wahrnehmung aus-ſetzen. Das iſt a Staat, es iſt eine Pracht, es iſt prachtvoll.

Staatskärl, ſtattlicher, prächtiger, ausgezeichneter Kerl, eben ſo Staatſiſch, Staatſchrb.—Staatspauper, nach alter Einrichtung ein armer (pauper,) aber doch wieder nach Verhältniß etwas vor-nehmer oder ſtattlicher Stabent an der lateiniſchen Schule und am Gymnaſium, denn ein ſolcher erhält zwar keine Unterſtützung, wie der gemeiner pauper, er hat aber auch nichts zu zahlen.

Stachraiter, mit einem Stecken durchbohrte und etwas angebratene Weißfiſche, welche an den Faſttagen auf dem Fiſchmarkte zu Würz-burg verkauft werden. Man kann ſie roh eſſen oder vom Stecken abgeſchält, mit Eſſig, Oel und Zwiebel zubereiten.

Stäffa, Steffen, Stephan, Steenerner Staffa, Steffster, ſtei-nerner Galt, ſchweigſamer, verſchloſſener, aber doch auch argliſti-ger Menſch. S. Tud, Tuchmäuſer. Die Setzer der Markt-ſteine müſſen bekanntlich in Anſehung der Unterlagen beſonders verſchwiegen ſeyn. Würzb. Verord. v. 6. July 1753. Samml. d. Land. Verord. Th. II. S. 640.)

Stäft, Stift. Blaiſtäft, Bleiſtift.

Steg, Stai Steig, ein Steigender Weg nach einem Berge, Gäß-chen. Galga Archiv. b. iſt. Berchs. Bd. II. Heſt 3. S. Pot. Stao b' theni, überhaupt die Bettler, welche an Stegen, Kreuzwegen, bei ihren Stationen halten in Würzb. Verord. v. 19. April 1773. (Samml. b. Land. Verord. Th. III. S. 54. v. 27. Aug. 1780. Reiſc. v. D. S. 223.)

Ständer, ein großer Wasserbehälter von Holz oder Kupfer in der
Küche, it. eine Tonne zum Aufbewahren von Sauerkraut, gesalze-
nem Fleisch, u. s. w. Wasserständer, Krautständer, Fleisch-
ständer. S. Stüch. — Schmeller, Wörterb. Th. III. S.
646. v. Ständer.

Stänza, stehlen, heimlich hinwegnehmen. Schmeller, Wörterb. Th.
III. S. 650. v. Stenzen. — S. Gampfa, Gripfa, Wäpfa.

Stärza, starza, starren, strotzen, hervorragen, vorstehen. Eine volle
Tasche stärzt. Der Federbusch stärzt in die Höhe.

 der Her stärzt sind brawen.

 Halbsuter, Siegeslied v. Sembach, in Wackernagel
 Leseb. Th. I. col. 926.

 S. Wausa, Worza.

 Sterz bedeutet in manchen Gegenden einen Thierschweif. Stör-
zer ist (jedoch nicht bei uns) ein herumschweifender Bettler.
 Haltaus, gloss. h. v. S. auch Storzel.

Stäupera, stauen, stemmen, stützen, z. B. mit Obst überladene Bäume,
die Fässer in den Kellern bei hohem Wasser, sich neigende Mauern.
 Würzb. Verord. v. 12. Jan. 1789, Nr. 2. (Samml. b. Land.
 Verord. Th. III. S. 431.) Stäuperer, Stütze, sei es eine
 Stange, eine Stützmauer, oder sonst eine Vorrichtung. Aufge-
 mauerte Stäuperer findet man an den mächtigen Mauern der
 Steinweinberge und des Klosters Himmelspforten.

Stäucher, Muff. Archiv d. hist. Vereins. Bd. VIII. Heft 1. S. 144.
 S. Schieber.

Steckat, stockend, gestanden und daher dick geworden. Steckata Milch,
 dicke, geronnene Milch.

Ster, Stein, plur. auch Stenner. Ald. steen, steene. Grimm,
 Rechts-Alterth. S. 803. — Sterwat, Steinwein. Steenerner
 Stäffa, Steesetzer, s. Stäffa. — Vgl. Schmeller, Wörterb.
 Th. III. S. 641. v. Stain.

Stengelglas, Kelchglas für edlere Weine in kleinen Gaben mit einem
 Fuß, der mit dem Trinkglase durch einen kleinen Cylinder (Stengel) verbunden ist.

Stickel, ein senkrecht stehender Pfahl oder Stock. Zaunstickel. Würzb.
 Verordn. v. 27. Aug. 1687. (Samml. b. Land. Verordn. Th. I.
 S. 862.) It ein dummer, verstockter Mensch. s. Stock, Stoffel.
 Auf der Rhön bedeutet stickel, adjectivisch steil.

 III. Thurhaütil. Kreuzbäckle sehr stickel.
 (Archiv b. hist. Vereins. Bd. II. Heft 3. S. 168.)

Stäul... Hier ist der Doppelsinn von Faul, im Spiele, ... welches Wort auch modern bedeutet. ...

Stitza, ein hölzernes mit Reifen gebundenes Gefäß zum Wasserholen, ec. Schmeller, Wörterb. Th. III. S. 674. v. Stütze.

Stock, ein verstockter Mensch. Er Stickel, Stoffel — Großer Stock. In örtlicher Bedeutung ist die alte innere Stadt, mit Ausschluß der Vorstädte. Um den großen Stock gehen besteht in dem Umgehen der alten inneren Stadt auf ihren Gränzen, indem man die Theatergasse, die Spital-Promenade, bei der Fleischbank vorbei den Fischmarkt und die Carmelitengasse, bei dem grünen Baum vorüber die Augustinergasse, die Neubaugasse, die Hofpromenade und den Hofplatz durchwandert.

Stöckli, erhöhte Schuh- oder Stiefelabsätze. Stöcklasschuah, Stöcklasstiefel.

Störer, (veraltet,) Pfuscher, Stümper, Frevler. Würzb. Fisch. Ord. v. 1. Sept. 1570. Nr. 1. (Samml. d. Landb. Verordn. Th. I. S. 18.) v. 7. Aug. 1687. (a. a. O. S. 360.) v. 9. Oct. 1752. (a. a. O. Th. II. S. 623.)

Stoffel, Christoph, it. alberner Mensch. s. Stickel, Stock. Christoffel Kretzer's Weib. Gropp, Wirtzbyg. Chronic. Th. I. S. 241. Ueber Christoffelsgebet s. Ord. u. Pflicht d. St. Schweinfurt. (Vom Gottesdienst. §. 6.) S. 141.

Stolla, länglicher Brodlaib.

Stolpera, straucheln, einen Fehltritt thun, das Gleichgewicht verlieren. So er etwo nuon stolpert oder felt. Paul Melissus, Gedichte, in Wackernagel, Leseb. Th. II. col. 127.

Stolprian ist ein überall stolpernder, anstoßender, dummer Mensch.

Stopfer, Stöpsel, s. Zapfa.

Stotza, ... Th. Strmül, von Starr. Schmeller, Wörterb. Th. III. S. 604. v. Störren.

Störzel, Starzel, hervorragender Strunk, Stumpf, verwandt mit ... Störza, ... Kohlraba-Störzel, Störzel ... Auch die Getreidestoppeln heißen Storzel. S. Stumpa, ... Stupfel...

Strack, Streiche. Dumma Strack.

Strampfa, stampfen, mit den Füßen um sich treten. Grimm, Rechts-Alterth. S. 903.

Strängle, zwängeln Gedanken haben. Der Zweifel wird bald seine
Gedanken hin= und herbewegt, wie eine Strenge oder ein Stran=
... Mehr ... einen ... Strich, Verstrich, Versteigerung, Auktion. Streichen, verstreichen,
verstreichen, in der Auction bieten, steigern oder kaufen....
ungern oder verkaufen. Würzb. Beschreib. 27. Januar 1733.
... Sammlung. Landv. Verordn. Th. II. S. 75. ...
Strich, ... nieder, sondern überhaupt auch hüpfen,
... G. das Gleiche, die Strumpfbändel ...
... bei Zeichnen ...
Winterbrecht, in Wackernagel, Leseb. Th. II. col. 609.
mit einer Kettin nacke...
Stoll, ... Beyschlah... Decol. 1042.

Strief, Streif.

Strisa, streifen, abstreifen, in Jemanden beschädigen, ...gen.

Strubelkopf, struppiger, ungekämmter Kopf mit verworrenen Haaren.
Schmeller, Wörterb. Th. III. S. 677. v. Strobeln.

Studentisch, ein längliches Gebäck von Pastetenteig mit Weinbeeren
(welche als Studenten bezeichnet wurden,) gefüllt. Diese Studen=
fische waren besonders in der langen Gasse zu haben.

Stuähl a Benf, ein Gemüse von Gersten und Erbsen, welches häufig
in Spitälern genossen wird. Gersten und erbeis. Hans Sachs,
Fabel, in Wackernagel, Leseb. Th. II. col. 105.

Stucht, Stübicht, Tonne. Krautsucht für das eingemachte Sauer=
kraut. Schmeller, Wörterb. Th. III. S. 609. u. v. — S.
Ständer.

Stüra, stöbern, herumstöbern, herumsuchen, z. B. Papiere, Zahnstü=
rer, Zahnstocher. Schmeller, Wörterb. Th. III. S. 656. v.
Stüren.

Stürz, Deckel eines Küchentopfs, von ... Dorf=
becken. Schmeller, Wörterb. Th. III. S. 680. v. St...z. —
... Sprüch...
Stritzel, Stürzel, herabgedrungener, ... mit ...
Stumpa, Stumpf, Stümmel, ... Stumpa oder Stumpala
... Licht, der Rest eines ... Stumpa ist
auch ein kleiner Mensch, wofür man auch Stumpinerbst. S.
Börzel, Daumanidel, ...
..., Wirzburg. Chronik. Th. I. S. 430.

Wird ausgerot endlich mit ſtu... ... ...
... ...
II. col. 129. ... ... gloſſ.

... ...
Stoß, und **Stumpa** als Zeitwort bedeutet: Stoßen, Schlagen. Schmeller, Wörterbuch Th. III S. 640. ... Stumpf ... Knuppa, Stupfa.

Stupfa, ſtoßen. S. Knuppa, Stumpa.

Brief Meiſter Ruodperts v. St. Gallen, in Wacerna= gel, Leſeb. Th. I. col. ... ...
Vgl. Schmeller, Wörterb. Th. III S. ... ... Stupf...

Stupfel, Stoppel, lat. stipula, ſ. Storzel, it. bei Vögeln die in der Haut ſteckenden Theile der Feder... Vgl. Grimm Rechts-Alterth. S. 604. — **Blatterstupfla,** Blattern... **Blatterstupfa,** ...

Stupfla, ſtoppeln, die auf den Stoppelfeldern liegen gebliebenen Aehren ... (Raab, ... A.) ... die bei der ... hängen geblie= benen Trauben oder die bei der Kartoffelärndte im Boden zurückge= bliebenen Kartoffeln einſammeln. ... Inſtruct. f. d. Jahrhüter, Nr. 10. (Samml. b. Land. Verord. ... ... b. Hacer, (a. a. O. S. ... ... Samml. ... Pflicht... Ord. b. St. ... (...Dorf= Eichel-, ...Leſen ... 1.) S. 311.

Stuß, Schuß, fixe Idee, Narrheit, Eigenſinn. S. Kappel. — Stuſ= ... ... Suppenſuhler, als ... , ...

Stutza, ſtoßen. Die Böcke ſtutzen ... ... voll... Gläſer ſtutzt man, daher auch Stutzglas ... Schimpfwort, ...

Sudala, Schweinchen, (bei Rindern) lat. suella, ... diminut. ... ... IV. 4. ... ...

Sündthäuer, ſehr theuer, ſo daß es eine Sünde wäre, ... Preis zu kaufen.

Suhla, Sohle. Hal verbe fohlen

Summer, Sommers b Archiwb, Berekni i Böll VI. Heft 1. S. 48.
Altd. sumar. Schilter, gloss. h. v.
II. col. 120.

Sunu, Suine, Sunta g, Sonntag. Archiv Vereins Bd. V.
Heft 3 96

So die blumen zu dem grase dringen,
same fi lachen gegen der fpilden funnen.

— Stupia, Stumm.

alfam der funne gegen den

ich was zuo dem brunnen.

gegangen. von der Suhlen.

Stupi, Stoppel, fut. ftipula, i. Storzel, it. bei Vögeln in der

Walther v. b. Vogelweide, in. Wackernagel Leseb.
Stoppeln, die auf den Stoppelfeldern gebliebenen Aehren

Su Spiez cap.

Hebr Werke, Die Ueberraschung im Garten. Bd. II.

Stuß, für Spec, Marrheit, Ogantum.

Suppawoer, Suppenkräuter, Suppenzuthaten, als Peterfilie, Schnittlauch, Sellerie gelb

Susel, Susanna, it. Schimpfwort, bunter Sufel

Sutterladung, Sauewochentrag. Sutten

Siebel, Wallen und Ueberflüffen, auch das Gur-
geln der Mineralwäffer. Schmeller Wörterb. Th. III S. 293.
Suthern, Sl 298, Butterung. Guttel, Kinder

Schnulz, ein Fläschchen Aya. O. Th. II S. 87. Gutteln.

Zuletzt wird man wieder auf das Lateinische zurückgewiesen, gutta,
Tropfen guttate. tröpfeln, guttatum

XIV. 50. inscript. Gell. noct. Att. XVII.
Müller, Gutta

manu, fluat. propter gutta

Feft verb. fignif

Suchbarer, fehr theuer, fo daß es eine Einbetehrd
zu kaufen.

Vil sullen yetz noch edeln woppen,
Wie sie fueren vil löwen doppen.

Seb. Frant, Narrenschiff, in Zarnckes Ausg. Th. I.
col. 1006.

Täg, Teig, auch adject. teig, z. b. hurteigig, *matschen* (franz. pâteux,) z. B. bei Birnen, (poiresblettes). — — — —
etliche teig, Häusbirn. Luther, bibel Uebersetz. — — —

— — — — Pelob. Th. Th. II. col. 499. — — — —

Täppala, unbeholfenes blödes Mädchen, s. l. Tapp, Toeppelen,
Tatterer, — — — — —

Tärga, rücklings liegen, — — — — — — bei Schlummern, vielleicht vom lat. tergum, Rücken. — — — —

Tätschel, — — Wasserweck und Kümmel, ist ein schlechtes Gebäck.
Tätschla, — — von Tätscha, s. u. schmeichelhaft betasten, streicheln,
hätscheln.

Thal, Theil. Thäle, Theilchen, zwei Tärter, ein Dörflein, — — —

Tag a Nachtblümla, Stiefmütterchen, (viola tricolor) — — —
Tatschel, Teufel, (milder ausgedrückt) Pfui! — — — —

Talk, ungeschickter Mensch, Talg in v. — — — — —
— — — — — Tölpel.
Kaltschmidt, Wörterb. v. Tölpel. — — — Tapp,
Tölpatsch. — — — — —
— — — — VII. Heft 3.
— — — —

Tantes, — — scheint vom Lateinischen herzustammen. Vgl. Schmeller, Wörterb. Th. I. S. 448. Tantos. — Auch die von den — — — Stadtthoren von
Würzburg für das Einlaßgeld auszugebenden Zeichen werden Dantes genannt. Würzb. Verord. v. 1. März 1733. (Samml. d. Land.
Verord. Th. II. S. 83.)

Tapp, ungeschickter Mensch, Tappes, — — S. Dilltapp, Täppala, Talk, Tollpatsch. — Tappen, verb. franz. taper, herumgehen. Tappa, subst. Filz — — — mit welchem man geräuschlos
tappt, schweiz. Anken. Tappen, — — — — die Tatzen oder
Pfoten der Thiere, — — die Fährten oder Spuren. — Töpli
— — bedeutet in Zürich ein Händeklatschen. (Grob)

Vil ſtellen yetz noch edeln woppen,
Wie ſie fueren vil löwen doppen.
Seb. Brant, Narrenſchiff, in Wackernagel, Leſeb. Th. I.
col. 1066.

Luther, Bibel=Ueberſetz. III.

Tatſcha, ſubſt. iſt das taſtende Glied, die Hand. Schmel=

Tatterer, Beſtürzung.

Tauſch, Schweinsmutter, allemann.

S. 92.

Thäl, Theil. Thäla, Theilheim, zwei Dörfer, eines bei Würzburg,
das andere bei Werned.

weil die Schweißtropfen auf der Haut wie Thautropfen auf den

431.) Feuer=Ordn. v. 2. Jan. 1769. Nr. 1. (a. a. O. Th. II. S.
886.) Samml. b. Ordn.

vil türne, manco palas.

Gropp, Wirzburg.

Dichter, Enkel und Enkelinen. Land-Ger. Ord. ... Th. XI. Tit.

... (Samml. ... Serie. ...) ... älterer Ausgabe der Land-Gel. Ord. Würtemb. bei ... Juden ... ist ... fast ... wird durchgängig Dichter geschrieben, so auch in Schnoidt, ... Pancon. ... Schneidt ... Töchter statt Töchter Schneidt, i. e. pg. 163 – 164. Das Wort hängt mit θυγάτης, Tochter, θυγατρὸς, Tochtersohn ..., Geburt, Geborenes, dann dem altdeutschen ... Kaltisch ... Wärtern ... Tochter ... Tocht soll ... Wachten gloss. ... Tochter ...

Tiech, Rochgeschirr, von Thon oder Metall, mit ... Beigen, und einem Griff, anderswo (in Mainz, Aschaffenburg) Tipp genannt, Althochd. daha, dahil, dehel, degil, tegel, griech. ... (Deck, Deckel) lat. tegula. Vgl. Gottfr. Tristan, in Wadernagel, ... Th. I. col. 448. Catts V. peinl. Ger. Ord. Art. III. Grimm, deutsche Rechts-Alterth. S. 578. — Tiegala ist ein Milchhaus in Würzburg, — a Tiegala Milich ...

Tistla, b. h. tüpfeln, allerlei kleine und artige Arbeiten machen, s. Böhla. Ytras tanstistla bedeutet, das schwatzhafte Kinder der Wahrheit oder bessen, was verborgen zu Grunde liegt, das Herausbringen, durch allerlei Combinationen ...

Trogel (Trockl), ... Trogel Holz. Vgl. Trogel. ...

Tippala, Tüpfchen, Pünctchen. Von Tupfen, Tüpfen, griech. ... S. Tupf ... Tip ...

Toiga, taugen. Nichtstöiger, Taugenichts.

Toffel, Pantoffel. Nach Schilter, gloss. v. Pantoffel ist tofel das Wurzelwort, aus bain-tofel (Beinpfel) entstand bantofel, nun Pantoffel. Vgl. Wachter, gloss. v. Toffel S. Gatscha, Schlappa. VII. 125. Ant. trapetum. Schrcio. Column. de re rust. XII. 30.

Toll, ... sonderbar, ... Toller, Kärl, ... ein lustiger Mensch ... Sonderling ... toll ... man ... im Zustande des Schwindels. Kaltisch ... Wärter ... Tochter

Tolla, rumtolla, wie toll herumlaufen. ...

Tollfuß, ein verunstalteter Fuß, s. g. Klumpfuß, Pferdefuß. Archiv d. hist. Vereins. Bd. II. Heft 3. S. 39. Schmeller, Wörterb. Th. I. S. 365. s. Dollfuß.

Tollpatsch, ein ungeschickter Mensch, s. D. Ungapp. Talk. Tapp. Patsch bedeutet so viel als Pfote, Hand, franz. la patte. Uebrigens soll das Wort Tollpatschen einen eigenen Stamm in Ungarn bezeichnen.

Tonel, Anton. In einem Leipziger Gerichtsprotocolle v. 1556 ist nach Haltaus gloss. v. Putale, Thonies, ein kleiner Junge aufgeführt.

Torteltaube, Turteltaube.

Torkla, taumeln, straucheln, wanken, hin und herschwanken wie ein Betrunkener. Kaltschmidt, Wörterb. v. Taumeln. — S. Dorkla. — In der Schweiz bedeutet Torkel Kelter, (Trötte.) Auch schwäb. a. a. D. v. Torkeln.

Torkla, s. Dorkla.

Tort, franz. tort, Unrecht, Schabernak. Een etwas zum Tort thun, Jemanden etwas zum Aerger, zum Verdruß, zum Trotz thuen. S. Tuck.

Träf, (von treffen,) Schlag, Hieb, Streich, altnord. drep. Grimm, Rechts-Alterth. S. 629. S. Puff.

Träntla, zögern, etwas absichtlich langsam verrichten und hinziehen. S. Dröka.

Traget, (Tracht,) Bürde, so viel, als man auf einmal tragen kann. — a Traget Holz. Vgl. Samml. d. Pflicht. u. Ord. d. St. Schweinfurt. S. 258.

Traubel, Tränbel, Träublein, Traube, allemann. Trübel.

Trappa, trappla, traben, mehr oder weniger hart auftreten, altd. trüpeln.

mit den füßen trüpeln.

Heinr. Steinhöwel, Aesop, in Wackernagel, Leseb. Th. I. col. 1058.

Griech. τραπέω, ich trete Trauben ein, presse Wein. Hom. Odyss. VII. 125. Lat. trapetum, Oelpresse. Colum. de re rust. XII. 50. Virg. Georg. II. 519. L. 19. §. 2. Dig. loc. cond. (19. 2.)

Tratscha, plaudern, Worte breschen, s. Patscha, austratscha, ausplaudern. Tratscha ist auch unbehülflich gehen, s. Gratscha, Hatscha, rumtratscha, herumgehen.

Traudel, Gertraud, Gertrudis.

Tremel, starker Stock, Prügel, allemann. Ballen. …

    Unter be Tremle finge bie Schwälmi …

    … früeh am erste Morgeschi. …

    … Haffmann, allemann. Lieder. S. 35, … Vgl. Schmeller

    Wörterb. Th. I. S. 489. v. Tremel. …

Trestern, Trebern ober Träbern, bie in ber Kelter ausgepreßten unb
    zusammengebrückten Weintrauben, aus welchen noch bie Laiern
    (s. b.) gewonnen wirb. …

Treuträger, Vormund, Curator. Land-Ger. Orb. v. 1618. Th. III.
    Tit. I. §. 1. Tit. VII. §. 1. 2. 5. 6. 7. Sam. … Samml. b.
    Land. Verorb. Th. I. S. 104. 108. ff. Schweinfurt. Recht v. 1724.
    Sect. I. tit. 3. §. 1. — Von Treue. Haltaus, gloss. v.
    Treus-Träger. Schmeller, Wörterb. Th. I. S. 468. v.
    Treu.

Trisur, ein Mobilienstück älterer Zeit, Schränkchen mit Schublaben.
    Verschieben bavon … lieber …

Tritt, Staffel, um aufwärts zu treten ober zu steigen. …

Trolla, si, sich wegbegeben, schweiz. trolen, trölen, (rollen.) Kaltschmibt,
    Wörterb. v. Trollen. — … schiffen Klöße, welche …
    … für einen … auf bem Tisch …
    … ber … bekannt gemacht im Son. 1705. b. …

Truda, trocken. …

Trüdla, trockne, … Wäsche … Truckel …
    wetter, Trückelzeit …

Truga, Truhe, von Trog, engl. trug. Archiv b. hist. Vereins …
    Heft 1. S. 147. Kaltschmibt, Wörterb. v. Trog …
    … allen wind in ein truchen …
    … Reichspräch. In. Modernagel. Reich. Th. I. col. 1028.

Trum, … Stück Faben, Garn ober Seibe, offenbar ber im Hochbeutschen
    … außer Gebrauch gekommene singularis von Trümmer.
    Schmeller, Wörterb. Th. I. S. 490. …

Trummel, Tümmel. Mit Trum und Waffen … Grap. Wirz-
    burg. Chron. … Jahr. 9. vgl. Bb. 7. …

Trumpeta, Trompete. …

Tubal, Tabal. …

Tuch, Leinwand, während es sonst gewöhnlich Wollenzeug bebeutet.
    Spinntuch … Sag im …

Tuck, Tücke, boshafter Streich. … Tuck-uthun, Jemanben einen …
    spielen, etwas Unangenehmes bereiten. … Tuckmäuser,
    sonst Kalmäuser, ein … boshafter Mensch. …

v. Muten. Ra... ...
steenerner.

Tüchti, stark, mächtig, groß. Tüchtie ...

... sich eilen. ... ... ummeln. S.
Getummel. ...

Treffern, Treffern oder Tröpern, ...

Volkslied, in Wackernagel, Leseb. ... Thl. ... col. 2...

... ...

Treus-Träger. Schwäller, Wörterb. Th. I. S. 404. v.
Treu.

II.

Tri... ... ein Mobiliarhuß älterer Zeit, ... mit Schublaren.

Ueba si, sich abmühen, rülpsen ... ...

Ueber, übrig. ... ...

Trolla, si, sich wenden, schwer, trolen, trölen, (rollen.) ...
Wörterb. v. Trollen. —

Ueberschlag ... ...
der Ruhr, bekannt gemacht im Sept. 1795, in b. ... Land.
Verord. Th. III. S. 528.

Trude, troden.

Ueberschnappen ... ...
wetter, Trudelsbüß ...
Uebertzüftig ... Trudu, von Trun, engl. true, Altdh. b. ...
Sie reiten über ... ...

Die Zwinger und bie ...

... 489.

... ...

ήπιον, die Ebene ist ... ...

... uuolti. (Das ... ...
... no uuolti. (Das ... ...
ich mir selbst nicht wollte.)
Trumpete, Trompete.

Wachter, gloss. v. Eben, Ebene.

Ung'schora, ungeneckt, ungeplagt. Laß mi ung'schor ...

... ...

spielen, etwas Unangenehmes bereiten, ...

Uxnfa, unbſa, unb ſo, bei Einkleibung ber Rebe.

> unze das er durch die want
> ein loch gände vant.
>
> Hartmann, armer Heinrich, in Wackernagel, Leſeb. Th.
> I. col. 352.

Unpaß, unpäßlich.

Unterkäufer, ſ. Waiunterkaufer.

Unterſchi, unter ſich, abwärts. Unterſchi=Kohlraba, Kohlrabi mit ben eßbaren Knollen im Boben. S. Oberſchi. Allemann. Bobe= kohlrabe.

> Schwebelhölzli, Schwebelhölzli; Bobekolrabe.
>
> Hebel, Werke. Geiſterbeſuch auf bem Felbberge. Bb. II.
> S. 26.

Urſchel, Orſchel, Orſch, Urſula.

Utza, plagen, ſpotten, aufziehen, necken, mit Jemanden ſpaſſen. Schmel= ler, Wörterb. Th. I. S. 134. v. Utzen. S. Foppa.

B.

Bagira, mit ben Händen geſticuliren, lat. vagari, herumſchweifen.

Baigala, Märzavaigala, Veilchen, (viola odorata,) allemann. Veieli.

> Veieli au
> Dunkelblau
> Luegen ein ſo frünbli a.
>
> Hofmann, allemann. Lieb. S. 45.

Kail, Golblack, (Cheiranthus Cheirii.)

Berbunnera, verurtheilen, burch ein Urtheil (gleich einem Donnerkeil) vernichten. — Ver wirb wie vr geſprochen, ohne bas e hören zu laſſen. Hier im Wörterbuch iſt aber boch Ver beibehalten worben.

Berführa, vollführen, ausführen, z. B. einen großen Lärm, Spectakel.

Bergaffa ſi, ſich verſehen, ſich burch Anſchauen in Jemanben verlieben, ober ſonſt für Etwas leibenſchaftlich eingenommen werben.

Bergallopira ſi, ſich verpappeln, im Reben ober Hanbeln auf ben un= rechten Weg unb in Verlegenheit gerathen.

Bergeha, verſchmilzen, z. B. Zucker in ber Flüſſigkeit.

Bergnüga, befriebigen, Genüge leiſten. Würzb. Verorb. v. 28. Jan. 1721. (Samml. b. Lanb. Verorb. Th. I. S. 650.)

Verhofft, überrascht, bestürzt, verdutzt. S. Verdattert.

Verhunza, verderben, verpfuschen, corrumpere. Wachter, gloss. v. Huntzen.

Verkimmla, veräußern, verkaufen.

Verkrimpla, zerdrücken, zerknittern, z. B. Papier, glatte, gebügelte Leinwand.

Verliedra, liederlich durchbringen, verschwenden. S. Geuder, Ver= thua.

Verpeent, verpönt, verflucht, schlimm, vom lat. poena, Strafe. Deß is verpeent! — Verbant steht im Archiv. b. hist. Vereins. Bd. VII. Heft 1. S. 163. Pennebüchse, Strafbüchse, Büchse für Strafgelder ist aus b. J. 1458 erwähnt im augef. Archiv, Bd. I. S. 138. Verbennen heißt altd. verbannen.

> In svnden (Sünden) fluche verbennet.
>> Hugo v. Langenstein, in Wackernagel, Leseb. Th. I. col. 755. — Vgl. auch Nürnberg. Ref. v. 1564. Tit. XXIX. Ges. XI.

Verreka, verenden, crepiren, von Thieren, verächtlich auch sterben von Menschen. Verreckt's Luder! (Schimpfwort.) Von ver und re= gen. Wachter, gloss. v. Verrecken. Anderswo bedeutet es verrichten, vollstrecken. Schmeller, Wörterb. Th. III. S. 41. v. Reck.

Versassa, auf Etwas verpicht, leidenschaftlich beharrend oder danach be= gehrend.

Versaua, verunreinigen, beschmutzen.

> Wenn so e Pfüsli versaut isch,
> Lueget, je cha me's butze.
>> Hebel, Werke. Epistel an d. Pfarrer Güntert. Bd. II. S. 106.

Verschlaga, schaden.

> 's verschlegt mr nichs, es schadet mir nichts.
>> Lang, Hausbuch f. christl. Unterhalt. (Augsb. 1854, ff.) in einer fränk. Volkssage. Bd. IV. S. 36. —
> Verschlagene Wind sind verschlossene, schmerzende Blähungen.

Verschlaicha loß, verschmelzen, sich auflösen lassen, z. B. Butter auf Kohlenfeuer, Zucker in warmer Milch.

Versteckla, verstecken, verbergen.

Verſpiela, verlieren, z. B. einen Proceß, auch bei der Looſeziehung zum Militärbienſte, wenn man ſich nicht frei gelooſt hat.

Verſtaucha, durch Fall oder Stoß anprellen, verrenken, z. B. den Arm oder Fuß, eine Contuſion erleiden.

Vertattert, beſtürzt, erſchrocken, — griech. τέτανος, lat. tetanus, Erſtarrung der Glieder. S. Tatterer, Verhofft.

Verthua, verſchwenden, — theils verthan, theils behalten. Gropp, Wirzburg. Chronid. Th. I. S. 430. Unhäusliches, verthuniſches Leben. Schneidt, thesaur. jur. Francon. Abſchn. I. Heft 1. S. 160. Kaiſ. Land. Ger. Orb. v. 1618. Th. III. Tit. XXVII. §§. 2. 3. (in b. Samml. b. Land. Verorb. Th. I. S. 122.) S. Geuber, Verliebra.

Vertutſcha, vertuſchen, verbergen, verhehlen, die Spuren von Etwas vertilgen. Würzb. Kirch. Orb. v. 30. July 1693, cap. IV. n. 52. lit. h. (Samml. b. Land. Verorb. Th. I. S. 437.) Seine Milbe unb Freygebigkeit gegen alle Arme hat Joannes Philippus (von Schönborn) — ſo behutſam vertutſchet, baß kaum ſeine linde Hand hat wiſſen börffen, was die rechte milbreich hat ausgeſpenbet. Gropp, Wirzburg. Chronid. Th. II. S. 368.

Verwannelt, verwandelt.

Verzwazla, verzweifeln, vergehen vor Angſt, Verlegenheit, Sehnſucht u. ſ. w.

Vierting, Vierling, ¼ Pfund, Butter ꝛc. ꝛc. — Vierding Kraut, ſ. Grimm, Rechts-Alterth. S. 870.

Vörſchi, vor ſich, vorwärts, nach vornen.

Vor, ſtatt wegen ober aus, um eine Urſache zu bezeichnen. Blau vor Zorn.

Vortel, Vortheil.

— chocht's Pfiſli in War; 's iſch aber e beſunbere Vortel.
Hebel, Werke. Epiſtel an b. Pfarrer Güntert. Bb. II.
S. 106.

Das Wort Nachtheil wird nicht in bieſer Weiſe verändert, wohl aber erleibet das Wort Theil ein ähnliches Schickſal in Dritttheil, Vierttheil, Fünfttheil, ꝛc. (Drittel, Viertel, Fünftel, ꝛc.)

W.

Wackla, wanken, lat. vacillare. Die Verwandtschaft mit dem Lateinischen ist augenscheinlich, wenn man bedenkt, daß die Römer v wie w und c wie k aussprachen. S. Nockla.

Wäch, weich. Läberwäch, sehr weich, wie gegerbtes Leber. Een läberwäch schlaga.

Wädschelch, Weidschelch, eine Art von Kahn.

Wäffa, Weise, um das Garn aufzuwinden. Schmeller, Wörterb. Th. IV. S. 35. v. Waiff.

Wägschaißer, Gerstenkorn, Blase am Auge, — weil hier in der Sehelinie eine Erhöhung, wie ein Haufen Koth, (Schaißbreck,) hingesetzt ist.

Wälla, Wellen, Reisigbüschel zum Brennen. Wällahänsla ist ein Mensch, welcher überall ohne besonderen Erfolg und doch mit Ostentation geschäftig ist.

Wälscha, wälsch, unverständlich, in fremden Sprachen und Idiomen reden. Wälsch, althochd. wel, walesk, wallisch, angelsächs. waelsk, u. s. w. italienisch, celtisch, ausländisch, fremd. Kaltschmidt, Wörterb. v. Wälsch. Wachter, gloss. v. Welsch.

Wärgla, drehen, rollen, wälzen. Wärgelholz, Instrument, Rolle oder Walze, um den Teig breit zu wälzen und aufzurollen, wie bei den Nudeln für Suppen.

Wärk, Werg. Wärkena Hemmer, Hemden von Werg.

Wäß, weiß, scio, scit. J wäß nit. Wäß, kurz gesprochen, bedeutet auf dem Lande im Ochsenfurter und Schweinfurter Gau Weitzen, s. Wätz.

Wät, weit.

Wätz, Weitzen, s. Wäß.

Waffel, verächtliche Benennung des Mundes, vielleicht Variation von Gaffel, s. d. Doch hat das Eisen zum Backen der Waffeln, (gaufres,) wenn es geöffnet und wieder geschlossen wird, das Ansehen eines großen Rachens. S. G'frieß, Goscha, Schmecker, Schnabel, Schnub, Schwöffel. Wachter, gloss. v. Waffel.

Wai, Wein. Steewai, Steinwein.

Walkauf, Imbiß mit Wein nach Abschluß eines Weinhandels, it. Ding=
geld oder Daraufgabe bei dem Dingen von Dienstboten. Würzb.
Dienstbot. Orb. v. 22. Sept. 1749, Nr. 3. 5. (Samml. b. Land.
Verord. Th. II. S. 539—540.) — Vgl. Grimm, Rechts=Alterth.
S. 99. Nr. 5.

Walunterkäufer, Mäkler, Vermittler bei Weinkäufen und Verkäufen.
Würzb. Verord. v. 15. Juny 1737. (Samml. b. Land. Verord.
Th. II. S. 163—164.) Holzunterkäufer. Gropp, Wirtz=
burg. Chronick. Th. I. S. 255.

Walsa, zeigen, daher Wägwaiser, it. weiß antünchen, (auswaisa.)

Waismacha, aufbinden, aufreden, auflügen, Jemanden etwas Unwahres
als wahr beibringen.

Walka, prügeln, — vom Walken der Tücher hergenommen.

Wamba, Bauch, Lendengegend bei großen Thieren, verächtlich auch bei
Menschen, althochb. wamba, wampa, daher Wams, (Wambs,) die
um die Wambe reichende Jacke. Kaltschmidt, Wörterb. v.
Wamme. — Die Vulgata in Luc. II. 21. lautet: priusquam in
utero conciperetur, in Wachter, gloss. v. Wambe wird aus
einem Cod. Arg. eine Stelle angeführt, wo jener Satz also wieder
gegeben ist: faurthizei ganumans wesi in wamba. — Schilter, gloss. v. Wamba. Schmeller, Wörterb. Th. IV. S. 11.
v. Wamben.

Wannel, Wandel. — Hannel a Wannel, Handel und Wandel.

Warzel, Warze.

Was, etwas. Kais. Land=Ger. Orb. Th. III. Tit. XXXI. §. 17.
(Samml. b. Land. Verord. Th. I. S. 126.) S. Eppes. — In
alten Liedern und Gedichten steht — oft nur des Reimens wegen
— was anstatt war.

Watscha, Ohrfeige, Maulschelle. Watsch und Patsch zeigen beide einen
klatschenden Ton an, wie er bei Ohrfeigen vernommen wird.

Watschla, (diminut. von Waten,) mit kurzen Schritten eilig gehen
oder hin= und her sich neigend mühesam sich fortbewegen. Kalt=
schmidt, Wörterb. v. Waten.

Weba, Gewebe. Spinnaweba, Spinnengewebe.

Weckfrau, alter, alberner, feiger Mensch, der aus seiner Schläfrigkeit
erst geweckt werden muß.

Wedelwarm, sehr warm, indem die Wärme wie mit einem Wedel,
d. h. Schwanz, Schweif, Besen u. dgl. die Luft in Bewegung setzt.

Wehlaibi, empfindlich, ächzend und in Klagen ausbrechend bei Weh, Leid, Krankheiten und Schmerzen. S. Wunnerli.

Weiche, eine halbkreisförmige Ausweichung oder Einbiegung der Mauern an einzelnen Stellen, wie z. B. in den Weinbergswegen auf dem Steinberge und so auch auf der Mainbrücke, damit die Wägen einander und die Fußgänger den Wägen ausweichen können.

Weinig, (veraltet,) in Wein betrunken. — Darauf gab er Antwort: er wäre bey seinem Bruder zu St. Burckhard gestern Abends weinig worden. — Als die Boten weinig worden. Gropp, Wirtzburg. Chronick. Th. I. S. 121. 122. Ueberweint. A. a. O. S. 396.

Weng, wenig.

Wengert, Weingarten, Weinberg. — Weingart in d. Samml. d. Land. Verord. Th. II. S. 460.

Wepsa, Wespe, lat. vespa.
> Wann aus des Roß verfaultem Mist
> Ein schnöde Weps erwachsen ist.
> > Gropp, Wirtzburg. Chronick. Th. I. S. 279.

Vielleicht hat ihn gelüst nach einem Bayerischen Gogelhopf oder hat er ihm Mucken gemacht wegen eines Bayerischen Wepsennest, (eine Speise, vermuthlich unser Grindkopf, s. b.)
> P. Abraham a S. Clara, in Schmeller, Wörterb. Th. IV. S. 8—9. v. Wepsen.

Wichs, Wachs zum Steifen der Betten, ursprünglich mit Wachs bereitete Schwärze, um Schuhe und Stiefel glänzend schwarz zu putzen, it. Schläge, Prügel, it. Staat, s. b. Putz oder Kleiderpracht, s. Käs.
> Kupfer und Weiber wollen Prügel haben,
> Wie blanke Stiefel täglich derbe Wichse.
> > Oehlenschläger, Alladin. II. Spiel. I. Aufz. (Dessen Schriften. Breslau, 1829—1830. Bd. IV. S. 80.)

Wied, Weide, Weidenreiser zum Aufbinden der Rebstöcke. Umgedreht wie ein Wieth. Gropp, Wirtzburg. Chronick. Th. II. S. 670. Schmeller, Wörterb. Th. IV. S. 31. v. Wid.
> Man strick sie an ein Widt behend,
> Dran müssen sie ihr Leben end.
> > Gropp, Wirtzburg. Chronick. Th. I. S. 289.

Wind a weh, sich übel befindend.

> No der sueße liebi Früehlig
> Wirb es mir so winbeweh.
> **Hoffmann,** allemann. Lieb. S. 19.

Windbäutel, leichtsinniger Abenteurer, s. **Luftbäutel**

Winkelrecht, das Recht bezüglich eines Winkels zwischen zwei Häusern, technischer Ausdruck. Würzb. Stadtbaurecht v. 25. Febr. 1774. „Von Mauern u. zwar v. Giebel=Mauern." §§. 1. 4. (Samml. b. Land. Verord. Th. III. S. 786.) — S. auch **Mittermaier,** deutsch. Privatrecht. VI. Ausg. Bd. I. §. 107. Note 3.

Wirzkrämer, Gewürzkrämer, Specereihändler, Materialist. Würzb. Verord. v. 2. Jan. 1709, (Samml. b. Land. Verord. Th. I. S. 563.) v. 20. July 1747, Nr. 3. (a. a. O. Th. II. S. 507.) v. 17. May 1774, (a. a. O. Th. III. S. 66.)

Wist, links bei der Pferdeführung, s. **Hott,** (rechts.)

> Hotte tenet dextram, retinet sibi swude sinistram.
> **Wachter,** gloss. v. **Wist.**

Wohldiener, Schmeichler. S. **Allerwältsarschlecker, Calfacter, Cumplimentaschaißer, Fuchsschwänzer.**

Wolfel, wohlfeil. Archiv d. hist. Vereins. Bd. XII. Heft 1. S. 102. **Spottwolfel,** äußerst wohlfeil.

Woor, Waare. **Lumpawoor.**

Worga, wörga, werga, würgen.

Wu, wo. Prenez garde à Vous. Uebersetzungswitz: 's brennt im Garta, nur weß uit wu. (Aufgebracht von unserem bekannten Franz Andreas Marr, † 26. Juny 1855 zu Aschaffenburg.)

Wuche, Woche. — **Wucherlohn,** Wochenlohn.

Wundt, geröthet, entzündet in den Gelenken, besonders bei Kindern, wogegen man besonders Bärlappsamen, Hexenmehl, Drudenmehl (semen Lycopodii) anwendet. **Waidwundt** bedeutet bei dem Hochwild in der Jägersprache verwundet in der Bauchhöhle oder an den Eingeweiden.

Wunner, Wunder. 's is le **Wunner.**

Wunnerli, wunderlich, ärgerlich, empfindlich, eigensinnig, zum Klagen und Schimpfen geneigt. S. **Wehlaibi.**

Wunzi, winzig, klein, franz. minee. — **Aleewunzi,** sehr klein.

Wurma, wurmsa, ärgern, erbittern, kränken, schmerzen. Deß wurmt mi, dieß ärgert mich, frißt an meinem Herzen, wie ein Wurm.

3.

Zackera, (Variation von Ackern,) pflügen, eggen, — ich getraue mir nicht, das Wort von den Zacken (Zähnen) der Egge abzuleiten. — Archiv d. hist. Vereins. Bd. V. Heft 2. S. 169.

Zächa, Zeichen, it. zeichnen. A Zächa gäba, bär is gazächet, Zächa= papier. It. zeigen, — ou zächa, anzeigen.

Zächer, (ganz kurz gesprochen) Zeiger an der Uhr.

Zägfinger, Zeigfinger.

Zämer, Ziemer, der Rücken am Wildpret. — Hasazämer, Hirsch= zämer, Rehzämer. — Ochsazämer, Ochsenfiesel, Ochsenzenn ist der getrocknete Ochsenpenis, angewendet zu Schlägen bei der körperlichen Züchtigung, (franz. nerf de boeuf.) S. Fisel. — Vgl. Schmeller, Wörterb. Th. III. S. 267, v. Zen.

Zämmata, Semel, eine Speise von zerlebenen Kartoffeln, Eiern, Milch und Butter, — lat. simila, ital. semola, Mehl, daher Semmel, s. b. — Auswärts hört man auch Zähmet sprechen. Schmeller, Wörterb. Th. III. S. 248, v. Semete.

Zagel, ein langer, dünner Pfahl, ein langer, hagerer Mensch. Zagel ist eigentlich Schwanz.

> mit fuozen unde mit handen
> wilden rossen zô then **zagelen.**
>> Hartmann vom Glauben, in Wackernagel, Leseb. Th. I. col. 242. — S. auch Schmeller, Wörterb. Th. III. S. 215. v. Zabel. S. 229. v. Zagl.

Tagl bezieht Wachter, gloss. v. Zagl auf den gebundenen Haarbüschel oder Zopf der Sueven in Tacit. Germ. 38. — zagal, span., starker muthiger Junge, zago, ital. Chorknabe, zaganella, zagarella, ital. Schwanzriemen. — Bei den Windbrüchen der Wäl= der kommen im Altb. die Ausdrücke vor: zagel, afterzagel, zagel= holz. Grimm, deutsche Rechts=Alterth. S. 507.

Zalat, Salat.

Zamm, zamma, zusammen. Zammahaua, zammaruda, zamma= schraia, — Alles zamm mecht vier Gulba.

Zapfa, Stöpsel, s. Stopfer.

Zaupel, Hündin. Schmeller, Wörterb. Th. III. S. 222. v. Zauc.

Zelleri, Sellerie, franz. céleri.

Ziecha, Ueberzüge, — Bettziecha, Kopfziecha. — Hopfaziecha, Hopfensack. Schmeller, Wörterb. Th. III. S. 221. v. Ziech.

Zipf, Pips, Pfips, franz. pépie, Krankheit der Vögel, besonders der Hühner. Schmeller, Wörterb. Th. III. S. 279. v. Zipf. — Verzifet, Gropp, Wirzburg. Chronick. Th. I. S. 782.

Zipfa, kränkeln, siechen. Schmeller, Wörterb. Th. III. S. 228. v. Zifen.

Zipperla, Podagra. Schmeller, Wörterb. Th. III. S. 277. v. Zappeln. Julius war nun mit grossen Alter beladen und Krankheit seines Leibs, wie er denn auch das Zipperlein hart gehabt. Gropp, Wirzburg. Chronick. Th. I. S. 365.

Zit, Cattun, Baumwollenzeug, franz. coton, Indienne, brugol. Kaltschmidt, Wörterb. v. Zitz.

Zöpla, zaupeln, zausen, zupfen an den Haaren. Schmeller, Wörterb. Th. III. S. 277. v. Zappeln.

Zösch, herumziehende, liederliche Dirne, Hure. Viehbeck, d. Namen d. alten Teutschen. (Erlang. 1818.) S. 46. v. Zot. S. Lusch, Zuchtel.

Zöscha, ziehen, herumziehen. Archiv. d. hist. Vereins. Bb. II. Heft 3. S. 55.

Zopf, Rausch, Räuschchen. — Die aber — versahen sie mit Essen und Trinken. — Fast ein jede Frau und Magd ließ einen Zopff da. Gropp, Wirzburg. Chronick. Th. II. S. 113.

Zopfa, zupfen, rupfen, s. Kopfa.

Zua, zu, — als zua, s. Als, — it. verschlossen, die Thür is zua.

Zuchtel, eigentlich Zuchtschwein, it. liederliche Weibsperson, s. Lusch, Zösch. Schmeller, Wörterb. Th. I. S. 474. v. Truchtel, Th. III. S. 247. v. Zieh.

Zülla, saugen, — Züller, in einen Lappen eingebundenes und angefeuchtetes Biscuit, welches man kleinen Kindern in den Mund steckt, um sie daran saugen zu lassen, s. Schnulla, Schnuller.

Zuspitza, Nachtisch, dessert, Schlußessen, auch Schlußtrunk, womit die Mahlzeit vollendet (zugespitzt) wird. — Hebel, Werke. Bb. III. S. 201.

Zwä, zwei.

Zwädet, zwadig, fleischig und derb, so daß man nicht daran zwaden oder zwiden kann, indem es bei seiner straffen Festigkeit unter den Fingern weggleitet. Zwädata Wada, sind die teretes surae ancillae bei Horat. Od. II. 4. v. 21. — Teretibus membris, Suet. Jul. 45, zwädeter Kärl.

Zwärg, überzwärg, queer. Zwärgfack, Queersack. Zwärgel, Zwerg, Schmeller, Wörterb. Th. III. S. 809. v. Zwergel.

Zwätter, zweiter, — zum zwätt, zu zweien, je zwei und zwei ... Banner. ... III ...

Zwaifelschaißer, Einer, der überall Bedenklichkeiten, Zweifel und Rück= sichten hat, s. Difficultetaschaißer. Man soll auch im Italie= nischen cacadubbio sagen, was ich aber in Wörterbüchern nicht fand.

Zwatzla, zappeln, derzwatzla, verzweifeln, vergehen. ...

Zwiefel, Zwiebel. Zwiefelplaz, Plaz oder Kuchen, mit gedämpften Zwiebeln belegt, s. Darnplaz, Plaz. — Een zwiefla, Je= manden durchprügeln, schlagen. ...

Zwirbla, Variation von Wirbeln, im Kreise drehen. Schmeller, Wör= terb. Th. III. S. 548. v. Schwirbeln. ...

[illegible faded text]

Druckfehler.

S. 36 Zeile 18 v. o. lies: Ee, Eens, Eener u. s. w. statt: Eee u. s. w.
„ „ „ 21 „ „ Uedarn statt: Eedarn.
„ „ „ 28 „ „ Eegelent statt: Eegelent.
„ „ „ 29 „ „ Eenas statt: Eenas.
„ „ „ 30 „ „ Eens statt: Eens.
„ „ „ 31 „ „ Eeschicht statt: Eeschicht.
„ 96 „ 3 v. u. „ Gram statt: Kram.

Nachträge

zu dem

Wörterbuche.

A-A-macha, die Nothdurft durch den Maſtbarm verrichten, — **Kinder-**
ausbruck, von dem Stöhnen und Aechzen (a! a!) bei dem Drücken,
um die Excremente abzutreiben.

Abbachtla, ſ. Dachtel.

Abkappa, mit Schlägen auf den Kopf mißhandeln, ſo daß die **Kappe**
(Mütze) herabfällt oder über das Geſicht hinabgeſchoben wird.

Abtrumpfa, derb ab= oder zurechtweiſen, — vom Trumpfen in Karten=
ſpielen. S. **Abputza.**

Aeltern ſind im fränkiſchen Rechte überhaupt die Aſcendenten, alſo nicht
bloß Vater und Mutter, ſondern auch die Großältern, Urgroßältern
u. ſ. w. Schneidt, theſaur. jur. Francon. Abſchn. I. Heft 2 u. 3.
S. 244. Land=Ger.=Ordn. v. 1618. Th. III. Tit. XLIX. § 6.
(Samml. d. Land. Verordn. Th. I. S. 142.) Eben ſo parentes bei
den Römern. L. 4. § 2. Dig. de in jus voc. (2. 4.) S. auch
gemachte Aeltern.

Ahndthua. Gropp, Wirzburg. Chronik. Th. I. S. 273.

Eier a Schmalz, Eier und Schmalz, eine aus dieſen Beſtandtheilen zu-
bereitete Speiſe, welche man anderswo Rührei (des œufs brouillés)
nennt.

Aihiza, einheizen, d. h. Feuer in dem Ofen anmachen. Gropp, Wirz=
burg. Chronik. Th. II. S. 669.

Aisgrau, eisgrau, an Haupt= und Barthaaren grau, wie Eis, d. h. weiß. —
Aisgraue Hoor, aisgrauer Kopf, aisgrauer Bart, ais=
graue alte Männer. Gropp, Wirzburg. Chronik. Th. 1. S. 316.

10

Aitel. Eitle Nacht. Gropp, Wirzburg. Chronik. Th. I. S. 276.

Allerhand. Allerhand Schaden und Nachtheil. Schneidt, thesaur. jur. Francon. Abschn. I. Heft 10. S. 1844.

Als bedeutet auch: bisweilen, manches Mal, von Zeit zu Zeit. Frage: Geahst da denn no zu'n Müllersmädla? Antw.: No, i geah als no hie zu 'r.

Anka. Gropp. Wirzburg. Chronik. Th. I. S. 485.

Ankee. Span. angeo, so viel als grillarts Packtuch, grobe Leinwand.

Apostelraiter, spöttisch, ein schlechter Reiter oder ein Reiter auf einem schlechten Pferd. Auch das Fußgehen wird mit den Aposteln bespöttelt, per pedes apostolorum reisen bedeutet zu Fuß reisen.

Aufbinda Een eppas, Jemand eine Lüge glaubhaft machen. S. Waismacha, und Bär, dieses in d. Sprüchw. u. R. A.

Aufstärba, aufsterben, b. h. das Anfallen einer Erbschaft oder eines Vermächtnisses. Schneidt, thesaur. jur. Francon. Abschn. I. Heft 2 u. 3. S. 247—248. Heft 4. S. 643.

Ausbieta Een, Jemanden des Hauses verweisen, sich dessen Besuche verbitten, einem Miethsmann die Hausmiethe aufkündigen.

Ausschießer. Dieselben waren unzuverlässige, feige Ausreißer. Gropp, Wirzburg. Chronik. Th. I. S. 417—419. 435. 438.

Ausseta, tadeln. 'r hot immer eppas auszuseza.

Awägg, hinweg. — He bo, die Heub (Hände) awäggl

B.

Bekanntschaft, Liebesverhältniß. Besonders verrufen sind in Würzburg die Studenten-Bekanntschaften.

Benk. Fleischbank in dem Sinne von Mordbank. Gropp, Wirzburg. Chronik. Th. I. S. 300.

Bestand. — Beständner, Miether, Pächter. Gropp, Wirzburg. Chronik. Th. II. S. 601.

Brockafrässer Lutherischer, Spottname der Lutheraner (Protestanten) zur schwachen Wiedervergeltung so vieler gemeiner Schimpfworte, welche Luther und nach ihm seine Anhänger gegen Se. Heiligkeit den Papst, die Geistlichen und die unentwegten glaubenstreuen Katholiken in ihrem Grimm geschleudert haben. Der Name stammt daher, weil bei dem häretischen Abendmahl gewöhnliche, gesäuerte Brod- oder Wegstücke (Brocken) gegessen werden, während an die Gläubigen der katholischen Kirche die dünnen ungesäuerten Hostien

ausgegeben werden. Uebrigens*) hat schon der berüchtigte Michael
Servet (geb. 1509 oder 1511, verbrannt 1553 auf Calvin's Anstif-
ten) die Lutheraner Impanatores gescholten. Aschbach, Kirchen-
Lexikon. Bd. IV. S. 895.

C.

Christkinla, Christuskindlein, besonders das am Weihnachtsabende den
Kindern bescheerende.

Christweck, ein eigener, gerissener, oft sehr großer und in der Regel
mürber Weck, welcher in Würzburg an den Christtägen (Weihnach-
ten) bei den Bäckern gebacken wird.

Cunrad, Conrad. Gropp, Wirtzburg. Chronik. Th. I. S. 305.

D.

Däuta, deuten, d. h. zeigen, z. B. mit dem Zeigfinger.

Dasel, einfältige, ungeschickte Weibsperson. Eine etymologische Erklärung
kann nicht gegeben werden.

Dick, oft. In dieser Bedeutung ist aber das Wort ziemlich veraltet.
Dickbesagter Gegenstand. Dickermal, oftmals. Schneidt, thesaur. jur. Francon. Abschn. I. Heft 1. S. 137. — ich habe ein alt
sprichwort Gar dicke unde ofte gehort. Aus einem Osterspiele,
in Wackernagel, Leseb. Th. I. col. 1025.

Dicksatt bedeutet einen hohen Grad der Sättigung. I hab mi dicksatt
gässa.

Dorum, darum, deßhalb, deßwegen. Frage: Worum? Abfertigung:
Dorum. It. da herum, in dieser Nähe. Dorum is a Vetter von
mir verunglickt.

Doth. Gropp, Wirtzburg. Chronik. Th. II. S. 478.

Dräck-Amschel, Dreckamsel d. h. unreinliche Person.

Dürr, — Rappelbürr, so mager, daß die Knochen rappeln. Zaun-
bürr, anderwärts spinnelbürr, so dünn und mager, wie ein
Zaunstickel.

Dunnerkail, Blitzstrahl. Gropp, Wirtzburg. Chronik. Th. II. S. 475.

Dusel, s. Dormel, Habemus, Hoorbäutel, Horbes, Suff,
Spitz, Zopf.

E.

Ei. Wörter, welche im Hochdeutschen mit dieser Sylbe anfangen, s. unter **Ai. Aier, Aitel,** u. s. w.

F

Fabla. Luc. XXIV. 15. Et factum est, dum fabularentur (ἐν τῷ ὁμιλεῖν.)

Fern. Nach Schneidt, thesaur. jur. Francon. Abschn. I. Heft 8. S. 1415. Note e ist **firner Wein** überhaupt alter Wein. **Firn**, subst. ist der eigenthümliche Geschmack und Geruch des alten Weines.

Fitza, mit einer Gerte schlagen, sie schwingen, so daß ein pfeifender Ton sich hören läßt. (Assonanz.)

Fläcklas-Compagnie ist ein schon alter Spottname der Bürgersoldaten, da man bei denselben immer in Beziehung auf uniforme Kleidung Mängel entdeckt hat, Flecke verschiedenen Tuches u. s. w.

Fläsch. — und sol jeder Ritter zwene Knecht han, von rintfleische und von Schwinnen Fleische und von Wein des Abends und des Morgens. Schneidt, thesaur. jur. Francon. Abschn. I. Heft 1. S. 77.

Flugfäuer, Flugfeuer, Hautkrankheit mit starker Röthe.

Forcht. Schneidt, thesaur. jur. Francon. Abschn. I. Heft 1. S. 178.

Fräla. Schneidt, thesaur. jur. Francon. Abschn. I. Heft 2. u. 3. S. 201. 203. 213. 228. 237. Heft 10. S. 1852.

Fräßsack, übermäßiger Fresser, welcher sich, wie einen Sack, mit Fressen vollstopft.

Freund. Schneidt, thesaur. jur. Francon. Abschn. I. Heft 1. S. 103. 127—128. 131. 132.

G.

Gackla, gauckeln, unstät hin- und herbewegen, herumvagiren, — mit 'n brennada Licht 'rumgackla.

Gäckerhäß. Hetzen, s. Schneidt, thesaur. jur. Francon. Abschn. II. Heft 2. u. 3. S. 510.

Gemachte Aeltern, im Gegensatze der natürlichen oder rechten Aeltern. Schneidt, thesaur. jur. Francon. Abschn. I. Heft 1. S. 149—151. 166. 168. Heft 2. u. 3. S. 208. Die natürlichen oder rechten Aeltern haben ihren Ursprung in der Zeugung und Geburt ihrer Kinder, die gemachten in einem civilrechtlichen Vertrage oder Verhältnisse, wodurch diese jenen nach deren Tod in zweiter oder folgender Ehe gleichgestellt werden, oder mit anderen Worten: die gemachten Aeltern sind Stiefältern, welche vertragsmäßig in die Rechte und Pflichten der verstorbenen wahren Aeltern den Stiefkindern gegenüber eingetreten sind. Auf ähnliche Weise verhält es sich mit den gemachten Kindern, Schneidt, l. c. Abschn. I. Heft 1. S. 103. 134. 155. 162. Heft 2 u. 3. S. 236. mit den gemachten Tichtern, Schneidt, l. c. Abschn. I. Heft 2 u. 3. S. 205. und mit den gemachten Geschwistern. Schneidt, l. c. Abschn. I. Heft 2 u. 3. S. 210. Im Hohenlohischen und Schweinfurter Recht kommen angewünschte Aeltern und Kinder vor. Schneidt, l. c. Abschn. I. Heft 10. S. 1897. 1907.

Geratha. Schneidt, thesaur. jur. Francon. Abschn. I. Heft 2 u. 3. S. 264.

G'horscham, Gehorsam, d. h. Gefängniß, Kerker, weil man da die Ungehorsamen wohl oder übel zum Gehorsam bringt. Een in G'horscham stecka, Jemanden im Gefängnisse einsperren. Gehorsams-Localitäten waren die Rumorwach, die Kohlenkammer, die Stockwach, der Hexenthurm, der Schneidthurm.

Gickel, s. Spru.

Göker. Giftgöker, zorniger Mensch.

Goldvogel, Goldkäfer, scarabaeus auratus v. Cetonia aurata.

Grieß, Grießbuchel, (ganz veraltet), Insel. Schneidt, thesaur. jur. Francon. Abschn. I. Heft 1. S. 192. In dem sandreichen Maine bilden sich die Inseln in der Regel aus Sand und Grieß, so daß man deßhalb solche Inseln selbst Grieß oder Grießbuchel (d. h. Grießbuckel) nannte.

Grießlat, gagrießelt, gesprengelt, (wie bei Sand und Grieß.) S. Schädet.

G'ringel, Geringel, d. h. Kreis, Ring. Wenn Eener, wiea a Wilpertsbieab in die Brust g'schossa wird, so breaht 'r si im G'ringel 'rum, härnoch fellt 'r erscht hie. Deß is sicher.

Großallmächti, groß und mächtig, sehr groß. Do steht auf ee Mol a großallmächtiar Kärl vor m'r!

G'ftanda, gesetzt, d. h. gereift, — a g'ftandener Mann, im Gegen=
satze von jungen Gelbschnäbeln und Maulaffen, a g'ftandes Waibs=
bild, a g'ftandene Pärson von 24 oder 26 Johr.

H.

Habemus, Rausch. Räuschchen, von habere, haben. Der Berauschte muß
gleichsam eingestehen: habemus crapulam. Seine Saufbrüder kön=
nen ihn auch verhöhnen: Habemus te, haben wir dich einmal (in
der Falle.) Die Studenten müssen den Ausdruck aufgebracht ha=
ben, weil er lateinisch und der Cultus der Betrunkenheit bei den=
selben eine gewöhnliche Thatsache ist. S. Dormel, Dusel,
Hoorbäutel, Horbel, Spitz, Suf, Zopf.

Härba Hippel, besonderes Gebäck in Würzburg, etwas dicke Hippeln,
doch gar nicht sonderlich herb.

Härgeha und 2c., pleonastisch statt des alleinigen nachfolgenden Zeit=
worts. Dö bin i härganga, und hab 'n Städa rwischt, statt
ich habe einen Stecken erwischt. — Aehnlich im Französ. je suis allé
voir.

Härrla, Schneidt, thesaur. jur. Francon. Abschn. I. Heft 2 und 3.
S. 201. 203. 213. 228. 237. Heft 10. S. 1852.

Handverbrechung. Schneidt, thesaur. jur. Francon. Abschn. I. Heft 1.
S. 102. 134. 149. 153. 156. 165.

Hannla. Hannel a Wannel. Schneidt, thesaur. jur. Francon. Abschn.
I. Heft 1. S. 140.

Heba, heben. 's hebt mi, ich fühle Brechreiz, der Magen macht Be=
wegungen zum Heraufstoßen des Inhalts.

Heera, heeren, d. h. schmerzen. Dr vrstauchta linka Arm hot die ganza
Nacht g'heert, oder 's hot die ganza Nacht brinn g'heert, der
Schmerz hat darin getobt, ist darin herumgezogen.

Hoorbäutel, Haarbeutel, Rausch, Räuschchen, s. oben Habemus.

Horbel, Rausch, Räuschchen, (etymologisch unerklärbar.) S. oben Ha=
bemus.

Hoppadiheh, Hopp in die Höhe! Ermunterungsruf, Jubelruf.

Hottagaul, Hottagäula, Pferdchen zum Spielen, Steckenpferdchen bei
Kindern. S. Hott.

Hutta, hängender Mund, ärgerliche, widerwärtige Miene; a Hutta macha,
aus Verdruß das Maul hängen, schmollen. (Unerklärbar.) S.
Trutza.

J.

J ist auch im Englischen ich. I have, I think.

Jessas. G'lobt say Jessas Christas! mit der Erwiderung: In Ewigkeit. Amen! war der allgemeine christliche Gruß in den bischöflichen Zeiten, als noch die katholische Glaubenseinheit alle Bewohner der Stadt umfaßte. Seit 1803 haben wir mit unseren Fürstbischöfen die Glaubenseinheit und den christlichen Gruß, nicht aber das geschichtliche Bewußtseyn davon verloren.

Jehunder. Schneidt, thesaur. jur. Francon. Abschn. I. Heft 2 und 3. S. 260. 264.

Jörg. Jörg von Fronhoffen. Schneidt, thesaur. jur. Francon. Abschn. I. Heft 2. und 3. S. 265.

K.

Källeresel, Kelleraffel, Oniscus asellus, in Kellern und an feuchten Orten, unter Steinen ꝛc. ꝛc.

Kauda, lat. cauda, Schwanz. Kauda Flachs, ein schwanzartiger Bündel Flachs.

Kerzag'rad, ganz gerade und gestreckt, wie eine Wachskerze. 'r is kerzag'rad bo g'stanna, wie a Granadier.

Knapps, knapp. d. h. mit genauer Noth. Knapps hot's Gäld no galangt.

Knorscha, knirschen, z. B. unreife, harte Aepfel bei dem Zerbeißen, zerstreuter Zucker auf dem Boden, wenn man auf jenen mit Stiefeln tritt. Dr Apfel, br Zucker knorscht.

Knurpsa, harte Gegenstände z. B. Knochen der Krammetsvögel zerbeißen, so daß die Splitter zwischen den Zähnen krachen.

Kopp, Kapaun. Kapphahn.

Krelln, (von Kralle,) mit Krallen oder Nägeln kratzen. Die Katz hot 'n Michel gakrellt. Du mit baina langa Neigel, du krellst.

Kruppat, verkrüppelt, klein, verwachsen. Kruppater Kärl!

L.

Ladaschwengel, spöttische Bezeichnung eines Ladendieners, Commis.

Lärna, lernen, statt lehren. Mai Vater hot mr beß galärnt. Vgl. hierüber Hebel, Werke. Bd. IV. S. 196.

Launtla, langsam, träge verrichten „(von Laune?) 'rumlauntla, herum-
schlenbern.

Lausbua, Lausbube, Schimpfwort gegen unnütze Buben und Jünglinge.

M.

Mäd. — Meidtlohn, im Gegensatze des Knechtlohns. Schneidt.
thesaur. jur. Francon. Abschn. I. Heft 2 und 3. S. 252.

Matza. מצה Mazzoth) bedeutet das ungesäuerte Brod der Juden
am Osterfeste. Müller, Lexik. b. Kirchenrechts. Bd. IV. v. Oster-
fest, Note 2.

Mensch. — Ehemensch. Schneidt, thesaur. jur. Francon. Abschn. I.
Heft 2 und 3. S. 198. 202. 207. 228. Auch Ehegemächt.
Schneidt. l. c. Abschn. I. Heft 1. S. 137. 162. Heft 2 und 3.
S. 199. 221.

Milchdieb, Schmetterling mit weißen Flügeln, mitunter etwas schwarz
gefleckt, sehr häufig vorkommend, aus den Varietäten der Weis-
linge, Papilio Crataegi, Rapae, Cardamines, gleichsam als hätte
er die weiße Farbe durch biebisches Milchnaschen erlangt.

Mürb, (auch merb gesprochen,) bei Gebäck und insbesondere bei Wecken
mit Butter gebacken im Gegensatz von zäh. 's Hörla und die Maul-
tascha sind mürbe Wecke, zäh dagegen (mit Wasser gebacken) der
Dickeweck und die Fastenbretze.

Munbläbla, Munbleiblein, Munbbrod, ein kugelrundes Munbbrod.

N.

Nacher, auch nacherts. Zuerst ham mr Wai gatrunka, nacherts
Punsch.

Nättera. Schneidt, thesaur. jur. Francon. Absch. I. Heft 2 und 3.
S. 569.

Nichs bedeutet auch nicht. 's regent nichs mehr — i bin nichs mehr
dursti.

Niß. Nießier Kärl, verlauster, herabgekommener Mensch.

Nunnaträpsli gibt oder gab es auch in den außerdeutschen Nonnenklö-
klöstern, in Frankreich hießen sie pain d'épices, in Spanien pollit-
cos de monja.

Aut. Schneidt, thesaur. jur. Francon. Abschn. I. Heft 2. S. 100. 103. 129.

P.

Päpperla, Püppchen, b. h. Kindchen, liebkosend gesprochen.

Pfaffakäppli, Spindelbaum, Evonymus Europaeus, ober vielmehr dessen rothe Früchte, weil sie die Form von Baretten (Kappen) der Geistlichen (mittelalt. Pfaffen) haben.

Praza, Tatze, Pfote, auch Hand. Gropp, Wirtzburg. Chronik. Th. II. S. 508. S. Pfotscha, Tatscha.

Predig, Predigt. Gropp. Wirtzburg. Chronik. Th. II. S. 567. 568.

Prumenad, Promenade b. h. Allee, Baumgang. In der Stadt sind zwei solche Promenaden, die Hofpromenade zwischen dem Hofplatze und der Michelskirche, und die Spitalpromenade dem Juliusspital gegenüber. Die kleinere Seitenpromenade bei der Hofpromenade vor den Häusern, welche mit der andern Seite in der Kettengasse stehen, heißt die Seufzerpromenade oder Seufzerallee, denn bort ist ein Haupttummelplatz für nächtliche Buhlschaften und herzbrechende Liebesseufzer. Man nennt die Promenaden auch Graben, weil sie auf dem ehemaligen, nun verschütteten Stadtgraben angelegt sind.

R.

Rächtschaffa, viel, sehr, weiblich. Rächtschaffa trinka, stubiera. S. Tüchti.

Rapunzela-Salat, s. Schafmäli.

Riesla, rieseln, sanft regnen, fließen. S. Riebla.

'runterputza, a Haus r'unterputza, an einem Hause, besonders an der Vorderseite, den Bewurf ausbessern, dann das Ganze anstreichen.

'runterstächa, übertreffen, besiegen, namentlich in den Schulen bei dem Lernen und Verfertigen von Aufgaben und bei der Besetzung der Fortgangsplätze. Der Ausdruck scheint aus der Ritterzeit zu stammen, und von den Turnieren entnommen zu seyn, weil sich der Sieg dadurch entschied, daß Einer den Andern mit eingelegter Lanze herunterstach, b. h. aus dem Sattel höb, und vom Pferde auf den Boden warf.

Saudumm, äußerst dumm.

Schaba, Leibesschaben, Bruch, Hernie. Schabhaft, mit einer Hernie behaftet.

Schälla, Maulschelle.

Schafmäli, Schafmänlchen, Feld= oder Rapunzelsalat, daher Schnäli-las=Zalat, die auf dem Felde wildwachsende Valeriana, resp. der Salat von deren jungen Blättern. S. Rapunzelas=Zalat.

Schanzlaufer, ein langer Mantel mit Aermeln und einem bis zu den Händen herabhängenden Kragen. Es ist möglich, daß einmal ähnliche Mäntel in Schanzen bei Kriegen üblich waren.

Schieber, Muff, (engl. muff,) weil man bei der Kälte die Hände hineinschiebt.

Schlaga, 'naischlaga, gierig essen. 'r hot sechs Brotwürst naig'schlaga.

Schmachtlapp, verächtlich, ein schmachtender, von Sehnsucht verzehrter Verliebter. In diesem Sinne könnte selbst Francesco Petrarca in seinen Gedichten an Laura ein Schmachtlapp benannt werden,

Schnarrant, schlechter Musicant, (dessen Geige schnurrt). Bettelmusicant, ist ein überall herumspülender, schmarotzender und bettelnder Kerl. Von Schnurr= und Betteljuden handelt die Würzb. Verord. v. 7. März 1741. (Samml. d. Land. Verord. Th. II. S. 241.)

Schnurrawachtel, schnurrende Wachtel, Schimpfwort gegen alte und mürrische Frauen.

Schuck, statt Ruck, Stoß ꝛc. Schuckweis, in einzelnen Rucken, Stößen, sich erbrechen.

Schützi, schützig, d. h. nachhaltig. Wachs brennt schützier, als Inschlicht. Sauerkraut und Schwaines mit Aerbes, hernoch Bäbbäsch und Glät is a schützis Aessa.

Schurlemurle, Wein mit Seltser oder Fachinger Wasser vermischt, ein Studenten-Ausdruck, der aber in das gemeine Leben übergegangen, und, wie so viele Studentenworte, ohne historische und sprachliche Legitimation vom Zaune gebrochen ist.

Schwänzla, das Wedeln mit dem Schwanze bei den Thieren, besonders bei Hunden, dann aber auch der gezierte und gefallsüchtige Gang junger Mädchen, wobei der Rock mit dem Hintern immer hin= und hergeworfen wird. Junge Mädchen schwänzeln, alte Frauen aber wackeln bei dem Gehen, indem sie die eine Schulter nach der andern abwechselnd auf und ab bewegen. Schwänzla kömmt von Schwanz her, womit hier der Hintertheil des Rockes gemeint ist. Heißt doch auch im Französischen la queue (der Schwanz,) die Schleppe des Kleides.

Schwappla, wackeln, zitternd hin- und herschwanken, wie z. B. der Schmerbauch.

Schwed, alter Schwed, alter Kerl, it. altes schlechtes Buch, s. **Schunka.**

Simpel, simpelhaft, geistesarm, Dumm, blödsinnig, franz. simple.

Spaierli, Früchte des Speierling- oder Mehlbeerbaumes (Crataegus arca.)

Spendira. — Gropp, Wirzburg. Chronik. Th. II. S. 633.

Spinnaläuer, ein Mensch voll Bedenklichkeit und Rücksichten. S. **Difficultetaschaißer.**

Sposau, Sposaila, Spanferkel, Milchschweinchen.

Sprutz bedeutet auch Einbildung, Selbstüberschätzung. 'r hot 'n Sprutz, er bildet sich übermäßig viel auf sich selbst ein. S. **Gickel, Kritz.**

Stäffaner, St. Stephan war ursprünglich ein Collegiatstift in der Vorstadt Sand vor dem Stephansthore, gestiftet von Bischof Heinrich I., Grafen von Rottenburg, (reg. 995—1018.) welcher dasselbe im Jahre 1018 zu Stande gebracht und eingeweiht hat. Bischof Adelbero, Graf von Lambach, veränderte 1057 dieses Stift in ein Benedictiner-Kloster, und setzte die damaligen Benedictiner vom Neumünster hinein.

Gropp, Wirzburg. Chronik. Th. I. S. 77. Th. II. S. 150. Diese Benedictiner zu St. Stephan, unter welche auch unser Chronist Gropp gehörte, hieß man Stäffaner. Die Säcularisation hat auch diese alte und schöne Stiftung verschlungen, die Klostergebäude mußten weltlichen Zwecken dienen, und die prächtige, katholische Kirche wurde den seit 1803 allmälig in der Stadt sich festsetzenden und ausbreitenden Protestanten überlassen.

Stäffasstee, Stephanssteine, d. h. runde Brode oder Laibe, aus gemischtem Teig, verglichen mit den Steinen des gesteinigten Erzmartyrers Stephan. Ob diese Brode von dem Stifte oder Kloster zu St. Stephan ihren Ursprung haben, was sehr wahrscheinlich ist, weiß ich nicht. Sie wurden lange Zeit und besonders gut von dem Rosenbäcker, da wo man aus der Augustinergasse gegen den Sternrenbrunnen zu austritt, gebacken.

Suf, Rausch, von Saufen. S. Dormel, Dusel, Habemus, Hoorbäutel, Horbel, Spitz, Zopf.

Sunnafocht, Sonnenfächer, Fächer zum Schutze gegen die Sonne.

Sunst bedeutet 1) ehemals, vor Zeiten, — sunst unter die Bischöff war viel mehr Ehrlichkeit, Wohlstand und Zufriedenheit, wie jetz, — 2) widrigenfalls, außerdem, — schwaig, sunst bist du b's Tods! — 3) gewöhnlich, in der Regel, — i bin sunst a guater Kärl, kann aber a böas say.

T.

Tallabaißer, Fließpapier, um Tintenflecken (Talla, s. d.) aufzutrocknen.

Tatscha, zammatatscha, das in sich Zusammenfinken einer aufgegangenen oder aufgetriebenen Masse, z. B. wenn der mit Hefe empor-getriebene Teig wieder zusammenfällt.

Thua, Hülfszeitwort, wird pleonastisch mit andern Zeitwörtern verbunden. I thua schraiba, statt ich schreibe. — Welches man unbillig thuet achten, statt achtet. Schneidt, thesaur. jur. Francon. Abschn. I. Heft 2 und 3 S. 260.

Toches, Hintern, scheint jüdisch zu seyn, wird aber auch sehr oft als etwas den Juden Abgelerntes von Christen in den Mund genommen, daher hier vorübergehend erwähnt, obgleich nugern.

Träffa, Traufe, — Dachträffa, Dachtraufe, stillicidium.

Truța, altdeutsche Form von Troțen, (daher Schuț und Truț, Vertheidigung und Angriff,) bedeutet bei uns Schmollen, d. h. Jemanden seinen Unwillen durch boshaftes Schweigen und allerlei Unarten Stunden und Tage lang nachtragen, wie dieses insbesondere von Mädchen und Weibern gegen ihre Liebhaber und Ehemänner geschieht. S. Hutta. — Truțeck ist die Zimmerecke, wo eine solche Person sitzend oder stehend das Geschäft des Schmollens vollzieht.

Tuch. — Wüllen und leinen Tuch. Schneidt, thesaur. jur. Francon. Abschn. I. Heft 6. S. 1089.

U.

Umlauf, böser Finger, Wurm, panaritium.

Unguet, übel, Gegentheil von Gut, nur in der Redensart gebräuchlich: Nichs for unguet, d. h. mit Erlaubniß, salva venia.

Unkosta. — Unköstung. Schneidt, thesaur. jur. Francon. Abschn. I. Heft 1. S. 142.

Untäbäla, kleiner Fehler oder Flecken, etwas Tabelhaftes. Ohne Untäbala, tabelfrei. O du bist ohne Untäbelchen! Lang, neues Hausbuch für christl. Unterhalt. Bd. III. S. 445.

V.

Vermächtniß, allgemein ein Vertrag oder eine einseitige Disposition auf den Todesfall. Schneidt, thesaur. jur. Francon. Abschn. I. Heft 2 und 3. S. 255.

Verplempera, verschwenden. S. Geuber. Verliebra, Verthua.

Verschlag, hölzerne Latteneinfriedigung eines Raumes, z. B. zum Holz legen, weil damit der Raum verschlagen d. h. umfriedigt und versperrt ist.

Verthua, Verthunisches Leben. Schneidt, thesaur. jur. Francon. Abschn. I. Heft 1. S. 139.

Verzwickt, zweifelhaft, zweideutig. Verzwickta Reda, verzwickta Freundlichkeit.

W.

Waigrüa, weingrün, (aviné.) Fässer, welche mit Wein gefüllt sind oder damit bisher gefüllt waren, so daß sie im Holze von Wein durchdrungen und nicht durstig sind, nennt man weingrün. In diesem Zustande sollen die Fässer immer erhalten werden. Weingrün nennt man auch spottweise eingeübte und eingewohnte Trinker, wie man auch im Französischen sagt: cet homme est aviné.

Wail, weil, d. h. so lange, als, während daß. Wail i zu Wirzburg wohn', is ke solcher guater Wai gawachsa, wie haier.

Wamsa, prügeln, (von Wams,) auf den Wams hauen. S. Walka.

Was for, was für, d. h. welcher. Man verschweiget dabey keineswegs, was vor Unheil das Supplementum juris Romani angerichtet, Schneidt, thesaur. jur. Francon. Abschn. I. Heft I. S. 90.

Widerhalta, von Speisen, nachhalten, stark und dauernd sättigen. A Paar Brotwürst mit Broab a Wai zu 'n Fruahstuck helt besser wider, als das elände Caffeeg'schlapp, was si for 'n starka Mann gar nit schickt, 'n wenigsta for 'n Offacier mit 'n Fätza Schnurrbart.

Wildschur, ein schwerer, kostspieliger Mantel von Wolfspelz, die Haare nach Außen gekehrt; jetzt nicht mehr üblich, ehemals die Wintertracht reicher oder wohlhabender Herren bei heftiger Winterkälte.

Wilpert, Wildpret.

Wu bedeutet auch welcher, (pronom. relat.) Derjenige, wu. Engl. who, — the man who.

Wunzi. Wuderwunzi, wunderwinzig, zum Berwundern klein.

Z.

Zisga, ziehen. Die Luft ziegt. So sagt man auch Aiziег, Auzzieg u. s. w.

Zuuberzzöberst, zu unterst, zu oberst, Kopf über. S. Hinterschzöberst.

Sprüchwörter und Redensarten.

Sprichwörter und Redensarten.

A.

A, B. Wär A feigt, muß a B sag'. Wer sich in eine Sache ein-läßt, muß darin auch weiter fortfahren, z. B. wer sich verlobt, muß auch die Verlobte heirathen.

Aelfa, eilf. Sai guata Vorsätz dauern nit lenger, als von älfa bis Mittag, d. h. ganz kurze Zeit. S. Finger.

Aentenarsch. Ihr Maul geaht wie an' Aentanarsch, sie schwätzt schnell und unausgesetzt. Das Hintertheil der Aenten ist nämlich in beständiger, schneller Bewegung.

Aeul, Eule. 's is 'n an' Aeul aufg'fässa, er hat sich gekrtt, ist übel angekommen.

Aibrocka, einbrocken. Wär die Suppa aigebrockt hot, sell si a ausfräß, wer eine Sache (ungeschickt) angefangen oder et-was Uebles angestellt hat, mag auch sehen, wie er damit zu Ende kömmt. Tute hoc intrivisti, tibi omne est exedendum. Terent. Phorm. II. 2 v. 4.

Aier, Eier. Sai Aier ham alle zwä Dotter, spöttisch, was von ihm ausgeht, was ihm gehört, ist Alles besser, als bei andern Leu-ten. Auf der Rhön: Sai Eher hon all zwee Doutter. Archiv d. histor. Vereins. Bd. VII. Heft 3. S. 167. — Sorg du nit for ungalegte Aier, mache dir Ücht vor der rechten Zeit unnöthige Sorgen.

Aifell, Einfälle, s. unter Haus.

Aipacka, einpacken. Sie packt ai, sie verblüht, verliert Jugend und Schönheit.

Apathek, Apotheke. Besser zum Becka, als in die Apotheka, es ist besser, sein Geld für Nahrungsmittel, als für Arzneien aus-zugeben. — Sou lauft mr's in dr Apathek, Redensart, wenn man Etwas zu sehr hohem Preise lauft, weil die Apotheker 100 pCt. und noch weit mehr Profit nehmen.

Armschmalz. Deß kost Armschmalz, dieses erfordert körperliche Kraft und Anstrengung.

Arsch. Loß dr 'n Arsch blau färb', Spott gegen Jemanden, welcher sich keine Kleider anschaffen kann. — Dr Arsch geht 'n mit

11

Grunbais, er ist in der größten Noth und Verlegenheit. —
Die Frau hengt Alles an Arsch, die Frau verwendet Alles für
Kleider und Putz.

Arschbacka, Arschbacken. In den ersten 10 und 15 Jahren des jetzi=
gen Jahrhunderts war in Würzburg eine Bürgerfamilie mit sieben
Töchtern. Diese Mädchen hieß man allgemein mit Spott die vier=
zehn Arschbacken. Dieser boshafte Witz pflanzte sich aber wei=
ter fort, und wer immer das Unglück hatte, sieben Töchter zu ha=
ben, mußte gewärtig seyn, dieselben die vierzehn Arschbacken
nennen zu hören. So ist es auch jetzt noch.

Aufgeba laß, aufgehen lassen, sich etwas kosten lassen, Geld auf=
wenden, it. Winde lassen, vulg. pfurzen.

Aufheba, aufheben. Nit viel Aufhebas macha, nicht viel Lärm,
nicht viel Rühmens machen.

Aufläsa, auflesen. Sie hot eppas aufgaläsa, sie ist unehelich schwan=
ger geworden, it. sie hat sich eine Krankheit, ein Uebel zugezogen.

Aug. 'n Vater sai Aug austräta, in Kühkoth, Menschenkoth treten,
(Knaben=Phrase.)

Ausfrässa, ausfressen. Bai mir hot 'r ausg'frässa, bei mir wird
er nicht mehr aufgenommen, hat nichts mehr zu hoffen, und alles
Zutrauen verloren.

Ausred, Ausrede. A guate Ausreb is brai Batza wärth. So sagt
man oft, um eine kahle Entschuldigung zu verhöhnen.

B.

Bär. Een 'n Bär'n aufbinda, Jemanden belügen, täuschen. S. Wals=
macha im Wörterb. Vgl. auch Sand.

Bäsa, Besen. Näua Bäsa kehr'n wouhl, im Anfange geht es gut,
das Böse zeigt sich erst in der Folge, z. B. bei Dienstboten, Ehe=
leuten, bei einer neuen Regierung.

Balka. 'r lügt, daß si die Balka biega, er lügt im großartigen Maß=
stabe, unverschämt.

Barthel, Bartholomäus. Die wäß, wu Barthel n' Moust hoult, diese
kennt sich aus, ist mit der Sünde vertraut, und nicht mehr arglos
und unschuldig.

Baßgaiga, Baßgeige. Dr Himmel hengt'n voll Baßgaiga, er ist
überglücklich und sieht Alles im rosigen Lichte.

Ob em hangt der Himmel voll Gunne,

Sternen und Gige.

Hebel, Werke. An d. Rechnungsrath Gyßer Bd. II. S. 92.

Bee, Bein. 'r konn jetz sai Unkesta on's Bee schmier', er kann jetzt seine Kosten als verloren ansehen, alle Hoffnung aufgeben, daß ihm dieselben ersetzt werden.

Bettbrunzer. J ha mi g'schämt, wie a Bettbrunzer. Bettbrunzen gereicht schon in den Schulen und noch mehr bei erwachsenen Leuten zu großer Schande.

Bissa, Bissen. 's schmeckt 'n le Ueener Bissa, er ißt viel und mit vorzüglichem Appetit.

Blättla, Blättchen. 's Blättla (auch's Blatt) hot si gawendt, die Verhältnisse sind in gegentheiliger Richtung anders geworden. — Das Blättlein hat sich umgekehrt. Gropp, Wirtzburg. Chronik. Th. I. S. 382.

Blatt. J nämm ke Blatt vor'sch Maul, ich rede ohne alle Scheu und Rücksicht. — und nehmt kein Blatt vor's Maul. J. Domans Lied von d. Hansestädten, in Wackernagel, Leseb. Th. II. col. 263. — S. Schnabel.

Blüha, blühen. 's blüaht dr a Tracht Prügel, du hast Prügel zu befürchten, in nächster Zukunft wirst du geprügelt werden.

Bock. 'r hot 'n Bock g'schoßa, er hat einen Fehler, einen Verstoß begangen. Vgl. Archiv d. histor. Vereins. Bd. VII. Heft 3. S. 108. S. Bock im Wörterb.

Böigelaisa, Bügeleisen, 'r is wie a kalt's Böigelaisa, er ist kalt, theilnamlos.

Brai, Brei. Mr meent, 'r hett Brai in Maul, er spricht langsam, unbeholfen und unverständlich. S. Braimaul im Wörterb.

Brata, Braten. 'n Brata schmecka, den Braten riechen, d. h. Etwas wittern, Etwas im Voraus ahnden oder einsehen. S. Lunta.

Bratwürst. Kurz Gabät, langa Bratwürst, ein Grundsatz, welchen man den Kindern dieser Welt in den Mund legt, weil sie wenig oder auch niemals beten, dagegen ihr Leben in sinnlichen Genüssen (Bratwürst-Essen u. s. w.) vergeuden.

Broad, Brod. Zuerst forg for's Broad, härnach for's Fläsch, zuerst sorge für ein Einkommen, dann erst, wenn dieses erlangt ist, nimm ein Weib. — 'r siehat aus, als wenn n' die Hilahlt all sai Broad g'frässa hetta, er sieht armselig, hungrig, krank aus. — Sie hot's übernächtla Broad init, sie ist in der größten Armuth.

11°

Brüader, Brüber. Glaiche Brüader, glaichd Kappa, will etwa so viel sagen, wie — Mitgefangen, mitgehangen, überhaupt wird damit die gleiche Behandlung von Personen bezeichnet, welche sich in gleichem Verhältnissen befinden.

Brüah, Brühe. J hett die Brüah broou, eine abweisende, abfertigende Redensart, — so, in's Theater geha, 's Gäld vergaffa, nocherts in's Wirthshaus und viellaicht a no zwelf Kraizer vertrinke! J hett die Brüah broou, d. h. ich mag nichts davon wissen. — Die Brüah kost' mehr, als die Fisch, die Nebensachen kosten mehr, als die Hauptsache. — 'r hot die Brüah verschütt', er hat das Vertrauen, die Gunst verloren. — Brüahwarm hot 'r mir's wieder erzeihlt, kaum hatte er es gehört, so hat er es mir sogleich wieder erzählt.

Buckel. Staig mr 'u Buckel 'nauf, eine grobe Abfertigung, eine allgemeine pöbelhafte Rede.

Bürschtabinder, (auch Berschtabinder,) Bürstenbinder. 'r sauft wie a Bürschtabinder, er sauft außerordentlich stark. Es kann keine Auskunft barüber gegeben werden, wie die Bürstenbinder dazu gekommen sind, als Ideale und Heroen des Saufens aufgestellt zu werden.

C.

Caländer, Calender. 'r mecht Caländer, er grübelt, er sinnt nach, medbirt, — als wenn das Calendermachen so vieles Nachbenken erforberte!

D.

Deckel. 'n Deckel von Hafa thua, Etwas in seiner wahren Beschaffenheit barstellen, Jemanden über Etwas die Augen öffnen, aufklären.

Denka, benken. So lang m'rs benkt, so lange ich benke, so lange ich mich zurückerinnere. Diese Construction gebrauchen häufig die alten Leute, welche in Civilprocessen als Zeugen zum ewigen Gebächtnisse über lange bestehende Zustände und unvordenkliche Verjährung verhört werden. So heißt es auch in Seb. Brant's Narrenschiff, (Wackernagel, Leseb. Th. I, col. 1065.)

Mir gedenckt, das wir beyd narren woren,
Wie wol jr fueren ritters sporen.

D'ra, (auch **b'rou,**) daran. J wäß nit', wie i mit'n b'ra bin, ich weiß nicht, in welchem Verhältniffe ich zu ihm ftehe, welche Abfichten er hat, u. f. m. — 'r is übel b'ra, er ift in einem fchlechten Zuftande, in einer unglücklichen Lage.

Dräck, Dred. — Du hoft mr 'n Dräck zu befähla, bu haft mir nichts zu befehlen. —'r verfteaht 'n Dräck drvou, er verfteht nichts davon. — Do fteaht 'r, wie 's Kind baim Dräck, ba fteht er in größter Verlegenheit, wie ein Kind hülflos fich nicht zu rathen weiß, wenn es feine Nothdurft verrichtet hat. — Jetzunder hoft 'n Dräck an' Ohrfaiga (a Maulfchälla) gäba, fpöttifch, jetzt haft bu etwas Großes ausgerichtet. — S.' rausraißa. — 'n Karr'n in Dräck fchieaba, eine Angelegenheit verderben, verwickeln, eine Sache in fchlechte Lage bringen.

D'rnoch, barnach. No, jetz hoft ba ja näue Kläber von Kopf bis za Fuaß? Der Angerebete antwortet: es is b'rnoch, b, h. bie Kleiber find aber auch fchlecht genug, fie follten unb könnten beffer feyn.

D'rum, barum. Es is mr nit b'rum, es ift mir nicht gelegen, ich habe keine Luft, keinen Willen bazu.

Dumprebig, Domprebigt. Morga nach ber Dumprebig, bieß ift eine Abfertigung, wobei angebeutet werben foll, baß Etwas nie gefchehen werbe, ober woburch Jemanb ad Calendas Graecas verwiefen wird. Es fcheint, baß früher Beftellungen zu Rendez-Vous nach ber Domprebigt (Nachmittags) häufig Statt gefunben haben, biefe Beftellungen find ber erwähnten Redensart fpöttifch zu Grunb gelegt.

E.

Ee Mol, ein Mal Eee Mol is kee Mol, zur Befchönigung einer unziemlichen Handlung, als wenn bie einmalige Begehung einer folchen unerheblich wäre. Vgl. hierüber Hebel, Werke. Bb. III, S. 7—8.

Ei. Wörter, welche im Hochbeutfchen mit biefer Sylbe anfangen, f. unter Ai.

Eilf, f. Aelfa.

Eule, f. Aeul.

F.

Fächtschual, Fechtschule. 's stinkt in der Fächtschual, es ist nicht in Ordnung, die Umstände sind schlimm; verdächtig. Da stinkt's, jetz stinkt's in da Fechtschual. Schmeller, Wörterb. Th. III. S. 649. v. Stinken. S. Sauber.

Fäder, Feder. 'r wäß nit, wu 'r sai Fäder 'nausblosa sell, er weiß nicht, was er beginnen oder unternehmen soll. — Mit viel Fäder= läses macha, schnell und energisch handeln, durchgreifen. S. Procäß.

Fälb, Felb. Nichs zu Fälb und zu Dorf haba, vermögenslos seyn. Gropp, Wirzburg. Chronik. Th. II. S. 478. 483.

Färti, fertig. Een färti macha, Jemanden tödten oder sonst zu Grunde richten.

Fäßla, Fäßchen. Jetz lauft's aus 'n annern Fäßla, jetzt stehen die Sachen oder Umstände anders.

Fätza, Fetzen. Keen guata Fätza an Een loß, Jemanden in allen Beziehungen tadeln, schimpfen oder verleumden.

Fäuer, Feuer. 'r ging for sain Schatz durch's Fäuer, er würde, wenn es nöthig ist, für seine Geliebte Alles wagen und dulden.

Faind, Feind. Arbaita wie a Faind, mit größter Anstrengung und Eile arbeiten, — wie der Feind, wenn er sich z. B. schnell ver= schanzt.

Faul. Faula Fisch, Lügen, verdächtige Vorspiegelungen. — Faul's Fläsch traga, dulden, daß Jemand sich Einem auf den Körper aus Trägheit und Bequemlichkeit auflegt.

Finger. 'r hot langa Finger, er pflegt zu stehlen. Langa Finger macha, stehlen. Alla Fingerslang, alle Augenblicke, in kurzen Pausen. S. Pfurz, Ritt, Letzteres im Wörterb. 'n Fingerslang, eine ganz kurze Zeit. S. Aelfa. — 'r läßt fi um 'n Finger 'rumwickla, er läßt Alles mit sich machen, sich zu Allem mißbrau= chen, sich Alles gefallen, stimmt in Alles ein.

Fink. 'r hot 'n Finka g'fanga, er hat von der Kälte eine rothe Naß bekommen.

Fläcka, Flecken. 'r is no mit 'n blaua Fläcka b'vonkumma, er ist mit wenig Schaden abgekommen.

Floh. Flöh in's Ohr setza, Bedenklichkeiten und Zweifel erregen. Ital. mettere una pulce nell' orecchio.

Frosch. 'r is nit Schuld, deß die Fresch ke Schwänz hamm, er ist dumm, beschränkt in seinem Geiste. S. Pulver.

Fuchs. Dort gäba die Fichs ananner guat Nacht, dort ist ein schlech=
ter, trostloser Aufenthalt. — Von A. bis B. is a Stund wait, br
Fuchs hot sain Schwanz zuagäba, von A. bis B. ist eine Stunde
weit, aber eigentlich doch bedeutend weiter.

Fünfa, Fünf. 'r leßt Fünfa g'rad say, er ist unbekümmert, er läßt
Alles, wie es geht, und sich also auch das Absurde gefallen, wie z.
B. die Behauptung, daß Fünf eine gerade Zahl sey. S. Gott.

G.

Gäbahausa, Gebenhausen, (fingirter Ortsname,) 'r is nit von Gä=
bahausa, er gibt nicht gerne, er ist karg, geizig.

Gäßgraba, Geißgraben. in 'n Gäßgraba naickumma, auf Ab=
wege, in einen schlechten Zustand gerathen, verkommen.

Gaiger, Geiger. 's is Schand for'sch ganza Gaigers=Handwärk,
es ist eine Schande für die ganze Familie, Zunft oder Standes=
genossenschaft.

Galait, Geläute. 's is a kleens Galait, es ist nicht viel an der
Sache, ein ärmliches Verhältniß. Vgl. die Trauer= und Leichen=
ord. v. 6. August 1783. Art. XI. (Samml. d. Wirtzburg. Land;
Verord. Th. III. S. 201.)

Galga, Galgen. a Galga voll, sieben. An den in einem Dreieck
errichteten Gälgen konnte man sieben Personen zugleich aufhän=
gen, drei an dem langen, und je zwei an den beiden Queer=
balken.

Gans. 'r is sou dumm, deß 'n die Gens baissa, er ist sehr dumm.
a Genshaut kriega, frösteln, so daß die Haut an den Armen
uneben erscheint, wie die Haut gerupfter Gänse.

Garaiß. Gereiß. Sie hot's Garaiß, man reißt, man balgt sich
um sie, sie hat viele Tänzer, Liebhaber, Freier. S. Raißa si
im Wörterb.

Garta, Garten. 'r hot 'n 'n Stee in Garta g'schmissa, er hat
ihm etwas Unangenehmes, eine Beleidigung, einen Schaden zu=
gefügt. 's kann br in Garta wachs, deß ba durchgeprügelt
werscht, es kann dir begegnen, daß 2c. 2c. — S. auch Zaun.

Gatrummelt und gapfiffa! Getrommelt 2c. Jubelruf.

Gaul. Deß brengt 'n Gaul um, dieß kann Niemand aushalten.
— Gäulscur, starke, heroische Cur, welche, wie man sagt, wohl
der Schmied, nicht aber der Schneider übersteht. — Von 'n
Gaul auf 'n Esel, so viel als vom Regen in die Traufe, um

anzudeuten, daß Jemand seinen Zustand verschlimmert. 'n Gaul von hinta aufzauma, eine Sache verkehrt anfangen. — Kee zeah Gäul brenga mi hie, zu diesem Orte, zu diesem Entschlusse bin ich durch kein Zureden, keine Gewalt, um keinen Preis zu bringen.

Gewiß. Nichs Gewiß wäß mr nit, man weiß es nicht gewiß. Dr Docter seigt, dr Michel hett 'n organische Fehler, nichs Gewiß wäß m'r nit.

Gicks. 'r wäß nit gicks, nit gacks, er weiß nichts, er ist nicht orientirt. S. Hott.

Glocka, Glocke. A Glockastund, eine ganze Stunde lang, vom Glockenschlag der einen Stunde bis zum Glockenschlag der nächsten Stunde. S. Stund. Eppas an die große Glocka henge, von Etwas viel Lärm machen, Etwas in die Oeffentlichkeit bringen.

Gold. 's is durch Gold g'flossa, hot nichts brvou ganossa, so sagt man, um falsches Gold oder eine schlechte Vergoldung oder den Mangel aller edlen Metalltheile anzudeuten.

Gott. Auf Gottes Boda geha, auf Schuhen ohne Sohlen gehen. — 'r is br miserabelste Mensch auf Gottes Boda, d. h. in der Welt. — 'r is vor mr g'stanna, wie 'n Gott 'rschaffa hot, d. h. völlig nackt. 'r leßt unsern Härr Gott 'n guata Mann say, er ist leichtsinnig, er macht sich keine Sorgen, und erwartet Alles von Gottes Güte. — Eppas im Zorn Gottes wärn, Etwas mit Unrecht und ohne Befähigung werden, z. B. wenn ein kenntnißloser Mann zum General befördert wirb. — Schulban a Gottes Wort bleibt ewig, um anzudeuten, daß man Schulden nie abzahlen werde.

Gras. In's Gras baißa, sterben, hergenommen von getödteten Kriegern, die sterbend mit knirschenden Zähnen noch in das Gras beißen. — Do brüber is scho lang's Gras gawachsa, dieß ist längst vergessen. Kreittmayer, Anmerk. üb. d. Cod. Maxim. Bavar. civ. Th. II. cap. IV. §. 1.

Griesa, Griefen. 'r hot Griesa gässa, spöttisch, er hat ein Grindmaul, einen Ausschlag am Munde.

Grob. An Eeen's Gröbsta 'runtermacha, Jemanden die Unarten heraustreiben, ihn bändigen, civilisiren.

Groscha, Groschen. Sie breaht jeden Groscha brai Mal 'rum, sie ist sehr sparsam, karg, geizig. — Bekannt, wie a loser Groscha, überall als schlecht bekannt, berüchtigt.

Grundais, Grunbeis, s. Arsch.

G'sell, Gesell. A böser G'sell führt 'n Annern in die Höll', ein böser Gesellschafter verleitet den Guten zur Sünde.

G'ſicht, Geſicht. Mit 'n ganza G'ſicht lacha, eine über das ganze Geſicht ausgegoſſene Freundlichkeit oder Freude zeigen.

H.

Haas. 'r meent, br Haas hett 'n galäckt, er bildet ſich etwas Beſonderes und Großes ein. — Do liegt br Haas im Pfäffer, darauf kömmt es an, dieß iſt das punctum saliens. Vgl. Pfäffer im Wörterb. — S. Hund.

Haber. Dr Haber ſticht 'n, er iſt zu üppig, es iſt ihm zu wohl, hergenommen von Pferden, welche durch reichliches Haberfutter unbändig werden.

Habernichs, Habenichts. Deß is br Härr von Habernichs, und Küahbräck is ſai Woppa, Spott auf einen armen Renommiſten, welcher ſich reichen und adeligen Perſonen gleichzuſtellen ſucht.

Hackel a Packel, Alles zuſammen, ein gemiſchtes Publicum mit überwiegendem Lumpenvoll. Vielleicht von Hudeln (ſ. Huckla im Wörterb.) und Packen, Alles, was man auf den Rücken nehmen (aufhudeln) und einpacken kann. Die Reimluſt mag Hackel gemacht haben.

Hächel, Hechel, (ſ. Wörterb.) 'r paßt auf, wie a Hächelmacher, er iſt ſehr aufmerkſam und bedächtlich. Der Hechel- oder vielmehr Hecklingsmacher (Strohſchneider) muß ſich ſehr in Acht nehmen, um ſich nicht die Finger der linken Hand, mit welchen er das Stroh gegen das Meſſer der Schneidbank vorſchiebt, abzuſchneiden.

Häfela, Häfelchen, Töpfchen, d. h. Gallentöpfchen, mit der Vorſtellung, als ſei die Gallenblaſe einem Töpfchen zu vergleichen, woraus die Galle bei einiger Erhitzung kochend überläuft, und in dem Menſchen Zorn erregt. Glaich lauft 'n 's Häfela über, ſogleich, bei der geringfügigſten Veranlaſſung wird er zornig.

Häm, heim, (ſ. Wörterb.) Loß di hämgaig, ſpöttiſche Bemerkung, rührt von einer alten Sitte her, Jemanden zum Spott vom Wirthshauſe aus mit Violinſpielern nach Hauſe zu begleiten. — Een hämſchida, Jemanden mit Worten ſo zuſetzen, daß er noch froh iſt, nach Hauſe zu kommen, oder ſich wenigſtens überwunden gibt.

Härz, Herz. 's drückt mr'ſch Härz a, es bricht mir das Herz, es macht mir unſäglichen Schmerz, Kummer. — 's Härz dreht ſa mr in Laib 'rum, mein Herz iſt empört, ich bin im Innerſten ergriffen.

Häusla, Häuschen. 'r is ganz aus 'n Häusla, er iſt ganz außer ſich, er hat den Kopf verloren.

Haibagäld, Heidengeld.! 's koſt' a Haibagälb, es koſtet eine uni geheure Summe Geldes. Die Redensart kömmt wohl von den großen Summen her, welche ſeit alten Zeiten nothwendig waren, um die Chriſtenſclaven von den Heiden (Türken) loszukaufen. — Die Kirche (Stift Haug) koſtet ein Heidengeld. Lang, neues Hausbuch f. chriſtl. Unterhalt. Bd. III. S. 444.

Hals. 'r hot ſi'n Hals abg'ſuffa, er hat ſich mit Saufen zu Grunde gerichtet. — Blaib mr von Hals! bleib weg von mir, beläſtige mich nicht! — Deß bricht'n 'n Hals, daran geht er zu Grund. — 's geaht mr bis an Hals, ober 's wechst mr zum Hals 'raus, ich bin deſſen überdrüſſig, es ekelt mich an, beſonders von Speiſen, welche man zu oft vorgeſetzt erhalten, ober von Anekdoten, welche man zu oft gehört hat. — Een auf'n Hals hocka — Jemanden mit ſeiner Gegenwart, mit Beſuchen, überhaupt mit Zudringlichkeit beläſtigen. — Ueber Hals a Kopf, in größter Haſt und Unordnung. — 'r hot 'n ſtinkada Hals, er hat einen ſtinkenden Athem. — 'r hot ſtudirt bis an Hals, in Kopf is nicks gunga, er hat ſtudirt, d. h. er war auf der Univerſität, er war formell ein Student, er hat aber nichts gelernt. — 's is 'n in unrächta Hals kumma, es ist ihm in die Luftröhre gekommen, z. B. ein Tropfen Wein ober eine Gräte, ſo daß heftiges Würgen und Huſten erfolgt. — 'r hot ſain beßta Zug am Hals, er iſt ein Säufer, — ſpöttiſche Anſpielung mit den Zügen (haustus) beim Trinken auf die Züge (Eigenthümlichkeiten) des Charakters.

Hand. Loß bie Hend von br Butta! Miſche dich hier nicht ein! Die Redensart ſcheint von der Weinleſe herzukommen, die Beeren werden in die Butten geſchüttet, in denſelben gemöſtet, oft in denſelben verkauft, aus den Butten wurde von jeher der Weinzehent genommen, da nun bei den Butten ſo viel zu thun iſt, ſo müſſen Unberufene wegbleiben, und dürfen nicht müſſig die Hände auf die Butten legen, geſchieht dieſes dennoch, da wird barſch gerufen: Hend von der Butta! und oft folgt ein kräftiger Fluch ober Stoß nach. — Do dreh' i bie Hand nit 'rum, dieß iſt in meinen Augen werthlos, unerheblich, da mache ich keinen Unterſchied, deßhalb rühre ich mich nicht, deßhalb gebe ich mir nicht ſo viele Mühe, als das Umdrehen der Hand erfordert. A Säufer und a Spieler, bo dreh' i bie Hand nit 'rum, d. h. es iſt ber Eine ſo wenig werth, als der Andere. — Wiea mr die Hand umdreaht, leicht, ſchnell, im Nu.

— duhte es niht ſö lanc,

— einer hende wile.

Gudrun, in Wadernagel, Leseb. Th. I. col. 522.
niuwen als lange als einz sin hant möht umb kêren.
Berthold von Regensburg, Predigt, a. a. O. col. 657.
De chnutsch verlösche; Hand umchehr. Hebel; Werke. Der
Abendstern. Bd. II. S. 75.
Houet unberst werde, Hand umchehr. Hebel; Werke. Der
Sperling am Fenster. Bd. II. S. 79.
Deß is a Prebig, die hot Henb a Füeß, diese Predigt ist
vortrefflich.
— Vor br Hand, vorher, einstweilen, nach der Hand, nach=
het. — Unter ber Hand verkaufen, im Privatwege, ohne öffent=
liche Versteigerung verkaufen. — Noch viele Redensarten findet man
im Hochdeutschen.

Handwärk; Handwerk. Zehnerlei Handwärk, zehnerlei Unglück, wer
Allerlei durcheinander treibt, wird überall Mißgeschick haben; wie
bei der Gewerbsfreiheit, welche die Prätendenten der Volksbe=
glückung den Leuten wie Honig um das Maul schmieren, um sie
dann später im Dreck sitzen zu lassen.

Haua; hauen. G'haut wie g'stocha, Einerlei. Hergenommen von
den Metzgern. Es ist einerlei, ob das Vieh gehaut, (todtgeschlagen)
wird, wie der Ochs, oder gestochen, wie das Kalb, denn in jedem
Falle erleidet es den Tod. — Deß is nit g'haut und nit g'stocha,
dieß ist nichts Rechtes, damit ist gar nichts gethan, halbe Maß=
regel. S. Ohr.

Haus. 'r hot Aifell, wie a alt's Haus, er hat schlechte, sonderbare
Einfälle; so schlimm, wie die Einfälle (das allmälige Einfallen ober
Einstürzen) eines alten Hauses. — 'r frißt mi zum Haus 'naus,
sein Unterhalt macht mir so große Kosten, daß ich darüber arm
werde; das Eigenthum meines Hauses verliere. — 'r lauft mr's
Haus ai, er übertreibt die Zahl seiner Besuche, nützt damit mein
Haus ab. — 'r setzt si auf's Haus, er übernimmt, z. B. in
einer Theilung, das Haus, und etablirt sich allba. — S. Haus
im Wörterb.

Haut. Deß is in die Haut 'nai bezahlt, dieß ist übermäßig bezahlt,
vom theuren Fleischkauf, wenn man gleichsam auch die abgezogene
Haut mitbezahlt hat. — Mit sainer Haut bezahla, mit dem Leben
büßen. — Mr mecht aus der Haut fahra, man möchte verzweifeln,
so abgeschmackt ist die Sache. — Mit Haut a Hoor, ganz und
gar. — Die Haut is 'm zu kurz wor'n, so sagt man, wenn Je=

manb einen Wind läßt, gleichsam als wenn seine Haut zu kurz wäre, um den Hintern zu schließen. — 'r hot si die Haut voll galacht, er hat aus Freude, Schadenfreude über einen gelungenen Streich, tüchtig gelacht, sich weidlich ergötzt. — Een die Haut über die Ohrn ziega, Jemanden schinden, mißhandeln, betrügen, ruiniren, wie man bei dem Abziehen der Hasen und anderer Thiere denselben ben abgestreiften Balg resp. die Haut zuletzt über die Ohren zieht. — 'r stäckt in leerer guata Haut; er ist kränklich, leicht empfänglich für Krankheiten, er wird bald sterben. 'r hot a dicka Haut, er kann viel an Vorwürfen, Schimpfreden ꝛc. ꝛc. vertragen.

Hiethua, hinthuen. J wäß nit, wu i'n hiethue sell, ich kenne mich mit ihm nicht aus, ich kenne ihn, weiß aber seinen Namen nicht, ꝛc. ꝛc.

Hintern. 'r vergässet sain Hintern, wenn 'r nit ongawachsa weer, er ist äußerst vergeßlich.

Hirschbrai, Hirsebrei. 'n Finger in Hirschbrai wbrecha, in einer völligen Gefahrlosigkeit ein Unglück erleiden, z. B. auf dem ebenen Zimmerboden fallen, und ein Bein brechen.

Höh, Höhe. Deß is die rächta Höh, die Sache hat ihren Culminationspunkt erreicht. Dr Schlag hot 'n gatroffa, 'r wäß nichs von si, 'r kann ke Wort nit red' und nichs 'nunterbreng, br Docter hot Moschus vrschrieba, deß is die rächta Höh.

Höll, Hölle. 'r hot 'n die Höll rächt häß gamacht, er hat ihm mit Vorstellungen, Ermahnungen u. dgl. tüchtig zugesetzt, ihn dadurch bange, mürb, reuig gemacht.

Holländer. 'r lauft wie a Holländer, er entflieht, wie ein feiger Soldat. — Bei dem Zusammentreffen der Kaiserlichen und der Franzosen bei Würzburg im Jahre 1796 sollen nämlich die Holländer eine besondere Feigheit und Fertigkeit in der Flucht gezeigt haben. — Doch stammt vielleicht der Ausdruck schon von dem Niederländischen Kriege her, wozu auch unsere bischöflichen Truppen auszogen.

Honiglåcka, Honigleckeu. Die Schulmeisterei is ke Honiglåcka, das Amt eines Schulmeisters hat viel Bitteres oder Widerwärtiges.

Hoor, Haare. Kurza Hoor senn ball gabürst, unbedeutende Angelegenheiten (besonders kleine Geldsachen) sind bald geordnet. — 'r hot a Hoor drin g' funna, er hat in der Sache eine Schwierigkeit aber etwas Unangenehmes entdeckt, und sich davon zurückgezogen.

Hergenommen von dem Umstande, wenn man in der Suppe oder sonst in einer Speise ein Haar findet, und aus Ekel nicht weiter davon ißt. — 'r hot Hoor galossa, er hat Schaden, Verlust gehabt, wie bei einer Rauferei, in welcher Haare ausgerissen werden. Däßwäge loß i mr ke graue Hoor wachs, deßwegen mache ich mir keinen Kummer, keine Sorge.

Hott. 'r wäß nit hott und nit wist, er ist unwissend; er weiß nicht wie und wo er sich zurechtfinden soll. S. Hott und Wist im Wörterb. S. auch Gicks. Hergenommen von Fuhrpferden, welche nicht wissen, ob sie rechts oder links gehen sollen.

Housa, Hosen. 's Härz is 'n in die Housa g'falla, er hat die Herzhaftigkeit, den Muth verloren. S. Härz im Wörterb. — Die Frau hot die Housa ou, die Frau führt das Hausregiment. S. Pantoffel.

Huah, Hüahla, Huhn, Hühnchen. A blinda Huah hot an Aerbas g'funna, Jemand hat ohne sein Verdienst Etwas herausgebracht oder errungen. — 'r sieaht aus, als wenn 'n die Hüahli all sai Brod g'frässa hetta, er sieht elend, erbärmlich, hungrig aus. — 'r is todtkrank, frißt's Hüahla bis auf 'n Kamm, er gibt vor, sehr krank zu sein, hat aber Appetit, wie ein Gesunder. Verpfuschter Reim!

Huasta, husten. I huast drauf, Ausdruck der Verachtung.

I blos uf's Pfifli.

Hebel, Werke. Epistel an den Pfarrer Güntert. Bd. II. S. 109.

Hüatla, Hütchen. Do sitza die Ducata, und ham Hüatli auf, die vermeintlichen Ducaten sind nicht vorhanden. Redensart, um Jemanden eine fehlgeschlagene Hoffnung oder eine leere Einbildung spöttisch vorzuhalten. — Unter een Hüatla spiela, unter sich im geheimen Einverständniß handeln. Vergl. Grimm, deutsche Rechtsalterth. S. 151.

Hüll und Füll. Gäld hot 'r die Hüll und die Füll, er hat Geld in Ueberfluß.

Hufaisa, Hufeisen. Die Hufaisa senn 'm abgarissa worn, man hat ihn zum Tode vorbereitet. Sehr unedel! Hergenommen von den Pferden, welchen man noch vor dem Crepiren oder Todtschlagen die Hufeisen abreißt, damit sie der Abdecker nicht sich zueignet.

Hund. Do liegt br Hund begraba, da ist der rechte Punct, worauf es ankömmt. S. Haas. — Hund hat die Bedeutung eines verbotgenen Schatzes. Schmeller, Wörterb. Th. II. S. 209, v. Hund

Hunta, unten, hier unten. 'r is ganz hunta, ner ist öconomisch oder körperlich, auch geistig ganz verkommen.

J.

Johannes. — Johannes Säga (Segen) trinka, noch einmal zum Schlusse trinken, die Reige austrinken. Diese Redensart ist evangelischen Ursprungs. In der Kirche versteht man nämlich unter Johannis Segen denjenigen Wein, welcher am Feste des heiligen Johannis des Evangelisten, am 27. December, und bei feierlichen Hochzeiten nach der Copulation von dem Priester nach Vorschrift des Rituals gesegnet, und dann von diesem den Gläubigen oder den Brautleuten, Zeugen und Hochzeitgästen in einem Kelche zum Trinken mit den Worten dargereicht wird: Bibite amorem sancti Joannis in nomine Patris et Filii et Spiritus sancti, Amen. Dieses geschieht zur Erinnerung an den heiligen Evangelisten, welchem der Götzenbiener Aristobemus einen Kelch mit vergiftetem Wein darreichte, um den Gott der Christen zu erproben. Das Gift verwandelte sich aber in eine Schlange, und der ausgetrunkene Wein schadete dem Heiligen nicht. Darum heißt das letzte Glas, welches doch um Gotteswillen nicht schaden möge, Johannis Segen. Beym Wirth sauft's Branntwein, wie Johannissegen, nicht wahr, ihr Schelmengschlachter, ehe, ihr herkommt. Schmeller, Wörterb. Th. II. S. 268. v. Johans, Th. III. S. 429. v. Geschlächt.

K.

Kälbla, Kälbchen. A Kälbla oubinda, sich erbrechen. S. Ulrich.

Kappa, Kappe. Die Kappa vrschneida, Etwas verderben, verbutzen, eine Sache schlecht behandeln, so daß sie sich nicht wieder gut machen läßt.

Katz. 'r is dr Katz, er ist verloren, zu Grunde gerichtet. — Die Katz im Sack laufen, Etwas ungesehen, unterprobt kaufen; oder erwerben.

Kaufa, laufen. Deß kauf i thäuer, ironisch, darauf lege ich keinen Werth.

Kegel. Mit Kind a Kegel, mit der ganzen Familie. Nach Hault-

aus, gloss. v. Kegel scheint Regel auf die nächsten Kinder oder auch auf das Gesinde zu gehen.

Retta, Kette. In die Retta baißa, den Kindern pflegt man, um ihnen bange zu machen, vorzuspiegeln, sie müßten, wenn sie zum ersten Male in die Schule kämen, gleichsam zur Aufnahmsprobe in eine eiserne Kette beißen.

Reßer. 'r schreit, wie a Reßer, er schreit überlaut. Dieser Ausdruck mag aus der Zeit stammen, da die Reßer und Heren verbrannt wurden. Im nämlichen Sinne sagt man Reßermordjo schreien. So schrie z. B. der Reßer Hans Böheim laut auf, als er unter dem Fürstbischof Rudolph von Scheerenberg auf dem Schottenanger verbrannt wurde. Gropp, Wirzburg. Chronic. Th. II. S. 118. — S. Spieß.

Rirba, Kerbe. Een auf die Rirba (d. h. Arschkerbe) laba, zu Jemanden sagen: a v. Leck mich um Arschl. — Rirba bedeutet hier nicht Kirchweih. Du kim fei in kirte; lax mihi Mars. Schmeller, Wörterb. Th. II. S. 329. v. Kirchen.

Rirchalicht, Kirchenlicht. 'r is ke Kirchalicht, er hat keine besonderen geistigen Fähigkeiten und Vorzüge. — Kirchenlichter (lumina ecclesiae) heißen in der Kirche die Kirchenväter und großen Kirchenlehrer (doctores ecclesiae), Tertullianus, Origenes, Lactantius, Hieronymus, Augustinus, Thomas von Aquino, 2c. 2c.

Rirwa, Kirchweih. Juchhe vor der Rirwa schrata, vor der Zeit, zu frühzeitig triumphiren, wegen eines Ereignisses, welches nachher nicht eingetroffen ist.

Rlinga, Klings. A gnata Klinga schlaga, stark essen, spöttische Anspielung auf Fechten und Streiten.

Rlos. Klar wie Klösbrüah, klar, deutlich, hell, mit dem spöttischen Hinweisen auf die unklare, trübe Klösbrühe.

Rlupp. Een in br Klupp stäcka loß, Jemanden in der Verlegenheit stecken lassen. Gropp, Wirzburg. Chronic. Th. I. S. 390. — S. Kluppat im Wörterb.

Roch. Viel Köch vrsalza die Suppa, wenn sich bei einer Sache viele Personen betheiligen und einmischen, so kömmt oft etwas Verpfuschtes heraus, z. B. wenn die vielen Deputirten in der Ständekammer Gesetze oder gar ganze Gesetzbücher machen.

    Viele Köche versalzen den Brei,

    Bewahr' uns Gott vor vielen Dienern!

    Sprüchwörtliches von Göthe, (in der Ausgabe letzter Hand, Stuttg. und Tübing. b. Cotta, 1827. Bd. II. S. 244.)

Kopf. 'n Kopf aufsetza, eigensinnig, halsstärrig werden. — Een 'n Kopf brächa, Jemandens Eigensinn, Halsstärrigkeit unterdrücken. — 'r is nit aufn Kopf g'falla, er ist gescheidt, klug. S. Maul. — Deß kann i nit aus 'n Kopf 'nausbreng, von diesem Gedanken kann ich nicht frei werden. — Deß geht mr in Kopf 'rum, dieser Gedanke beschäftigt mich. — I stell mi auf main Kopf, i laß mr main Kopf 'runterschnaid, wenn deß wohr is, Betheuerungsformel, S. Roase. — Um 'n Kopf kürzer mach', enthaupten. — I waß nit, wu mr dr Kopf steht, ich bin verwirrt, besinnungslos. — Den Kopf Jemanden vor die Füße legen statt Enthaupten findet man oft in den Fränkischen Geschichten vom Bauernkriege.

Korn. Deß is an annersch Korn, dieß ist eine andere Sache, eine andere Qualität, z. B. wenn man auf Wein, der im Gras gewachsen ist, einen solchen von der Harfe zu trinken bekömmt. — Man erzählt sich, daß ein Müller Getreidekörner gekaut und dabei auf einen Mäusedreck gebissen, sofort aber ausgerufen habe: Deß is a annersch Korn! — Een aufn Korn haba, auf Jemanden es abgesehen haben, — von den Schützen und dem Korn auf Schießgewehren. S. Mud, Schnaid.

Kostgänger. Unser Härr Gott hot allerhand tolle Kostgänger, es gibt allerlei sonderbare Leute, Sonderlinge auf der Welt.

Kraut. A bäas Kraut, eine böse, zanksüchtige, zornige Person, — wird besonders von Weibspersonen gesagt. — Deß mecht's Kraut nit fätt, dieß macht wenig Unterschied, dadurch wird die Sache nicht vollkommen. — Es geaht durchananner wie Kraut a Rüaba, es geht bunt durcheinander. An manchen Orten, aber gerade nicht bei uns in Würzburg, noch weniger in Schweinfurt und Grafenrheinfeld, wo das beßte Kraut wächst, werden mit dem Sauerkraute weiße, fein geschnittene oder gehobelte Rüben eingemacht. Ein Franke mag dieß schwer essen.

Kreuz. 's is a Kreuz unn a Elend, es ist ein Unglück, es steht sehr schlimm. Auch bei den Römern bedeutete crux Plage und Unglück. Summum jus antiqui summam putabant crucem. Colum. de re rust. I. 7. Multas cruces effugere. Cic. Verr. III. 29.

Kuah, Kuh. 'r hot mi ougaglotzt, wie die Kuah 's näue Thor, er hat mich verwundert, verplüfft angeschaut. Das neue Thor gehört einem neuen Stadttheile, der ehemaligen Vorstadt Haug an, die außerhalb der innern Ringmauer lag, und ist im 17. Jahrhundert erbaut worden. Damals mögen die an den Wochenmärkten vom Schweinfurter Gau aus einpassirenden Kühe das ungewohnte neue

Thor sehr verdutzt angeschaut haben. — Wenn die Kuah 'naus is, mecht mr 'n Stall zua, man trifft Vorkehrungen und Maßregeln, wenn es zu spät ist, daher auch der Spruch: Kuah 'naus is, Stall leer is.

Kupfer. 's Kupfer schlegt 'n aus, mr muaß 'n verzinn', spöttisch von Solchen, welche vom vielen Weintrinken ein Kupfergesicht haben. Die rothe und blaue Kupfernase heißt das Kupferbergwerk.

Kurz. 'r is zu kurz kumma, anderswo, er hat den Kürzern gezogen, (wenn man bei dem Loosen aus den vorgehaltenen Hölzchen oder Papierchen das kürzere zieht), er hat Nachtheil erlitten, Andere sind ihm zuvorgekommen. — Dr Ablerwirth is nit zu kurz kumma, wie die Roasa ausgathält worn senn, der Ablerwirth hat eine große, mächtige Nase.

L.

Läba, Leben. Deß is sai Läba, dieß macht seine größte Lust und Freude aus.

Läuta, läuten. 'r hot Läuta g'hört, aber nit Zammschlaga, er hat wohl Etwas vernommen, in Erfahrung gebracht oder gelernt, aber die Hauptsache ist ihm fremd geblieben. Die Redensart ist z. B. anwendbar auf affectirte Kunstkenner, politisirende Barbierer, Kellner, Handwerksbursche und dergl., Studenten, welche, kaum noch den Knabenjahren entwachsen, über Staatswohl, Freiheit, Religion und dergl. disputiren.

Lang. Wär's lang hot, leßt's lang heng, wer viel aufwenden, wer glänzen und sich zeigen kann, der thut es, — wahrscheinlich von der Schleppe, der Uhrkette, dem Degen u. s., welche Dinge alle früher als Zeichen des Reichthums und höheren Standes galten. Het mr's lang, so loßt mr's henka. Hebel, Werke. Die Wiese. Bd. I. S. 7.

Latainisch, Lateinisch. — Latainische Bauern. Man war in den einfachen und natürlichen Zeiten unter unseren Fürstbischöfen gewöhnt, daß — wie man im Hochdeutschen sagt — Jeder bei seinem Leist bleibe, daß daher auch die Landwirthschaft nur von den wahren Bauern und etwa noch von den sogenannten Krautjunkern betrieben werde, welche aber wohlweißlich bei Bauern practisch in die Lehre gegangen waren. Als aber bei dem Einreißen der soge=

nannten neuen Aufklärung auch ·andere Leute, d. h. stubirte Per=
sonen, Professoren, Regierungsräthe ꝛc. ꝛc. sich mit der sogenannten
rationellen Landwirthschaft befaßten, dabei allerlei sonderbare Dinge
trieben, und dabei in der Regel sehr schlecht wegkamen, da nannte
der Volkswitz dergleichen Leute spottend L a t e i n i s c h e d. h. theo=
retische, gelehrte Bauern.

Laus. 's is 'n a L a u s über die L ä b e r galoffa, es ist ihm etwas Un=
bedeutendes zugestoßen, was seinen Unmuth, seinen Zorn er=
regt hat.

Lehrgäld, L e h r g e l d. 'r hot L e h r g ä l d gäba, er ist mit seinem eige=
nen Schaden, mit Opfern klug geworden.

Letzt. Zu guter Letzt, zum guten letzten Male, ut finis coronet opus.

Licht. Do geaht mr a L i c h t auf, da erlange ich plötzlich die wahre
Einsicht in die Sache. — Een 's L i c h t ausblosa, Jemanden tödten.
G r o p p, Wirtzburg. Chronick. Th. I. S. 641. — S. K i r c h a l i c h t.

Löffel. 'r hot die G'schaidigkait mit L ö f f e l g'frässa, ironisch, er ist
unwissend und dumm, obschon er wähnt, im Besitze der Weisheit
und bedeutender Kenntnisse zu seyn.

    — meine sie heigen ellei mit L ö f f l e b' Glersamkeit g'fresse.·
H e b e l, Werke. Epistel an den Pfarrer Güntert. Bd. II.
S. 110.

Loch. 'r bläßt auf 'n letzta L o c h, er ist bald am Ende seines Lebens,
seines Glückes ꝛc. ꝛc. Jetzt bläst aber der Napoleon auf'n letzta
L o c h. — Saufa, wie a L o c h, unmäßig ohne Ziel und Ende
saufen.

Luader, L u d e r. Unter'n L u a d e r, unter aller Kritik, so schlecht, daß
man sich gar nicht die Mühe geben soll, ein Urtheil auszusprechen.
    — Die Fanny Zaupel singt und spielt Clavier, beß is unter'n
L u a d e r. S. S c h i n d l u a d e r.

Lumpa, L u m p e n. J kauf's um le Pfund L u m p a, ich lege nicht
den geringsten Werth darauf.

Lunta, L u n t e n. L u n t a schmecka, Etwas wittern, Etwas im Voraus
bemerken. S. B r a t a.

M.

Märka, m e r k e n. Um's M ä r k a, kaum merklich. Dr Fritz is um's
M ä r k a eppas größer, als br Franz.

Maga, Magen. Deß liegt mer in Maga, bieß liegt mir auf dem Herzen, ärgert oder bekümmert mich.

Mann. I bin Manns genug drzua, ich habe dazu genug Kraft, Energie, Geschick.

Mark. 's friert Een Mark a Bee zamm, es ist außerordentlich kalt. S. Stee.

— Bi miner Treu
es friert ein bis in Mark und Bei.

Hebel, Werke. Des neuen Jahres Morgengruß. Bb. II. S. 16.

Matthäus. 's is Matthäus an lezta Capitel, es ist am Ende.

Maul. Sie hot 'n a loas Maul oug'hengt, sie hat ihn mit Grob-heiten, Scheltworten, Vorwürfen überhäuft. — 'r is nit auf's Maul g'falla, er weiß zu sprechen, sich zu verantworten, entgegen zu disputiren und zu schimpfen. S. Kopf, — Mundstück. — Sie hot's Maul auf'n rächta Fläd, sie kann tüchtig reden und schwätzen. — 's Maul henga, aus Bosheit nichts reden, trotzen, schmollen. — 's Maul halta, schweigen. Virg. Georg. IV. 483. tenuitque inhians tria Cerberus ora. Virg. Aen. II. 1. Conti-cuere omnes intentique ora tenebant. — Sich sälber auf's Maul schlaga, sich selbst widersprechen, sich selbst durch sein Reden eine Niederlage bereiten. Nach mehreren deutschen Gesezen mußte man bei dem Widerruf von Schmähungen sich selbst auf das Maul schlagen. Grimm, deutsche Rechts-Alterth. S. 143. — 'r hot si's Maul verbrennt, er ist mit seinen Reden schlecht weggekommen, hat sich blamirt, geschadet.

Maulaff. Do steaht 'r unn hot Maulaffa fäl, da steht er, und stiert albern in die Welt hinein, reißt in seiner Albernheit Maul und Augen auf.

Maus. Do baißt le Maus 'n Faba 'runter, es bleibt dabei, es wird nichts abgehandelt, zugegeben und nachgelassen. — Deß is br Mäus gapfiffa, bieß ist eine vergebliche Bemühung, gleichsam als wollte man den Mäusen pfeifen, um sie anzulocken und zu fangen. S. Mäusla im Wörterb.

Mee, Main. Do fließt no mancher Aemer (Tropfa) Wasser 'n Mee 'nunter, bieß wird noch lange währen. — Wasser in Mee traga, etwas Vergebliches thun.

Mehr. Was is bo br Mehr? was ist an der Sache? Um was han-belt es sich? Was ist zu thun?

Metta, Metten. A besuffena Metta, eine betrunkene Gesellschaft.

Muck, Mücke. Ich hab 'n auf dr Muck, ich habe es auf ihn abgesehen, gemünzt, ich beobachte ihn. Das Korn auf den Schießgewehren heißt auch die Mücke. S. Korn, Schnaid.

Mund. So mannich Mund, so mannich Pfund, fränkische Parömie, so viele Kinder, so viele Erbtheile. Nachdem ein Ehetheil gestorben ist, und der überlebende Ehetheil sammt seinen Kindern sein zugebrachtes und ererbtes Gut genommen hat, deßgleichen nachdem die Kinder erster Ehe das zugebrachte und ererbte Gut ihres verstorbenen Vaters oder ihrer verstorbenen Mutter zuvor an sich genommen haben, soll unter den Kindern beider Ehen, mit Ausschluß des überlebenden Ehetheils, der Nachlaß gleichmäßig nach Köpfen getheilt werden. Schneidt, thesaur. jur. Francon. Abschnitt I. Heft 1 u. 2. S. 223.

Mundstück. Sie hot a guat's Mundstück, sie kann tüchtig schwätzen und schimpfen. S. Maul. — Mundstück ist bei Blasinstrumenten derjenige Theil, welchen man, um zu blasen, an den Mund ansetzt.

Musicant. Do liegt a Musicant begraba, so sagt man spöttisch, wenn Jemand an einem Orte strauchelt oder fällt.

N.

Näbel, Nebel. 'n blaua Näbel vormacha, vorspiegeln, vorlügen.

Nagel. Eppas an Nagel henga, Etwas vernachlässigen, bei Seite legen oder völlig aufgeben. — 'n Nagel auf 'n Kopf treffa, den rechten Punct in einer Sache herausfinden, das rechte Mittel anwenden.

Narr. An dän Mädla hot 'r 'n Narrn g'frässa, für dieses Mädchen hat er eine thörichte leidenschaftliche Liebe. — Een am Narrasäl r'umführa, Jemanden zum Narren halten, ihn täuschen, zum Besten haben, sich an ihm belustigen. S. Noasa.

Wer nicht die rechte kunst studiert,
Der selb jm wol die schellen ruert,
Und würt am narren-seyl gefuert.

Seb. Brant, Narrenschiff, in Wackernagel, Leseb. Th. I. col. 1064.

'nausgäba, hinausgeben. Sie hot'n tüchti 'nausgäba, sie hat ihm mit starken Schimpfworten oder derb geantwortet.

Richs, nichts. Mir nichs, dir nichs, geradezu plötzlich, ohne alle Umstände, ohne etwas zu sagen. Do is auf ee Mol a Patrull kumma, und hot mir nichs dir nichs 'n Beckerschg'sell Schwärzlain arretirt.

Roasa, Nase. — I baiß mr die Roasa 'runter, wenn —, ich wett Alles, wenn —. S. Kopf. — Een a Roasa dreha, Jemanden hintergehen. Gropp, Würzburg. Chronick, Th. I. S. 605. — Där hot a Roasa g'hatt, dieser hat die Sache gewittert, voraus gemerkt, und sich vorgesehen. — 'r hengt überall die Roasa 'nai, oder 'r is überall mit dr Roasa vornabrou, er mengt sich in Alles, er ist überall der Erste, welcher sich vordrängt. — Deß is 'n in die Roasa gakrocha, dieß hat ihn beleidigt, ist ihm aufgefallen. — Dr Roasa nach, gerade aus, in gerader Richtung. — An der Roasa 'rumführa, zum Beßten halten, hinhalten. S. Narr.

> Heiße Magister, heiße Doctor gar,
> Und ziehe schon an die zehen Jahr,
> Herauf, herab, und queer und krumm
> Meine Schüler an der Nase herum.
> Göthe, Faust im Anfang.

— 'r läßt si auf die Roasa schaiß', er läßt sich Alles gefallen und sich zu Allem mißbrauchen. — Schnaib i mai Roasa 'runter, so schend i mai G'sicht, wenn ich über meine eigene Haushaltung, meinen Ehemann, meine Kinder schimpfe, so thue ich mir selbst eine Schande an. — Sie treigt die Roasa verflucht hoch, sie ist sehr hochmüthig, stolz, eingebildet. — Zopf di an dainer Roasa, bedenke deine eigenen Fehler, oder nach dem Gleichnisse der heiligen Schrift, Matth. VII. 5. Zieh zuerst den Balken aus deinem Auge, darnach besieh, wie du den Splitter aus deines Bruders Auge ziehst. — Nach Normännischer Gewohnheit mußte der Verurtheilte bei dem Widerruf von Schmähungen sich selbst am Nasenzipfel fassen, — convictus ... debet taliter emendare, quod nasum suum digitis per summitatem tenebit, et sic dicet: ex eo, quod vocavi te latronem, homicidam ... mentitus fui. Du Cange, gloss. v. nasus, 2. Grimm, deutsche Rechts-Alterth. S. 143.

Rota, Noten. Nach kaiserlia Nota prügla, tüchtig, exemplarisch prügeln.

O.

Ohne. 's is nit o h n e, es ist nicht ohne Bedeutung, es ist etwas
Wahres an der Sache. —

<blockquote>
Fritz Becken magstu fragen,
Es ist nicht ohn,
Er weiß davon.
</blockquote>

Gropp, Wirzburg. Chronic. Th. I. S. 163. — wo aber E.
Fürstl. Gn. der Gegenantwort beharren wolten, ist nicht o h n, wir
haben Befehl, ꝛc. ꝛc. Gropp, a. a. O. S. 185. Vgl. S. 266.
268. S. auch Archiv d. histor. Vereins. Bd. IV. Heft. 1. S. 50.

<blockquote>
Wohl ist es zwar nicht o h n e,
daſs Nutz und Nieſslichkeit
Anmuthig ist und ſchone
geweſen allezeit.
</blockquote>

Joh. Doman, Lied v. d. Hanſeſtädten, in Wackernagel,
Leſeb. Th. I. col. 247.

Ohr. — 'r hot's fauſtbick hinter die O h r a, er ist ein verſchlagener,
tückiſcher Menſch. — Een über'ſch Ohr hauа, Jemanden ſtark
betrügen. — Sie pappelt 'n Täufel 's O h r wägg, ſie pappelt
übermäßig. — J ha mr's hinter die O h r a g'ſchrieba, ich habe es
meinem Gedächtniſſe eingeprägt, ich werde es nicht vergeſſen, und
zu rechter Zeit handeln. 'r is no nit trucka hinter die O h r e n,
er ist ein unreifer, dummer Junge, ein Gelbſchnabel, Fant.

Ouſa, Ofen. 's ſucht Keener Een hinter'n Ouſa, wenn 'r nit ſcho
ſälber brhinter g'ſtäckt is, Keiner weiß die Liſt und die Schliche
eines Andern zu erkennen, wenn er nicht ſelbſt in ſolchen be=
wandert ist.

P.

Pantoffel. 'r ſteht unter'n P a n t o f f e l, er ſteht unter der Herrſchaft
ſeiner Frau. Der P a n t o f f e l ist das Symbol des Weiberregi=
ments. S. Houſa.

Petterli, Peterſilie. P e t t e r l i auf alle Suppa wird von Mannsper=

fonen gesagt, welche vielen Mädchen den Hof machen, und nirgends ernsthafte Absichten zeigen.

Pfäffer, Pfeffer. — wu br Pfäffer wächst, weit weg, an unbekannten Orten, nirgends, in Utopia. S. Haas.

> Nähm die numme ne Ma im Elfis oder im Brisgau,
> oder wo der Pfeffer wachst.

Hebel, Werke. Die Häfner-Jungfrau. Bd. II. S. 86.

Pfaffalöcha, Pfaffenköchin. Mr hamm a Pfaffalöcha 'rlöst, Sprüchwort, wenn zwei Personen zugleich den nämlichen Einfall haben und äußern.

Pfail, Pfeil. A Wort is le Pfail unn a Pfurz le Dunnerkail, man muß es mit geringen Dingen nicht so genau nehmen.

Pfurz. Alla Pfurzlang, alle Augenblicke, in kurzen Pausen. S. Finger, Ritt, Letzteres im Wörterb.

Procäß, Proceß. Kurza Procäß macha, schnell und ohne Rücksicht handeln, durchgreifen. S. Fäder.

Pulver. 'r hot's Pulver nit 'rfunna, er hat einen beschränkten Geist, wenig Talent. S. Frosch.

R.

Rad. 's fünfte Rad am Waga, etwas Unnützes, Ueberflüssiges, sey es eine Person oder Sache, weil der Wagen nur mit vier Rädern gefahren wird. Wenn z. B. der Mann zu allen Handlungen, welche dem Manne als solchem zustehen, unbrauchbar ist, und deßhalb statt seiner die Ehefrau handelnd eintreten muß, so ist der Mann das fünfte Rad am Wagen, er könnte ohne Nachtheil, Schaden oder Störung gar nicht vorhanden seyn. Das fünfte Rad, welches bei Frachtfuhren an den Wagen und auch von den Artilleristen an den Kanonen mitgeführt wird, ist jedoch nicht unbedingt ein überflüssiges, sondern ein eventuelles Nothrad für den Fall, wenn eines der vier gewöhnlichen Räder unbrauchbar werden oder zu Grunde gehen sollte.

Räuerer, Reuerer. Hintanoch kumma die Räuerer, später, wenn die Sünde begangen, die schlechte That oder der alberne Streich vollendet ist, stellt sich die Reue ein. Hergenommen von dem Umstande, daß die Reuerer (poenitentiarii) bei Processionen hinter den übrigen Mönchsorden zuletzt gehen, und zwar nach dem

Prinzipe der Anciennetät, weil die Neuerer erst zu einer Zeit nach Würzburg berufen wurden, als die andern Orden schon bestanden. S. Räuerer im Wörterb. — Dieß ist, was sehr selten vorkömmt, ein ausschließlich und ganz specifisch Würzburger Sprüchwort, welches man außerhalb des ehemaligen Bisthums Würzburg gar nie hört und nicht versteht, auch ist die historische Grundlage desselben rein Würzburgisch.

'rausraißa, herausreißen. Jez host b's 'rausgarissa! spöttisch jetzt hast du etwas Großes vollbracht! S. Dräck.

'rausschnaida, herausschneiden. Wie aus'n G'sicht 'rausg'schnitta, ganz ähnlich bei Bildnissen oder bei Kindern, insofern sie dem Vater oder der Mutter oder auch andern Personen gleichen. 'n Liesala sai Bankert bär is 'n Administrator Y) wie aus 'n G'sicht 'rausg'schnitta.

Rotz. Rotz a Wasser flenna, sehr heftig weinen. Schilter, gloss. v. Roz.

'rstunka (erstunken) und 'rloga, von Grund aus erlogen, so daß die Lüge der Unverschämtheit wegen einen Sündengestank verbreitet — Des is da'stunka-r-und da'logng (Altbayerisch). Schmeller, Wörterb. Th. III. S. 649. v. Stinken.

Ruah, Ruhe. Du wirscht guata Ruah vor 'n Raichthum haba, du wirst nicht zum Reichthum gelangen, vor demselben behütet bleiben.

Ruatha, Ruthe. A Ruatha auf 'n Buckel oder auf 'n Arsch binda, ein Unglück, einen Unsegen aufbürden. — Domit, daß er bo das Mädla ohne Häller a Pfenni g'haiert und a no die Schwiegermutter in's Haus ganumma hot, hot er si for sai Läbtag a Ruatha auf 'n Buckel gabunda.

Rühra, rühren, anrühren. Nit rühr ou, transitive, nicht davon zu sprechen, ut omittam. — Scho die jüngara Tochter is garsti wie a Häx, aber vollebs die ältere, die Cunigund, — nee, nit rühr ou!

'runtergabotta, heruntergeboten. — 'r is ganz 'runtergabotta, er ist ganz gedehmüthigt, mürbe gemacht, von Versteigerungen, wenn ein Steigerer so überboten ist, daß er nicht mehr höher bieten kann, und unterliegen muß. Saitdäm bär frächa Labaschwengel von mir a Schälla kriegt hot, is 'r ganz 'runtergabotta. S. Wolfel.

Rund. Deß is mr zu rund, dieß geht über meine Begriffe, dieß kann ich nicht glauben, weil runde Körper, wie eine große Kugel, keine Spitzen, Einbrücke, Unebenheiten haben, wo man sie fest fassen und halten könnte, vielmehr an allen Puncten der Hand entgleiten.

S.

Sack. I wäß nit, wie i main Sack ouhenk sell, ich weiß mir nicht zu rathen und zu helfen, ich weiß nicht, was ich anfangen soll.

Salz. 'r verbient 's Salz in br Suppa nit, er verdient nichts, seine Leistung ist ohne allen Werth.

Sand. Een Sand in die Auga sträua, Jemanden mit Worten irre=machen. S. auch Bär. — 's Sandmännla kummt, so sagt man, wenn Jemand schläfrig wird, und die Augen nicht mehr offen halten kann, als wenn ihm Sand hineingestreut wäre.

Sau. — 'r hot a Sau aufg'houba, er ist bei einer Handlung mit Schimpf und Schande abgekommen, er hat sich blamirt, prostituirt. Bei den Franken und Sueven mußten überwiesene Uebelthäter zu ihrer Beschimpfung Hunde von einem Ort zum andern tragen. — Schilter, gloss. v. Hund, Hundtragen. Grimm, deutsche Rechts=Alterth. S. 715. Sollten irgendwo statt der Hunde Schweine getragen worden seyn, was noch schimpflicher gewesen wäre, so ließe sich unserere Redensart vielleicht daraus ableiten, dieselbe stammt aber wahrscheinlich von dem oft mit Schimpf und Unehre verbundenen Aufheben eines auf der Straße liegenden Betrunkenen (vulgo einer besoffenen Sau) her. — 'r geaht mit Een um, als wenn mr die Säu mit 'n g'hüt hett, er behandelt die Leute wie seines Gleichen, wenn sie auch höher stehen, mit der gemeinsten Zudringlichkeit und Vertraulichkeit, drückt die Hand, kneipt in die Backen, dreht an den Knöpfen, greift ohne Weiteres in die Dose, butzt sogar, u. dgl. — 'r is bort oug'säha, wie a Sau in Juda=haus, er ist dort ein Gegenstand der Verachtung und des Ab=scheues. Man weiß, daß die Schweine als unreine Thiere von den Juden nicht berührt werden dürfen, daher gescheut und ge=flohen werden. Vgl. Lang, neues Hausb. f. christl. Unterhalt. Bd. III. S. 446. — 'n Saustall aufmacha, ohne Scham und Scheu die gröbsten Schimpfworte, die unfläthigsten Zoten von sich geben.

Sauber. 's is nit (nit ganz) sauber, es ist etwas Verdächtiges, Un=geeignetes, Unehrenhaftes bei der Sache. Wenn die Präußa mit annera Däutscha, befonders mit katholifcha Staata ober gar mit Eftraich frainbli fenn, bo muß mr fi vorfäh, bo is 's gewiß nit fauber. S. Fächtfchual.

Schaba, Schaben, Motten. Krieg bie Schaba! ein — oft gar nicht bös gemeinter Fluch. S. Krenk im Wörterb.

Schällakönig, Schellenkönig. Ueber 'n Schällakönig lobe, über bie Maßen, ungebührlich loben. Der Schellenkönig ift fchon ein vornehmes und löbliches Bild im beutfchen Kartenfpiel. S. Schmeller, Wörterb. Th. III. S. 344. v. Schellen.

Schäurathor, Scheunenthor. Een mit 'n Schäurathor winka, Jemanben ein plumbes, allgemein verftändliches und auffallenbes Zeichen geben, baß Etwas gefchehen fey ober gefchehen folle, auch Jemanben ein Räthfel ober eine zu löfenbe Frage fo unverholen umfchreiben, baß er bie Auflöfung finden muß, z. B. wenn ein Examinant fragen würbe: Herr Canbibat, wer war ber frembe Machthaber, welchen bie Lutheraner in bas beutfche Reich hereingerufen haben? — — Bebenken Sie bie Schlacht bei Lützen unb ben Guftav-Abolph-Verein!

Schaißangft, fcheißangft, adject. 's is 'n fchaißangft, er ift in ber höchften Angft, fo baß er barüber in die Hofen fch . . . . . könnte.

Schenker. Dr Schenker is g'ftorba, br Gäber is verborba, unentgeltlich ift nichts mehr zu erlangen, man erhält nichts gefchenkt unb nichts gegeben.

Schinbluader, Schinbluber. Schinbluaberlas traiba, einen fchimpflichen Mißbrauch machen. Mit bäna Schlagwörter: Fraiheit, Volk, Fortfchritt wirb aber wahrhafti Schinbluabarlas gatrieba, (g'fpielt). S. Luaber.

Schlaga, fchlagen. I wäß fcho, wie viel's g'fchlaga hot, ich weiß fchon, wie ich baran bin, wie bie Sache fteht, — vom Stunbenfchlag ber Uhren.

Schlund. 's is mr in unrächta Schlunb kumma, es ift mir in bie Luftröhre gekommen. S. Hals.

Schmalhans. Do is Schmalhans Küchamäfter, ba geht es fchmal her, ba gibt es wenig zu beißen unb zu nagen, ba wirb armfelig gelebt.

Schmieb. Beffer zum Schmieb, als zum Schmiebla, es ift beffer, fich an bie Hauptperfon, als an bie Nebenperfon zu wenden, man foll bas wahre unb unmittelbare Hülfsmittel auffuchen.

Schmiebe. An bie rächta Schmieba geha, fich bahin wenben, wo bie Abhülfe am beßten unb fchnellften gewährt wirb.

Schmiera, schmieren. Wär gut schmiert, fährt gut, wenn man die Leute durch Geld gewinnt, besticht, erreicht man leicht seine Zwecke, — vom Einschmieren der Wagenräder hergenommen. S. Schmiera im Wörterb.

Schnabel. Reda wie Een br Schnabel gewachsa is, unverblümt, vom Herzen, rücksichtslos, derb reden. — S. Blatt.

Wie schwezt, wie eim der Schnabel gewachse isch. Hebel, Werk. An d. Geheimerath v. Jttner. Bd. II. S. 3.

'n Schnabel weza, sich in Grobheiten und Schimpfworten tüchtig auslassen. S. Maul.

Schnaid, Schneide. Dorauf hot r a Schnaib, darauf hat er es abgesehen, darauf hat er seine Lust und Begierde verstellt, — von der Schneide des Messers, welche man über den Braten hält, um demnächst ein Stück abzuschneiden, oder vom Einschnitt im Visir am Büchsenlauf. S. Korn, Muck. Vgl. Schmeller, Wörterb. Th. III. S. 487. v. Schneib.

Schnitt. 'n Schnitt macha, profitiren, sich einen Vortheil machen, — von Schneiden oder Aernbten des Getreides.

Schnürla, Schnürchen. Mr hot's nit an Schnürla, man hat es nicht in seiner Gewalt.

Schoos. Das Kind fällt der Mutter in den Schoos, Sprüchwort des fränkischen Rechts. Hierüber findet man in Schneidt, thesaur. jur. Francon. Abschn. I. Heft 2 u. 3. S. 203 folgende Stelle: „— so ist auch zu einer ergözung des Vatters oder Mutters für den Zweytheil ein ander Landts-Gebrauch eingeführt und gehalten worden, so der abgetheilten Kinder eins ohne ferner leibs lebendige Erben, Testament oder ander rechtlich Vermächtnus Todes abgangen und zusamt dem Vatter oder Mutter auch mehr geschwistrig hinterlassen, daß desselbigen Kinds Erbfall uf den Vatter oder Mutter allein solle fallen, vnd seine Geschwistrige keinen Theil daran haben sollen, wie man denn noch heutiges Tages gemeinlich spricht, das Kind falle der Mutter in die Schoos, contra Jus commune, secundum quod fratres cum parentibus succedunt.“

Schuah, Schuhe. Een die Schuah austräta, Jemanden um sein Amt, Brod oder Nutzen bringen, und sich selbst an seine Stelle setzen; gleichsam von hinten auf die Absätze treten, daß er die Schuhe verliert. Vgl. auch Grimm, deutsche Rechts-Alterth. S. 155.

Schuaster, Schuster. Auf Schuasters Rappa, spöttisch, zu Fuß, bei Reisenden, im Gegensatz vom Fahren und Reiten.

Schüssel. Wär trutzt mit der Schüssel, bär schabt sain aigana Nüssel, wer aus Troß oder um sein Schmollen bemerkbar zu machen, nichts ißt, schadet durch diese Entbehrung sich selbst.

Schulda, Schulden. Schulban a Gottes Wort blaiben ewig, Spott=rede gegen Schuldenmacher, welche ihre Schulden nie abzahlen kön=nen oder wollen.

Schwanz. Auf'n Schwanz schlaga, Etwas bei dem Einkauf für An=dere zu seinem eigenen Nußen unterschlagen, wie dieß z. B. die Mägde thuen, wenn sie auf dem Markte für ihre Herrschaften ein=laufen, und entweder davon für sich zurückbehalten oder fälschlich höhere Preise anrechnen. Vgl. Schmeller, Wörterb. Th. III. S. 544. v. Schwanz.

Seel, Seele. Jetzt hot die arma Seel Ruah, — so sagt man, wenn Etwas beendigt, abgethan, zu Grunde gegangen ist, u. s. w. z. B. Jemand geigt, läßt unversehens die Violine fallen, diese zerbricht in mehrere Stücke, da kann man sagen: Jetzt hat die arma Seel Ruah!

Spanisch. 's kummt 'n Spanisch vor, es ist ihm fremd, ungewohnt, lästig. Latainisch, Griechisch, das senn 'n Spanische Dörfer, die Lateinische und Griechische Sprache sind ihm völlig unbekannt.

Spanna, spannen. Dorauf hot 'r g'spannt, darauf hot er sein Augen=merk gerichtet, gewartet und sich bereit gemacht, — gleichsam wie ein Schütze, welcher ein Wild abpaßt, und im Voraus den Hahn der Flinte spannt.

Spieaß, Spieß. 'r schrait, als wenn er an Spieaß städet, er schreit heftig, überlaut. S. Keßer. — Wiea die Bauern die Spieaß traga, verkehrt, hinter sich, das Gegentheil von Etwas, 'r wird alle Tag g'scheidter und galehrter, beß häßt, wie die Bauern die Spieaß traga.

Spiegel. J hab 'n 'n Brieaf g'schrieba, dän wird 'r nit an Spiegel stecka, d. h. dieser Brief deckt seine Schande auf, er wird sich also wohl hüten, davon etwas merken zu lassen. Bekanntlich werden oft Briefe, wie Visitenkarten, an die Spiegel gesteckt, wo sie leicht gesehen und gelesen werden können.

Sporn, Sparren. 'r hot 'n Sporn (Sparren, Stück Holz) im Kopf, er ist nicht recht gescheidt, er ist überspannt. S. Stübla. Vgl. Schmeller, Wörterb. Th. III. S. 575. v. Sporen.

Spuahla, Spuhle. 's is 'n a Spuahla leer galoffa, es ist ihm die Quelle eines Vortheils versiecht, z. B. wenn ein Wohlthäter stirbt.

Stäcka, stecken. Mr stäckt nit drinn, man kann die Wahrheit nicht erkennen, keine Diagnose stellen, z. B. bei einer inneren Krankheit.

Stärba, sterben. Auf ananner stärba, ein Ausdruck des fränkischen Rechts, wenn z. B. Kindern ein Vermächtniß in der Art zugewendet ist, daß der Antheil der versterbenden Kinder den überlebenden zufällt; so sagt man, daß die Kinder auf einander sterben. — Schneidt, thesaur. jur. Francon. Abschn. I. Heft 1. S. 150. — Nit a Stärbeswörtla hot 'r garedt, nicht ein ersterbendes Wörtchen hat er gesprochen, keinen Laut hat er von sich gegeben.

Stärn, Stern. Do is ke Stärn, där läucht, es ist keine Hoffnung, keine gute Aussicht vorhanden.

Stanga, Stange. 'r helt 'n die Stanga, er hilft ihm, er vertheidigt ihn. — denen, so widriger (Lutherischer) Religion die Stangen gehalten. Gropp, Wirzburg. Chronic. Th. I. S. 326. — Vgl. Schmeller, Wörterb. Th. III. S. 648. v. Stang.

Stee, Stein. 's friert Stee a Bee jamm, es ist äußerst kalt. Vgl. Schmeller, Wörterb. Th. III. S. 641. v. Stain. — S. Mark. Vgl. über solche gereimte Sprüche Grimm, deutsche Rechts-Alterth. S. 13.

Stiel. 'n Stiel umwenda, das entgegengesetzte Verfahren einschlagen.

Stübla, Stübchen. In obern Stübla is nit richti, im Kopfe is es nicht richtig, er ist verwirrt, überspannt, unverständig. S. Sporn, Rappla, Letzteres im Wörterb.

Stück. An een Stück fort, ununterbrochen, in continuo.

Stümpala, Stümpfchen. Baim Stümpala Licht kann mr Alles lärna, was der Stubänt N. wäß, in der kürzesten Zeit, in wenigen Minuten etc. etc. Das thue J hoy an Stümpfl Liacht. Schmeller, Wörterb. Th. III. S. 640. v. Stumpf.

Stürza, Stürze. Stürza breha, heimlich, ohne Wissen der Aeltern aus der Kirche oder Schule wegbleiben. S. Schwänza im Wörterb.

Stund, Stunde. 'r is die guata Stund, er is äußerst gutmüthig. Schmeller, Th. III. S. 847. v. Stunb. — A g'schlagena Stund ist soviel, als a Glockastund, s. d.

T.

Täufel, Teufel. 'r is drauf, wie br Täufel auf a Seeal, er ist drauf ungemein gespannt, er gibt sich darum alle Mühe.

Tag, 'n liaba langa Tag, einen ganzen Tag hindurch. J kann's nim=
mer aushalt, mai Nachber bleaßt 'n lieba langa Tag Trumpetta.

Tauba, Tauben. Die gabrotena Tauba fliegen Een nit in's Maul,
das Glück kömmt nicht von selbst, es will mit Mühe errungen seyn,
(nicht unbedingt wahr), im Französischen, les alouettes rôties ne
se trouvent pas sur les haies.

> Wer aber recht bequem ist und faul,
> Flög' dem eine gebratne Taube in's Maul,
> Er würde höchlich sich's verbitten,
> Wär' sie auch nicht geschickt zerschnitten.

Göthe, Sprichwörtl. vollst. Ausgabe letzter Hand. Stuttg. u.
Tübingen b. Cotta, Bd. II. S. 241.

Thor. Um's Thor 'rumgeha, außer der Stadt von einem Stadtthor
zum andern spazierengehen. S. Knah.

Todtahemm, Todtenhemd. 'r hot sai Todtahemm ou, er ist in
jedem Augenblicke mit dem Tode bedroht, z. B. wenn dem Jäger
von den Wilddieben das Erschießen im Walde angedroht ist.

Traga, tragen. An sainer Gelehrthait hot 'r nit schwer zu traga,
seine Gelehrsamkeit ist Null oder doch unbedeutend.

Trüabsal, Trübsal. 'r bleaßt Trüabsal, er ist trübselig, traurig.

Trumm. 's Trumm is 'n ausganga, er hat den Faden verloren, er
kann nicht weiter fortfahren, er ist in der Rede stecken geblieben,
u. s. w. S. Trumm im Wörterb.

U.

Uebernächtl, übernächtig. 'r siehat übernächti aus, er hat das
Aussehen, als wenn er die Nacht liederlich zugebracht und nicht
geschlafen hätte.

Ulrich. 'n Ulrich schlaga, sich erbrechen. Unerklärlich. S. Kälbla.

Ungarächt, ungerecht. Auf ungarächta Kösta, auf Kosten dessen,
welcher den Proceß verlieren wird.

Ungaropft, ungerupft. Du kummst nit ungaropft durch, Deiner
wird nicht geschont. Gropp, Wirzburg. Chronic. Th. III.
S. 476.

Ung'schora, ungeschoren. Laß mi ung'schora, laß mich in Ruhe.

Unguat, ungut. Nichs for unguat, nehmen Sie es nicht übel, ent=
schuldigen Sie, mit Ihrer Erlaubniß.

Unkäusch, unkeusch. Unkäuscha Gabanka, Pläne und Absichten be=
züglich solcher Dinge, auf welche man keine Ansprüche oder Hoffnungen
hat. Du wirscht nit Schulz von Derrbach, nach br le unkäuscha
Gabanka.

V.

Verdruß. 'r hot 'n Verbruß auf 'n Buckel, er hat einen Höcker auf
dem Rücken, er ist buckelig.
Verkaufa, verkaufen. 'r verkauft sain Bruader zeah Mol, er
ist seinem Bruder an Kenntnissen, List, Gewandtheit weit über=
legen.
Vogel. So laicht, wie a blaierner Vogel; (ironisch gesagt), schwer=
fällig.

W.

Wätter, Wetter. 'r bitt um schöa Wätter, er gibt gute Worte, er
bittet ab, gibt nach.
Wais, Weise. Aus der Wais, außer Art und Weise, excentrisch,
wider Ordnung, Maas und Ziel.
Wait, weit. 'r is nit wait här, er ist ein unbedeutender Mensch,
von niedrigem Stande, von geringen Kenntnissen u. s. w.
Wascha, waschen. 'r hot a Red' g'halta, die si gawascha hot, er
hat eine ausgezeichnete Rede gehalten. So auch im Lateinischen lautus
von lavare, waschen. Lauta suppellex. Cic. Or. I. 36. Lautum
patrimonium. Cic. Rabir. post 14. Lautus homo. Cic. Verr. I. 6.
Wasser. 'r raicht 'n 's Wasser nit, er steht in der Befähigung weit
unter ihm, er kann sich mit ihm nicht messen. 'r geaht nit gärn
tieaf in's Wasser, er liebt die Gründlichkeit nicht, er verfährt gerne
oberflächlich.
Weck. Wie a Weck auf 'n Laba, genau so viel, nicht mehr und nicht
weniger, so daß nichts abzuhandeln ist. A Paar guata Stiefel
kosta fünf Gulba, wie a Weck auf 'n Laba.
Wepsanäst, Wespennest. In's Wepsanäst stächa, den empfindlich=
sten Punct berühren, empfindlich beleidigen. Wenn mr seigt, 'r hett
'n rotha Bart, bo sticht mr bei 'n in's Wepsanäst.
Wolf. 'r bessert si, wie a junger Wolf, där alle Tag a Lamm mehr
frißt, ironische Redensart, statt sich zu bessern, verschlimmert er
sich täglich.

Wolfel, wohlfeil. 'r gitt's wolfel, er ist gebemüthigt, zur Nach=
giebigkeit gedrängt. S. 'runtergabotta.

Wort. A guat's Wort find't a guats Ort, eine höfliche, zuvorkom=
mende Rede wird gut aufgenommen. — A Wort is ke Pfail und
a Pfurz ke Dunnerkail, zur Entschuldigung und Beschönigung, wenn
Jemanden ein unbesonnenes Wort entfallen oder ein Bauchwind
losgegangen ist.

Wunner, Wunder, wunnera, wundern. 's nimmt mi Wunner,
es kömmt mir wunderbar vor.

> — es nem Wunder,
> Einfeltige Leut besunder.

Gropp, collect. scriptor. et rer. Wirceburg. Tom. I. p. 97. 'r
meent Wunner, wär er weer, er hält sich für einen wunderbar
ausgezeichneten Menschen. — 's wunnert mi, verb. relat. ich
wundere mich barüber, es kömmt mir wunderbar vor. Dar umbe
wundert mich niht vil. Walther von der Vogelweibe, in
Wackernagel, Leseb. Th. I. col. 385.

Wurmlöcher. Deß Essa setzt sie vor die Wurmlöcher, dieses Essen,
diese Speise gibt eine starke und lang anbauernbe Sättigung, z. B.
Griefenwürste und dicke Erbsen, Schnecken und fettes Sauerkraut,
etwa auch noch Hirsebrei dazu.

3.

Zäug, Zeug. 'r arbait, was Zäug helt, er arbeitet mit aller Kraft.

Zah, Zahn. Do kennt 'r sie die Zäh ausbaissa, da könnte er seine
Kräfte vergebens verschwenden. — 'n Hans Bermeter' thuat sait
'n Bauernkrieg ke Zah mehr weh, Hans Bermeter ist im Bauern=
krieg gestorben.

> — 's Steinemer Schlößli,
> 's thuet be Hamberch's Lüten und 's thuet
> Der Buure, wo g'frohnt hen,
> bis es g'stanben isch mit sein Stapflen am Giebel,
> an kei Zahn mehr weh.

Hebel, Werke. Die Häfnet=Jungfrau. Bd. II. S. 84.

Zait, Zeit. Unter der Zait, in der Zwischenzeit vom Frühstück zum
Mittagessen und von da zum Abendessen. We' mr unter der Zait

nichs ißt a trinkt, bo fchmeckt's Aeffan a Trinka Mittag unn Abeds härrli, unb br ganza Laib blaib g'funb.

Zaun. Eppas von Zaun brächa, von einem entfernten Gegenstanbe bie Veranlaffung zu Etwas herbeiziehen. — 'r grüaßt 'n Zaun statt 'n Garta, bieß will bebeuten, baß man einer Nebenperfon ober Nebenfache feine Verehrung unb Mühe zuwenbet, um bie Haupt= perfon ober Hauptfache zu gewinnen, z. B. wenn man ber Tante ben Hof macht, um bie Nichte zu erobern.

Der Mutter fchenk' ich,
Der Tochter benk' ich.

Göthe. Sprüchwörtlich. Vollft. Ausgabe letzter Hand. Stuttg. u. Tübingen b. Cotta. Bb. II. S. 242.

Zunga, Zunge. 's liegt mr auf br Zunga, ich bin auf bem Puncte, es ausfprechen zu können, es ift mir aber noch nicht ganz einge= gefallen. — Een bie Zunga zieha, Jemanben fo zu= unb einreben, baß er fich über Etwas ausfprechen ober verrathen foll.

Zwaig, Zweig. 'r kimmt auf keen grüana Zwaig, er kann fich nicht erholen, nicht zu Glück gelangen. Hergenommen von ben Raupen, bie fich von einem abgefreffenen Zweig auf einen grünen be= geben.

Zwirnsfädala, Zwirnsfädchen. Sai Läba hengt an 'n Zwirns= fäbala, fein Leben hängt von einer Kleinigkeit ab, ift in äußerfter Gefahr, wie wenn bas Schwert bes Damocles an einem Pferbs= haar über ihm hinge.

Lesefrüchte.

13*

Mirifice cupior facultis, maxime nostratibus.

Cic. ad fam. IX. 15.

I.

Dem Frankenwein.

1.

Bai Werzburg unn in Frankaland
Do wechst a g'funder Saft,
A wahre Gab aus Gottes Hanb,
Voll Faier, voller Kraft.

2.

Do stehat mr Wengert wät a brät
Unn Bärg in Räbaschmuck,
O wär denn nur bän Wai all hett
Viel hunnert taufed Stuck!

3.

O Frankawai, bu lieaber Kunn!
J fing bai Lob, bai Ehr,
Du bist mai Monb, bu bist mai Sunn,
Mai Stärn! — was will i mehr?

4.

Du luftiar G'fell! bu bist fo guat,
'rfraift mr Kopf a Härz,
'rquickst mai Zunga, wärmst mai Bluat,
Vrtraibst mai Praft a Schmärz!

5.

Do brickt ke Sorg, ke Kummer mehr,
's is Alles Lieab's a Guat's,
Nur ee Moas um bie annra här!
— 's koft fraili Gälb! — was thuat's!

II.

Scene auf dem Gymnasium.

Professor. No, Burger, wella mr eppas aus 'n Virgil übersetz? Bucolicon, liber ains, ecloga aine:
Tityre, tu patulae recubans sub tegmine fagi —

Burger (übersetzt): Tityrus, ruhend unter dem Dach der weitverbreiteten Buche —

Prof. Rächt guat! waiter:
Silvestrem tenui Musam meditaris avena.

Burger. J hab's nit rächt haus, — no, i probir'sch! (Er übersetzt): Meditaris — aigener Name, Vocativ, o Mebitaris! — tenui, —
perfectum von tenere, halta, fanga, — tenui, ich habe gefangen, —
mus, Genitiv musae, Maus, — silvestrem musam, Accusativ, eine
Walbmaus, — avena, Ablativ, im Haberstroh, — also: o Mebitaris,
ich habe eine Walbmaus im Haberstroh festgehalten oder gefangen.
(Gelächter.)

Prof. Pst! pst! ruhig! Bai was for an Dummkopf hast da Latainisch galärnt?

Burger. Bai Jhna, Härr Profäffer, hab i 'n Syntax erst rächt
loskriegt. (Gelächter.)

Prof. Setz di nur! — Ankabranb, mach's beffer!

Ankenbranb. J glaub, i hab's a nit guat haus. Aljo! (Er
übersetzt): Meditaris, von meditari, nachdenken, du benkst nach, —
musa, die Kunst, die Wissenschaft, — silvestrem musam, die Forstwis-
fenschaft, — tenui avena, Ablativ, im bünnen Haber, — du benkst im
bünnen Haber über die Forstwissenschaft nach. (Gelächter.)

Prof. Mr mecht aus br Haut fahr! — 's is zum Verrecka! —
Dietrich, wie häßt's?

Dietrich (übersetzt): Tityrus, ruh —.

Prof. Thua's Maul auf! Laut a bäutli!

Dietrich. Tityrus, — mr kennt a Dietrich übersetz, — ruhend
unter dem Schirmbach der weitverbreiteten Buche, besingst bu auf bün-
nem Haberrohr die Walbmufe.

Prof. Ah, ah, bo hör Eener! — br Tityrus war aber kee Dietrich, wie bu. — No! host's aus 'n Voß g'schnurrt?

Dietrich. Nee, 's hot mr aber a gaistliar Härr g'holfa.

Prof. Sou, — bie Schual is aus. (Allgemeiner lärmender
Abgang der Schüler.)

III.

Freude in Ehren.

1.

Wenn G'sang im Wirthshaus weer,
Wär will's vrwehr?
's Vögela fingt in Walb a Fälb,
Bain Trinka wird oft G'sang oug'stellt,
J fag: A froher Muath,
A g'fund's, a fröahlis Bluat
Geaht über Gälb a Guat.

2.

A Trunk in Zucht unb Ehr,
Wär will's vrwehr?
'n Thau schluckt a 's Blümla ai,
Dr Amtmann trinkt fai Schöppla Wai,
Unb wär die Wucha schafft,
Dän gitt dr Räbafaft
'n Sunntag neua Kraft.

3.

Doch gar 'n Kuß in Ehr
Kann Niemat wehr',
Die Frau küßt ihren lieaba Mann,
Sai Schätzla küßt, wär's immer kann,
In Ehra, lieaba Lait,
In Zucht a Sittfamkait,
Ganz orbentli, — fayb g'schaibt!

4.

A froher Augablick
Voll Fräd a Glick,
A Hänblesbruck, a frainbli's Aug
Js g'schwinb vrbai, wie Beckarauch,
Dr Kirchhof is nit wait,
Unb morga is nit hait,
Jhr lieba, guata Lait!

5.

Wär wäß von aich, wie balb
's Glöckla schallt?
Do is mit unfern Juchs vrbai,
Mit Wirthshauslieader, Kuß a Wai,
Do briba geaht's ganz annerfch här,
Kee Trinklieab, Wai und Schmützla mehr,
O Gott, wie wird mr 's Härzla fchwer!

IV.

Französische Einquartierung und ein Bürger als Quartierherr.

Franzose. Monsieur, de la viande!

Bürger. Mit ara sotta Sprach bin i nit bekannt.

F. Du boeuf, du veau!

B. Nur langsam, — no! no!

F. Est ce que Vous ne connaisses pas la langue française?

B. I hab nichs brhäm, als Brob a Käs.

F. Apportez du vin rouge et un verre d'eau!

B. I vrsteah halt nichs, — oho!

F. (heftig). Parlez un seul mot, que je puisse comprendre!

B. Do hamm mr'sch, bär spielat gärn Sampranber!

F. Peste de toutes les bêtes Allemandes et de Vous!

B. (bei Seite). Zwä französcha Wort biea wäß i, biea loß i los, — (laut), Godäng, Filuh!

Der Franzose prügelt den Bürger.

V.

Der Handschuh.
(Von Friedrich von Schiller.)
Originaltext.

Vor seinem Löwengarten,
Das Kampfspiel zu erwarten,
Saß König Franz,
Und um ihn die Großen der Krone,
Und rings auf hohem Ballone
Die Damen in schönem Kranz.

Und wie er winkt mit dem Finger,
Auf thut sich der weite Zwinger,
Und hinein mit bedächtigem Schritt
Ein Löwe tritt,
Und sieht sich stumm
Rings um,
Mit langem Gähnen,
Und schüttelt die Mähnen,
Und streckt die Glieder,
Und legt sich nieder.

Und der König winkt wieder,
Da öffnet sich behend
Ein zweites Thor,
Daraus rennt
Mit wildem Sprunge
Ein Tiger hervor.
Wie der den Löwen erschaut,
Brüllt er laut,
Schlägt mit dem Schweif
Einen furchtbaren Reif,
Und recket die Zunge,
Und im Kreise scheu
Umgeht er den Leu
Grimmig schnurrend;
Drauf streckt er sich murrend
Zur Seite nieder.

V.

Der Handschuh.
(Den Friedrich von Schiller.)
Würzburger Prosa.

As wor a Mol a Reenig, Franzel hett 'r g'hässa, bär is vor sain Leabagarta g'sässa, um baim Kampffpieal zuazuguckn, die vornähme Härrn all senn um 'n 'rummgawäßt, unb a die Dama senn auf 'n hoha Balkon in an scheane Krais runb um g'hockt.

Unb wia br Reenig auf ee Mol mir nichs bir nichs mit 'n Finger gewunka hot, is br waita Zwinger aufganga, unb a Leab is ganz bebächtli naispaziert, hot si iberall stumm umg'säha, lang gagihnt, (vor Langawail), drnoch hot 'r die Mähna g'schittelt, die Glieder ausg'streckt, unb si niebergaleigt.

No Mol hot ber Reenig gawunka, bo is g'schwinb 's zwätta Thor aufganga, unn a Tiger is mit 'n wilba Sprung 'rausgarennt. Wia bär 'n Leaba sicht, brillt 'r laut, schleigt mit 'n Schwanz arschreckli im G'ringel 'rum, unb bleckt die Zunga 'raus, um 'n Leaba is 'r schai rings 'rum ganga, hot 'n grimmi oug'schnurrt, härnoch hot 'r gamurrt, unb si an die Saite higaleigt.

Und der König winkt wieder.
Da speit das doppelt geöffnete Haus
Zwei Leoparden auf einmal aus,
Die stürzen mit muthiger Kampfbegier
Auf das Tigerthier;
Das packt sie mit seinen grimmigen Tatzen,
Und der Leu mit Gebrüll
Richtet sich auf, da wird's still,
Und herum im Kreis,
Von Mordsucht heiß,
Lagern sich die gräulichen Katzen.

Da fällt von des Altans Rand
Ein Handschuh von schöner Hand
Zwischen den Tiger und den Leu'n
Mitten hinein.

Und zu Ritter Delorges spottender Weis'
Wendet sich Fräulein Kunigund:
„Herr Ritter, ist eure Lieb' so heiß,
Wie ihr mir's schwört zu jeder Stund',
Ei so hebt mir den Handschuh auf!"

Und der Ritter in schnellem Lauf
Steigt hinab in den furchtbar'n Zwinger
Mit festem Schritte,
Und aus der Ungeheuer Mitte
Nimmt er den Handschuh mit keckem Finger.

Und mit Erstaunen und mit Grauen
Sehen's die Ritter und Edelfrauen,
Und gelassen bringt er den Handschuh zurück.
Da schallt ihm sein Lob aus jedem Munde,
Aber mit zärtlichem Liebesblick —
Er verheißt ihm sein nahes Glück —
Empfängt ihn Fräulein Kunigunde.
Und er wirft ihr den Handschuh in's Gesicht:
„Den Dank, Dame, begehr' ich nicht",
Und verläßt sie zur selben Stunde.

Dr Keenig aber nit faul thuat no an Winker. Do spait bas spärrangelwait aufgemachte Haus zwä Leoparba auf ee Mol aus, bia sterza si ganz muathi zum Strait auf 'n Tiger; bär kurz gabunba beckt sie glaich mit sai grimmia Tatscha, br Leab richt si mit Gabrill in bie Hech, bo wirb's mäuslasstill, unb rings'rum, häß von Morbsucht, leiga si bie grailia, varfluchta Katzaluaber (br Tiger unb bie Leoparba) g'streckter Leng hie.

Jetz unb sa fellt ouba von Altana 'runter a Henbschi von a scheana Hand zwisch'n Tiger unn an Leaba mitta 'nai.

Unb bie Fraila Kunnel kehrt si spottab zum Ritter Delorsch: „No, Härr Ritter, seigt si, wenn aier Lieab so gar häß is, seigt si, wie 'r mr zu jeber Stunb schweert, seigt si, ai so heibt mr 'n Henb= schi auf!"

Unb br Ritter in schnälla Lauf staigt in bäu furchtbara Zwinger 'nunter mit festa Schritt, unb mitta aus bäna Unthier nimmt 'r 'n Henbschi mit lecka Finger 'raus. (Von bäna wilba Thier hot 'n kee Mensch ougarihrt.)

Voller Arstauna unb Graua säh' es bie Ritter unb Ebelbama, ganz galassa brengt 'r 'n Henbschi zaruck. Do is aus jebna sain Munb sai Lob 'rschallt, aber ganz besunbers mit 'n zärtlia Lieabasblick empfengt 'n bie Fraila Kunnel, unb orkünbt 'n sai nahes Glick. Aber 'r schmaißt 'r 'n Henbschi in's G'sicht, unb brummelt brbei: „Du Schinn= oas, so an Dank begähr i nit", unb letzt si von säller Stunb ou sitz'. (Host 'n g'säha?)

VI.

Fischer und Kärner.
(Auf der Mainbrücke an der Pivinusstatue.)

F. Is Aer vrhaiert?

K. I? worum?

F. No, i meen halt.

K. Sou! um at um! zwä Mol.

F. Deß häßt noch ananner?

K. Noch ananner unn immer hundsfüttischer.

F. A Kinner?

K. A ganza Last, 'an Galga voul!*) Die ersta Frau hot scho zwä Racker als ledia Jumfer mitgabrocht.

F. Von Ihn sälber?

K. Ah was, in drai Taifels Nama, Himmel=Stärn=Hagel=Sapperment! Nee von 'n Annern, 'n Balbirer in Meevertel, bär is fort, 's Land 'nauf.

F. Fort is 'r? Worum?

K. Dorum.

F. Wu is Sai zwätta Frau?

K. Krank is 's blaua Luader, i hob sie mit main grouba Schnupptuch ougarihrt, beß häßt, i schnaiz mi in die Henb, biea senn häbücha.

F. I glaub, Aer nämmet no die Dritta, salvo veni!

K. Als noch ananner! I sch . . . nai ohna Papier morga noch br Dumpreibig!

F. Do leigat si aber br Burgamäster mit 'n ganza Magistrat 'nai. (Es donnert über der Waldslugel.)

K. Heert 'r, wiea unner Härr Gott dunnert? Deß wor a Karthauna=Schlag! Alla näuna!

F. Dr Wolla werd die Haut zu kurz. Deß is g'rab wiea bai unser Een, oder au wiea's bain Militeer=Cummando häßt: die hintara Glieaber effna si!

K. Ja dort hamm sie die Forsch, und dort schmeckt's a nacher Lunta mittan in Frieda.

(Beide ab.)

---

*) Sieben, je 2 an den beiden kurzen Balken und 3 an dem langen Balken des dreieckigen Galgens.

VII.

Die Theuerung.

1.

Ball krieg i no as G'fräsch,
's Brob, die Weck, 's Fläsch,
Die Butter unn die Aier,
Die senn ärschreckli thaier.
I mach mai Testament,
Deß nimmt a stinkab's End!

2.

Sündthaier is br Wai,
Und g'schmiert no oubabrai,
Am Bier do hab i Zwaifel,
Was d'rinn is, wäß br Taifel,
Besonders aber hier,
Nee, nee, i mag ke Bier.

3.

An Zwölfer kost' a Huah,
Deß frißt allee mai Bua,
I ha' mai Gälb nit g'stoußla,
Dr Guckguck sell mi houla,
Gaziefer unn gar Fisch
Kimmt nimmer auf main Tisch.

4.

Mit Reah do is es gar,
Die Haasa die senn rar,
's Beßta von ba Kälber
Deß frißt br Metzger sälber,
Mai Wiß br geaht mr aus,
Ihr Latt, wu will beß 'naus?

VIII.

Verschmähte Liebe.

1.

O Lena, o Lena, i mag bi nit,
Stell mr nit lenger noch, i bitt,
Du bist mr nit schöa ganug als Braut,
Du bist mr zu alt, gälb is dai Haut,
Dai Hoor seen roath, dai Auga grüa,
O Lena, gäb dr mit mir ke Müah!

2.

A dai Vrstand is ziemli klee,
Dai ganzes Wäsa hundsgamee,
Vrsteahst ke Singa und ke Musik,
Dai Härz is schlächt, dai Kopf is dick,
Von Flickan a Kocha bo wäßt da wen'g,
Deß theat nit woul guat in die Leng.

3.

Dai Zunga is gifti, bai Tag a Nacht
Wird Jedas von dr ausgemacht,
A schnappst ba, wie a Kärnersgaul,
Host schwarza, stinkaba Zeah in Maul,
O Lena, loß mi boch in Fried,
Zieah ab und geah, i mag bi nit!

IX.

Das Lied vom braven Mann.

1.

Dr Bittnermaister Kilian Schmitt,
'n brävern Berger gitt's halt nit,
'r is a Chrift mit Laib a Seel,
Do kennt mr viel brvou erzehl',
Das Nämlia is sai Frau a Kind,
Sie maiba Tag a Nacht bie Sind.

2.

An Sunntäg unn an Faiertäg
Do heer'n sie's Hochamt allawäg,
Und nähmen a bie Preidig mit,
Und Väsper, annerscht thuan sie's nit,
Und allawail heer'n sie mit Anbacht zua,
Dr Mann und bie Frau und br kleena Bua.

3.

Sie geahn zur Baicht, zum Tisch bäs Härrn
Von Zait zu Zait, mr sieaht's nur gärn,
Und staiga sie fruah aus ihrem Bett
Und Abebs, immer wird gabätt,
Und vor en Aessa und noch br Hand,
Nach altem Brauch in unserm Land.

4.

Im Haus senn Alle guata Muaths,
Und iberall is Licabs a Guats,
Do heert mr nit ee beases Wort,
Und Alles geath ganz friebli fort,
Und är und sie, 's is wohr, sie hamm
A Lieab als wie zwä Täubli z'amm.

5.

Dr Schmitt folgt jeder Obrigkeit,
Dm Landshärrn und br Gaistlichkait,
'r folgt sogar br Polizai,
Und immer feahrt 'r guat brbai,
Die Revolutzer mag 'r nit,
Wird revolutzt, 'r mecht nit mit.

6.

'r guckt si noch ken Waibsbild um,
Do derft die Venus fälber kumm',
'r trinkt nit iber'n Dorst sain Wai,
Doch schitt 'r a ke Wasser 'nai,
Die Karta rihrt 'r gar nit ou,
Leßt's ganza Johr die Henb brvou.

7.

Unb willst ba in sai Wärkstatt geh',
Do kounst amol an Arbet säh',
Fortwähreb gestern so wie haint
'r klopft unb arbet wie a Faind,
Unb thuan die G'sella nur een Schlag,
Er Mäster haut glai zwä Mol nach.

8.

Ganz ehrli nimmt 'r sain Profit,
Was brüber is, vrlaugt 'r nit,
Unb was 'r meßt, is fählerfrai,
Denn Gottes Säga is brbai,
Um naina legt 'r si in's Bett, —
Wenn Jeba sou a Männla hett!

9.

An Sunntäg mit br ganz Famill
Trinkt 'r sain Wai in aller Still,
'r fihrt sie nacher Bärschbach 'naus,
Nach Derrbach in as Schulzahaus,
An Sunntäg leßt 'r si's nit nämm,
Bai Zaita geaht'r 'r wieder hämm.

10.

'n zwätta Bittnarmeister Schmitt,
So wahr i läb, bän gitt's halt nit,
Jetzt glaubt mr'sch ober lacht mi aus,
I mach mr wirkli wenig b'raus,
Därglaicha Männer senn jetz rar,
Die Lait senn annerscht ganz a gar.

X.

Das Gläschen Wein.

1.

In Bicher ka' mr läsa,
Dr Wai hett' gifti's Wäsa
For Kopf a Brust a Bluat,
'r weer for gar nichs guat,
Vrbärbet gar 'n Maga, —
I kann nit b'riber klaga,
D'rum blaib' i fest b'rbai,
I trink mai Gläsla Wai.

2.

Die Docter biea senn Schoba*),
Glai werd dr Wai vrbota,
Plogt Eeen a Mol a Wind,
Kriegt gar a Frau a Kind,
Laidt Eener am Lazira,
Glai muaß mr abstinira.
Bai mir trifft beß nit ai,
I trink mai Gläsla Wai.

3.

I bin ke raicher Prasser,
Doch trink' i ungärn Wasser,
's Bier mecht allawäg
'n Mann zu dick a träg,
Likeer mecht zu viel Faier,
Dr Punsch is mr zu thaier,
D'rum bin i halt so frai,
Und trink mai Gläsla Wai.

4.

Dr Epfelmoust is sauer,
Schnaps guat genug for'n Bauer,
Und bai dr Soaree
Do trinkt die G'sellschaft Thee,

---

*) Jüdischer Ausdruck, — bedeutet so viel als Narr, Thor.

Kaffee find't bai da Fraua
Viel Vorlieab und Vrtraua,
Doch geh' i bo nit bai,
I trink mai Gläsla Wai.

5.

Mr thuat stark b'riber schenba,
I theat sou viel vrschwenba,
Absonderli mai Frau
Werd oft vor Aerger blau,
's zanka die Verwandta,
's lärma die Bekannta,
Wozua is all deß G'schrai?
I trink mai Gläsla Wai.

6.

Supärb is mai Befinda,
I thua a nit viel Sinda,
I bin solid a brav,
Gabuldi wie a Schaf,
Vorträffli is mai Launa,
Schlof, Appatit zum Stauna,
I trink mai Gläsla Wai,
Doch — guater muaß's say.

XI

Nicht in das Bierland!

1.

I sellt' in's Bierland 'nai?
Fellt mr im Traum nit ai.
Senn dort die Baich so dick,
So bockstaif wird een's G'nick,
Es senn die Kepf so schwer,
Was is denn bo dr Mehr?

2.

Was seigst, in's Bierland 'nai?
Ah — mach kee Buberai!
Dort is dr Gaist so blöad,
Und dr Verstand so öab,
Und ewig Bier a Brod,
Nee, nee, behüat mi Gott!

3.

Dort is so rar dr Wai,
Und Zucker thuan sie 'nai,
Bezahla kann mr'n nit,
I thua gewiß nit mit,
Von dän Land blaib' i z'ruck,
Deß hab' i auf dr Muck!

XII.

Die Standeswahl.

A. J bin so gar lang nimmer hier in der Stadt gawäßt. Was is denn aus 'n krepsata Landrichter sai Buaba wor'n?

B. Buaba! Doa kennst da schöa oukumm. Dia senn groaß und vornähm, bia wella jetzunder absalut Härrn g'hässa say.

A. Bagatäll! Deß will haint zu Tag jeder Balbierersg'sell, und leßt si no Docter schend. No, jetz réibl!

B. Nur beß es unter uns blait!

A. Kee Stärbaswörtla!

B. Dr Gregori, bän kennst ja, is ganz sai Vatter, stroahbumm und saugrob, nur beß 'r nit krepsat is, und beß is, vrzaih mr'sch Gott! ewig Schad. Was die Dummhait betrifft, so is 's bekanntli von br hoha Obrigkait 'rlaubt, beß mr dumm say derf, so viel mr will, und bovou wird a starker Gabrauch gamacht, aber br Gregori mecht von bära gnäbiga Erlaubniß 'n wahra Mißbrauch. Zuerscht hot 'r stubiert als Jorist, aber wica? Bis an Hals, in Kopf is halt nichs 'naiganga, und wenn mr a 'n Nürnbärgar Trichter ganumma hett, was aber aus G'sundhaits-Rücksichta nit g'schäah is. Härnoch is 'r mit zwä Hindli und immer a Cigarra in Maul 'rumgaloffa, und Tag a Nacht hot mr'n in alla Wirthshäiser g'säha, bai'n Fiscalbeck, bai'n Rappert, bai'n Bund= schuh, bai'n Haberlain, bai'n Nailand, in Lamm hinter br Mariacapälla, bai'n Viertelmäster, in Schöbrunna, bai'n Examinater, bai'n Frieblain, und — was doch viel saga will, wenn Eener an orbentlis Bier begährt, — sogar in Keniglicha Branhaus über'n Mee briba, iberall, iberall. Jetzt leßt 'r si Particiliee oder Privatice titelir, und will a raichs, aber er= schreckli olbersch Bauramäbla aus Ochsafort haier. Dort git's ganug solcha.

A. Zua bän Alla braucht's fraili bluatwenig Vrstand, und zu lärna hot 'r g'rab a nichs.

B. An bluatwenig Vrstand hot br Gregori Jberfluß, nämli an Dummhait, von bän Capital kennt 'r ganz guat läb', ohna baß 'r 's auf Zinsa auslehnat, 'r zehret 's nit auf, wenn 'r hunnert Jahr alt wäret, 's Capital wäret sougar no alla Johr gröaßer, und a Capital staiar brauchet 'r brvou a nit zu gäba. Deß Bisla, was 'r in Zorn Gottes galärnt hot, mit viel Priegel a Penitänz, beß hot 'r an Nagel g'hengt, bär Nagel hat aber vrsucht weng zu traga. Dr Gregori säigt aber, — in sainer Dummhait nämli, — 'r kennt Manches wär, ohna beß 'r eppas stubiert und galärnt hett. 'r hot Gabanla auf 'n G'schworna g'hatt, wail bia galoost unb gazouga wärn, wiea bie Lotterienumera, ohna beß a Unterschieb in br G'schaibigkait gamacht werb. 'r hot si aigabilbt, 's ganza Criminalrächt kennt 'r scho in a halba Stunb aus 'n Präsibänta sai gabrächsalta Reb lärn. Jeß will 'r aber nichs mehr von G'schworna wiß, wail so Eener gar nit ober schläct for sai groaßa Miah unb Känntniß bazahlt wirb. Jeß mecht's br Gregori bohie breng, beß 'r a Laubtagsbeputirter wäret. Denn, seigt 'r, sou Eener kriegt alla Tag a Deputat von finf Gulba. Dr Gregori meent, von bän Deputat, was a Hauptsach is, keem ber Nama Deputirter här, unb 'r hot, sou bumm 'r a is, berächent, baß 'r im Fall, wenn 'r a ganz Johr Deputirter weer, sechzeah hunnert finf a zwanzig Gulba kriegat. Deß is fraila a Wort unb an erschreckll's Gälb, was 'n Lanb weah thuat, aber 'n Gregori wouhl theet. A Reb kennt br Gregori unmegli in br Kammer halt', wär aber nit nethi, 'r stimmat immer mit sain Rachmann. 'n Aemtla schlaget 'r a nit 'raus. —

A. Was is benn aus 'n Jraveer wor'n?

B. Ja br Jraveer, br Jraveeri! Där is a Bißla krepfat, aber nit so arg, wiea sai Vatter, unb 's steaht 'n wahrhafti schöa zua G'sicht. 'r is g'schaibt, was g'rab sai Vatter nit is, unb 'r bilbt si ai, 'r hett bie Waishait mit Leffel, sougar mit Vorleigleffel g'frässa, 'r stubiert wie a Viech, wäß viel, boch ganz ärtra g'fellt 'r mer nit. In br Schual scho is 'r a Fär gawäßt, hot jeben Schaisbräck vrrotha unb ougazägt, wie a Policayspißel, brbei calfactert unb Annera 'runterg'seßt, wie 'r aber immer bie Hunb a Kaßa gaplogt, unb 's Graina unb 's Bluat gärn g'säha hot, beß wäßt ba sälber. Sai Vrstanb — for bän hab i no Respäct, — aber a Härz hot 'r, wie a Ranbsackerer Stee, unb brbai a loas unb gifti's Maul, so scharpf, wie a Schwärt, beß 'r 'n Taifel sälber 's Ohr wegschwäßa kennt. — Jeß stubirt br Jraveer auf 'n Staatsanwalt.

A. Alles Gusto, aber Protäction g'hört brzua. — Wiea geaht's mit 'n Stäffa?

B. Deß is a steenerner Stäffa, bumm is 'r g'rab nit, vielmehr pfiffi, wie a Praiß, aber langwaili unb spröahtrucka, wie a börrer Schwamm, 'r lacht nichs, 'r graint nichs, 'r mecht ke Wiß, kann a keena laib, aber 'r is a Tuckmaiser, rebt wenig, lurpst brbai, schmaichelt, lügt, beß si bie Balka biega, hot 's faustbick hinter bie Ohra, frißt Macrona unb trinkt Zuckerwasser. Jeßas! Jeßas! bär will a Diplomat wär, unb nacher Frankfort in bie Praxis geah.

A. Dr krepfata Lanbrichter kann mit saina Sehn Glick ha', — a Deputirter, a Staatsanwalt, a Diplomat, — a härrli's Kleablatt!

XIII.

Schimpfen auf Gretchen.

1.

's Gretcha is a rächter Aff,
Thuat nichs als in 'n Spiegel gaff,
Kann nit a Wassersuppa koch',
Gar vornähm aber thuet es doch.
O säht mr so an Backfisch ou,
Vor bära lauft mr fast drvou!

2.

Die Eltern halta gar ke Mäd,
Wail's schlächt um die Finanza steaht,
's langt ja for en Hauszins nit,
's Mädla kriegt ken Kraizer mit,
Hot jetz 'n Offezier zu'n Schatz,
's Gretcha is a dummer Fratz!

3.

Drhäm geaht's schmal mit Aessa här,
Gamias und Kuahfläsch, sunst nichs mehr,
's Mädla aber mecht 'n Staat,
Wie a Prinzessin accarat,
A sädes Kläd, a Parasol,
Dän Mädla g'heert der Arsch rächt voll.

4.

Du wäßt nit hott und wäßt nit wist,
O du Rotznasa, biea ba bist!
Brsteahst nichs als do 'rumspazier',
Den Polka tanz' und caressier',
Du krieagst scho no bai tichtia Straf,
Du aitla Gans, du olbers Schaf!

XIV.

Der erste Dienst von Röschen's Schatz.

1.

Was mr doch viel erfehrt,
Was mr for Sacha heert!
Das Resala von der Lies,
I wäß es als gawiß,
Hot 'n Schatz, sait vierzeh Tag
So lauft sie au scho nach.

2.

Und eba säller Schatz
Hot an br Post 'n Platz,
Dr Dienst is zwar nit groß,
Nit wichti und spezios,
Doch währt's nit in die Leng,
'r konn's scho waiter breng.

3.

'r is kee Secretär,
Sai Dienst bär is nur bär:
Dort wu mr Brieaf frankirt,
Dort is br Mensch postirt,
Von Morga um an acht,
Bis Nachts wird zuagamacht.

4.

Sai Zunga muß 'r bleck
Gleich neber'n Schaltereck,
Dort hot an Assistent
Die Brieafmark in br Henb,
Verkauft sie an die Lait,
Mr zahlt sai Schuldigkait.

5.

Am Schatz sai Zunga jetzt
Wird jeba Mark ganetzt
Vom ganza Publikum,
A wahres gaudium!
Deß is 'n Schatz sai G'schäft
Baim Postamt zu Marktstäft*).

---

*) Wenn in Marktstäft kein Postamt is, so gehört eben dieser Umstand mit zu dem
ganzen Witz.

XV.

Der Ducaten.

1.

A Jud br will a Stierla kauf,
Wirb aini mit 'n Hans,
Glaich legt 'r Gold a Silber auf,
Bezahlt sai Stierla ganz,
Unb hot a Schelmag'sicht gamacht,
O Bauer, nähm bi wohl in Acht!

2.

Dr Bauer bär betracht bas Gälb,
Guckt 'n Ducata ou,
„Där is so klee, gawiß es fählt
's ganza Ränbla brou,
Där mecht ja kaum brai Gilla guat“,
So brummt br Bauer voller Wuath.

3.

„Drai Gilben? jou, was seut ich heern?
Deß Sticklich is boch grauß
Unb bick; wenn fählt, i kennt's bischweern,
Kaum mecht's en Kraizer aus,
Unn wella mr'sch jetz glai probir'n,
Härr Hans, um 'n Bewais zu fihr'n“.

4.

Dr Jub langt glaich die Golbwoog bär,
Legt sai Gewichtla 'nai,
So viel als 'n Ducata schwer
Muaß noch ba G'setza say,
Die Golbucata sälber wirb
In's annra Schäla beponirt.

5.

Mr heibt bie Woog jetz in bie Heh,
Links hengt's Gawichtla b'runt,
Hoch bie Ducata staigt, o weh!
Dr Bauer schrait: „Dr Hunb,
Där hott baschissa! Inbaviech!
Seust sicherli bai Prigel krieg“!

6.

Dr Jud wird bainah bees unb schrait:
„Gott's Wunder! heert nur, Hans,
's is Alles pure Ehrlichkait
Unn Ordnung gar a ganz,
I hab's ja g'sagt unn hab's erzehlt,
Deß hechstens nur a Kraizer fählt.

7.

„Jetz aufgapaßt! zwä Pfennigstuck
Die senn an Kraizer glaich,
Die leg i auf br Stell zuruck
Zum Golbfuchs, — Hänsla schwaig!
Jetz heb i auf die Woog, gäb Acht!
Do is br br Bawais gamacht".

8.

Unb 'nunter sinkt br golbig Fuchs
Unb's Kupfer, baß es pufft,
Nach ouba staigt zum wahra Juchs
's G'wichtla in bie Luft,
Zwä Pfenni unb's Ducatgälb
Senn schwerer, als es saya sellt.

9.

Deß g'fellt 'n bumma Bauern guat,
Er ruaft mit großer Lust:
„'s is wohr, Ihr sayb a braver Juab"!
Unb brickt 'n an bie Brust,
G'schwind steckt er ben Ducata ai,
Die Kupferpfenni oubabrai.

XVI.

Aus der Seele Trost. (Im 15. Jahrhundert.)

Wackernagel, Leseb. Tb. I. col. 986—988 *).

Liebe Kint, wiltu din fier wol halden, so saltu des tages gern zu Kirchen gân, und salt dan erholen was du des werttages versûmet hâst; und ober alle ding saltu die messe nit versûmen, und nit allein des heiligen tages, sunder auch des werttages, wan du isz gepflegen kanst, so soltu gern messe hören. die Zyt enkan dir nit geschaden. dô von will ich dir ein glichnisz sagen:

Dô war ein Ritter, der hatte lange Zyt eim Konige gedienet getrùwelichen, dô er sterben solt, dô beval er dem Konige sinen son. dô sprach er, er wolt in wol handeln. der son hiesz wilhelm, der vatter rieff in zu im, und sprach „Ich sal nu sterben. Ich wil dich lèren driu stucke: dâ by saltu myn gedenken. das êrst ist: du ent salt nummer sin ein tag ân messe. das ander ist: wan du dinen hèren oder die fraue siest betruwet, so saltu dich mit in betruwen, und salt in bewysen das dir ir betrubnusse leyt ist. das dritt ist: wô du sicheft einen gehetzten menschen, der gern achtersprâch spricht, den saltu fliehen". dô der vatter doit was, wilhelmus dient so woil, das im sin hère und sin frauwe und alles das ingesinne liebe hatte. dô was dô in des Koniges hoiff ein Ritter, der plag gern bôse zu sprechen achter der lùde ruck, von dem zôch er sich, und wolt kein gesellschaft mit im haben.

dô hette der falsch ritter gemercket, wan der Konig betruebet was, so betrubt sich auch wilhelmus.. dô ging der falsch ritter zum Konige, und sprach „wilhelmus hât die Koniginne lieb gewonnen". Er sprach „wolt ir das prôben, so betrubent sie mit wilchen worten ir wollet, so solt ir das wissen, das er sich mit ir betrubet". das det der Konig, und befant das also. wart er zornig und nam rait, wie er in von dem tage brêcht. dâ sprach der falsch Ritter „Ich wil dir guten Rait geben. Sende in morn frue in den walt zu dem Kalkoffen, und bevel den Kalkofferen, wer morn froe kummo aller êrst zô enc von dînen wegen, das sie denselben altzuhant in den offen werffen".

also det der Konig, und bevail wilhelmo des anderen tages das er morn froe solt riden zu den Kalkofferen, und solt sprechen „Min hère entbûdet ùch das ir sollet doin das er uch enboden hat".

*) Kaum ist es nöthig, hier die Leser an Schiller's Gang nach dem Eisenhammer zu erinnern.

XVI.

Aus der Seele Trost.

Würzburger Mundart.

Lieabs Kind, willst ba bain Faiertag guat halt', so sellst ba an dän Tag gärn zur Kirch geh', und sellst dann aihol', was ba an Wärkatag versaumt host; und vor alla Ding sellst ba die Mäß nit versaum', und nit nur an 'n hailiga Tag, sondern au an Wärkatag, wenn ba's macha kannst, sa sellst ba gärn Mäß hör'. Was dr an dr Zait entgeaht, kann dr nit schad'. Davou will a dr a Glaichniß sag':

Do war a Ritter, bär hot langa Zait 'n Kenig trai gedeant; wie 'r hett stärb sell, hot 'r 'n Kenig sain Sohn empfohla. Do hot 'r g'sagt, 'r wellt's 'n guat mach'. Dr Sohn hot Wilhälm g'hässa, dr Vatter hot 'n zu si garuffa und zu 'n g'sagt: „J sell jetz stärb. J will dr drai Stück lärn, dobai sellst a mi denk'; das erst is: bu sellst kean Tag ohne Mäß say; das annera is: wenn ba dain Härrn oder bai Frau beträbt siehast, sa sellst di mit ihana beträb', und sellst ihana bewaiß', deß dr ihr Beträbniß läb is; das britt is: wenn ba an g'hässia Menscha siehast, bär gärn falsch redt', dän sellst ba auswaich'". Wiea dr Vatter toadt gawäßt is, hot dr Wilhälm so guat gabieant, daß 'n sai Härr und sai Frau und alles G'sind lieab g'hat hot. Do war an Kenig sain Houff a Ritter, bär hot gärn bösa Reiba g'führt hinter dr Lait ihr'n Buckel, von bän hot 'r si zuruckgazouga, und hot kai G'sellschaf mit 'n ha well. Do hot dr falsche Ritter gamärkt, wenn dr Kenig beträbt war, so hot si a dr Wilhälm beträbt. Do is dr falsche Ritter zum Kenig ganga, und hot g'sagt: „Wilhälm hat die Königin lieab gewunna". 'r hot no g'sagt: „wellt 'r 'sch probier, so beträbt sie mit was for Wort ihr wellt, und bo müaßt 'r wiß, deß 'r si mit ihr beträbt".
Das thuat dr Kenig, und hot's a sou g'funna. Do is 'r zorni wor'n und is zu Rath ganga, wie 'r 'n wägbrenget. Do hot dr falscha Ritter g'sagt: „J will dr 'n guata Rath gäb'. Schick 'n morga fruah in b'n Wald zum Kalchoufa, und befähl bäna Oufahitzer, wär morga fruah zu aller erscht zu ihna von bainetwäga kimmt, bän sellta sie minanner in Oufa wärf'".

Sou hot's dr Kenig gemacht, und 'n Wilhälm befouhla, am annern Tag Morgebs in dr Fruah sellt 'r zu bäna Kalchchöüffer rait', und sellt sag: „Mai Härr gebieat aich, deß ihr thua sellt, was 'r aich gabotta hot".

des morgeus froe was wilhelmus off, und reit hien, dô er uff dem wege
was, dô hoirte er zu meffe lûden. dô reit er dar, und ging in die
Kirche, und hoirte die meffe als ufz.

Dwil fafz der falfch Ritter uff, und reit im nâch, und wolt befehen
wie ifz im gegangen wâre, und quam zu dem offen, und fprach „hait ir
das getain, das ûch min hère bevohlen hat"?

„Nein", fprâchen fie, „wir baben nit gethân; wir wollen ifz nu thun".
Dô griffen fic den falschen Ritter, und worffen in in den offen. Dô
wilhelmus miffe gehôrt hatt, do quam er zu dem offen, und fprach,
das fie doin folten das in der Kenig bevolen hette. Dâ fprachen fie
„Ifz ift gedân".

wilhelmus Reitt widder heim zu dem Konige, und fprach „Ifs was
gerait gedân è ich dar quam". dô fraget der Konig, wo er fô lang
geharret hette.

Dâ fpraoh wilhelmus „Ich hân meffe gehôrt". — „Ia", fprach der
Konig, „die meffe hât dir din leben behalden". Dâ fraget er fû lang,
bifz das er die wârheit vernam, und hatte in darnâch lieber dan vor.
Lieb Kint, diefz sol dir ein lère fîn, und hoir gern meffe, wan ifz dir
gefcheen mag.

Morgeds fruah war Wilhälm auf, und rait' hie. Wie 'r auf 'n Wäg war, do heert 'r zur Mäß laita, do is 'r zuagaritta, und is in die Kirch ganga, und hot die Mäß ganz ausg'heert.

Därwaila is br falscha Rittter aufg'säffa, und is 'n nochgaritta, und hett säah well, wie's 'n ganga wer, und is zum Ouffa kumma, und hot g'sagt: „Hatt 'r deß getha, was aich mai Härr befouhla hot"?. „Nee", ham sie g'sagt, „mr ham's nit gethunt, mr welle's jetz thua". Do hamm sie 'n falscha Ritter ougapackt, und in Ousa nai g'schmissa. Wiea br Wilhälm sai Mäß g'heert g'hat hot, is 'r zum Ouffa hiekumma, und hot g'sagt, sie sellta thua, was br Kenig befouhla hett. Do ham sie geantwortt: „'s is gethunt".

Wilhälm is jetz wieder häm zum Kenig geritta, und hot g'sagt: „'s wor die Sach allbereits getha, eha i kumma bin". Do hot der Kenig g'frogt, wo 'r si so lang aufg'halta hett. Do hot br Wilhälm g'sagt: I ha Mäß g'heert". — „Ja" hat br Kenig g'sprocha, „die Mäß hot bir bai Läba 'rhalta". Do hot 'r so lang fortg'frogt, bis 'r die Wohret g'heert hett, und hot 'n härnoch lieaber g'hatt als zuvor.

Lieabs Kind, deß sell br a Lehr' say, und heer gärn Mäß, wenn ba konnst.

XVII.

Fischerwitze.
Si non è vero, sia ben trovato.

1.

Fischersfrau. No, alter Fleigel, kimmst ba von der Baicht? Host's gabaicht, beß be mi sou oft geprigelt host bis auf's Bluat? Wos hot br br Baichtvatter for a Lehr gäba?

Fischer. Dr Baichtvatter, wie i vou br Frau ihr'n Priegla garebt ha, hot ganz ernstli g'sagt: „Liaber Mann! say 'r still brou! mr baicht' sai Sünba, unb nit sai guata Wärk!"

Fischersfrau. Deß glaub' i nit, beß s'eigt le Baichtvatter, beß hot br Eener von baiua Saufcamaraba aistubirt.

2.

Fischer, (ruft am Wirthshaus zum wilden Mann auf ein Gerüste hinauf, wo der Wirthsschild restaurirt wirb,) No, Franz, was molst ba?

Tünchner. I mol an wilba Mann.

Fischer. Mol an zahma, wenn 'r färti is, wirb 'r wilb ganug ausäsha.

3.

Fischer. He bo, Sanbschöpfer Hügel, bu host 's ganza Johr fläsch= farbena Strimpf ou.

Sanbschöpfer, (baarfuß.) Deß muaß wohr say, Peter, i hab aber a justament sou a fläschfarbana Housa, biea hab i schoa, so lang i auf der Wält bin, unb is erst Ee Louch brinn. Dortvou konnst ba Ai= sicht nämm, so oft ba willst.

4.

Junger Herr, (geht im Mainviertel vor einem alten, sehr wohl= beleibten Fischer vorüber, der unter seiner Thüre sitzt.) Ach min Jott, Er hat ja in jottvoll schweres Faß anhängen, (auf den Fettbauch beu= tenb,) was mag brinnen seyn, Stein oder Leisten oder Grünberger? **Fischer.** Ja liaber Härr, wenn 'r beß genau wissa wellt, bo könnt 'r nichts Bessers thua, als Ihr schmeckt sälber an 'n Spunb.

5.

Fischer. Was hoft da bo for a Bild?

Schustersjunge. Deß is dr Rentamtmann Zipfelmayer, 'r is aber nur bis an die Brust gamolt, wr siegßt ke Henb, und weß nit, wu 'r sie hot.

Fischer. Ja natürli sieaht mr die Henb nit, diea hot 'r ja immer in dr Bauern ihra Tasche, Deß is immer sou gawäßt.

Schustersjunge. Mr seigt aber doch, 'r weer a rächt lieabar Mann. 'r g'fellt Jeden.

Fischer (macht die Geberde des Oelbeinstreichens). Ja, ja, sa Maniera senn sehr ainnehmeb.

Schustersjunge. Und guatmüathi is 'r. Wenn mr 'n a Grob-haita mecht, 'r steckt Alles ai, und gitt nichs 'raus.

6.

Erster Fischer. Valtin! worum is denn alla Mol in dain Haus so a Mordsg'schrai, eah du zun Vaichta geahst?

Zweiter Fischer. Ja, guck, die Gawisseserforschung haltet mi zu lang auf, dßwäga priegel i vor'n Vaichta jedes Mol mai Frau, bo kimmt sie in Zorn 'nai, und werfft mr Alles vor, was i gathunt hab, bo merk i auf, und geah härnoch hie, und baicht's. Sou a Vaicht is immer vollstänbi.

Erster Fischer. Deß will i mr märk.

7.

Viertelmeister. Hait Nachmittag um a brai is bai uns Kinds-tauf, bo is dai Frau bai uns zu 'n Caffe aigelaba.

Fischer. Viel Ehr! Diea kimmt sicher, und wenn's erlaubt is so brengt sie ihr finf Kinner mit.

Viertelmeister. Mainthalba, wiea trinkt aber Aier Frau 'n Caffe gärn, viel schwarz oder viel waiß?

Fischer. Die sechs erschta Schala trinkt sie gärn rächt schwarz, die annera, wu nachkumma, mehr waiß, wenn's aber a Mol bis zu Nu-mera zwelf kumma is, bo muaß sie a Paar Gläsli Wai ha, und bo trink i mehrschtens a mit. Wenn von die Kinner jedes finf Schälali ganz waißa Caffe hot, so is 's iberganug, aber auf die Hörrli senn sie wiea dr Taifel, zu jeden Schälala a Hörrla.

Viertelmeister. Kindstauf is nit alla Tag, kummt nur Alle, die Frau, finf Kinner und Ihr sälber.

XVIII.

Prügelstrafe.

1.

O Hintern, Hof= unb Staatshornist!
Jetz frai unb unverletli bist,
Seitbem das Priegelregiment
Aerraicht hot sai glickseli's Enb.
Härr Hintern, prost, i gratulier,
Die Reaction kann nichs brfir!

2.

Die Reaction war lang in Strait
Mit Nächstalieab unb Heflichkait,
Cultur, bie alle Wält belächt,
Hot auf'n Toches sich erstreckt,
Kurz — im Civil unb Militeer
Git's vor br Hanb ke Spacklös mehr.

3.

Deß is a Glick for's ganza Land,
A Sieg von menschlia Vrstanb,
A jeber Spitzbua hot galacht,
Hot Mancher 'n schlächta Witz gamacht,
Die Housa wär'n jetz annersch g'flickt,
Nichs mehr so dick mit Futter g'spickt.

4.

Wiea bumm war boch bie alta Wält!
Wiea is bie jetz in Schatta g'stellt!
Wiea is mr jetz auf ee Mol g'schaibt,
Was git's for guata, milba Lait!
Härr Hintern, prost i gratulier,
Die Reaction steaht vor br Thir!

XIX.

Die vier Verkommenen.

1.

's senn br steenerna Stäffa vier,
Von däna jetz erzeihl i dir,
Niea hot die Lieab ihr Härz verletzt,
Niea hot a Thräna ihr Aug ganetzt,
Niea hamm sie galächelt oder galacht,
Nichs hot sie warm, nichs kalt gamacht,
Sie ham ke Fräd, ke Läd, ken G'sang,
Und ke Gabät, ken Kirchagang.

2.

Der erschta G'sell Johr aus Johr ai
Lescht Nummera, treigt naia ai,
Stürt Acta durch bai Tag a Nacht,
Und macht auf Aemtli und Orda Jagd,
Der Zwätta raucht und trinkt sai Bier,
Der Dritta spielt, will nichs verlier',
Der Vierta zeihlt sai vieles Güld,
Sie ham ihr Götter auf dieser Wält!

3.

Die haillig Pfingsta, br Ostertag,
Die Viera froga nichs brnach,
Charfraitag, Allerseeala wird
G'rad wie an annerer Tag tractirt,
Mit Kirch wird do ke Zait versaumt,
Vielmehr a Sitzung ouberaumt,
Dr Trinker setzt si brät in's Bräu,
Dr Spieler brengt die Karta bai,

15*

4.

Dr Gäldmann nimmt die Thaler zamm,
Märkt auf, ob fie's Gawicht a hamm,
Drauf wär'n die Rolla zupitschirt,
Dr Dienst des Herrn blait fufpändirt.
Was Himmel und was Engelscheer,
Was Taifel und fai Faiermeer,
Was allerletzt judicium,
Was schära fi bi Viera b'rum!

5.

Natur a Kunst a Wiffaschaft,
Dr Farba Pracht, br Töne Kraft,
'n Raphel fai Madonnaftück,
'n Haydn a Mozert fai Mufit,
Dr Götheswolfgang, Schillersfritz,
Dr Rabener mit all fain Witz,
Deß is glaichgilti däna Vier
Bai Acta, Karta, Gäld a Bier.

6.

Napoleon facht Krieg a Brand
In Wälfchland on, 's is a Schand,
'r zieaht die Hauswerfcht von Turin
Sou an 'n Schnürla här und hin,
G'rad fou als wie an Gätelmon,
Was zeaht deß däna Viera on?
Franzousa nämma Nizza wägg,
Die Viera rühr'n fi nit von Fläck.

7.

Die Sunn, die Stärn verlefchen all,
Mr heert von färn Pofaunaschall,
's blitzt, die Toabta fteah'n auf,
Und hocka fi auf die Gräber b'rauf,
's fallen um die Städt, die Bärg,
Und Meer und Fliß geahn iberzwärg,
Dr jingfta Tag is vor dr Thir,—
Was kümmert Alles deß die Vier?

8.

Der Erſcht erlebigt Numro älf
In causa Giebling contra Welf,
Der Zwätta trinkt ſai zwelftes Glas,
Der Dritta ſpielt jetzt Schällenaß,
Der Vierta leigt g'rab fufzig Stuck
Ducata in ſain Pult zuruck,
Sie geahn in's Bett, ſie ſchlof'n ai, —
Der jingſte Tag — 'r geaht vrbai!

XX.

Pòlitifches Gefpräch.

A. Du wäßt boch, baß br. Friebrich Barbaroffa hier zu Werzburg im Katzowider, bär erscht vor a Paar Johr aigariffa wor'n is, fai Hoch= zait ober, wiea mr bortmals g'fagt hot, fai Bailager g'halta hot?

B. Deß will i meen, deß wäß i von Kaifer Barbaroffa, unb i bin a Bißla ftolz b'rauf, baß i 's wäß. In br Refibänz unb zwar im Kai= ferfaal is bie G'fchicht von Barbaroffa an br Dect abgamolt, unb nit wait brvou eppas rächt Garfti's unb Unfläthi's von 'n Flußgott unn 'n Mäbla.

A. Där Barbaroffa war a gewaltier unb ftarker Kaifer mit 'n ai= ferna Willa, bie rebällifcha Mailänber hot 'r wie Dräct in fainer Hanb zammagabrict, unb auf fain Kraizzug hot 'r bai Iconium bie Terta ga= llopft, baß 's a wahrer Staat war. Jetz paß auf! In Johr taufeb achthun= nert unb acht ober nain a vierzig hamm allerhanb Lait, biea mir nichs bir nichs zu Frankfort an Mee zammatumma fenn, in ihrer Hitz, Wiberwärtigtait unb Langawail wieber o Mol 'n Kaifer, beß häßt 'n Daitfcha Kaifer, mach' well', unb da hamm fie aigetli gar nit rächt gawißt ober mitunter nit wiffa well, beß 's friher wahra baitfcha Kaifer gar nit gäba hot. [*] Was meenft

---

[*] Der Römifche Kaifer bes heiligen Römifcheu Reichs, einer Weltmonarchie, war als folcher ber höchfte Träger ber weltlichen Gewalt in ber ganzen Chriftenheit, ber Oberherr aller chriftlichen Fürften unb ber Schirmvogt ber Kirche. Er wurbe urfprüng= lich in Rom vom Papfte gefröut. Kaifer fonnte nun aber auch ein beutfcher Fürft wer= ben, unb war es oft. Als König ber Deutfchen wurbe er in Aachen gefrönt. Auch wurbe ber Kaifer noch als König ber Lombarben in Italien gefrönt. Diefe verfchiebe= nen Würben barf man nicht burch unb in einanber werfen. Vgl. Hiftor. polit. Blätter. Bb. XXI. S. 665—704. Hurter, Innocenz III. Bb. I. S. 108. In ber Hofraths= Orbnung von 1654 nennt fich Ferdinanb ber Dritte „erwählter Römifcher Kaifer, in Germanien König", 2c. 2c. eben fo im Reichsabfchiebe zu Regensburg von 1654, Franz II. heißt in ber Wahlcapitulation vom 12. Juli 1792 „erwählter Römifcher König (bie Kaiferfrönung erfolgte nämlich erft am 14. Juli 1792 zu Frankfurt am Main), König in Germanien". Diefe Titel finbet man an vielen Stellen in ber Sammlung ber Reichs= abfchiebe (von Senkenberg) unb in Schmauss corp. jur. publ. Bis zum letzten Kaifer war bie hohe chriftliche Ibee bes Kaiferthums längft abgefchwächt unb entftellt, bie Krönung fanb nicht mehr burch ben Papft in Rom Statt, unb fo eilte benn auch bas an bas Römifche Kaifertum angelehnte Deutfche Königreich bem Untergange entge= gen, nachbem bie alten Elemente feiner Herrlichfeit verkommen waren.

ba jeß, wenn bo br Friedrich Barbaroſſa an 'n ſcheana Tag auß ſain Bärg nacher Frankfort kumma weer, unb mr hett 'n g'ſagt: Rother Friß, Majeſtet, Daitſcher Kaiſer kannſt wieder wâr, aber ba ſenn vier ober finf Männer, Raichßminiſter, aber g'rab nit von Abel, Robert Blum unb Cumpanie, biea miſſa erſt Alles unterſchraib, ſunſt gilt's kaiſerlia Wort unb bie kaiſerlia Unterſchrift gar nichß, — waß hett bo br Barbaroſſa gamacht?

B. 's kimmt erſcht b'rauf ou, in waß for a Launa 'r gawäßt weer. Weer 'r beas wor'n unb grob gawäßt, ſo weer 'r aufg'fahrn, hett an ſain roathn Bart gazopft, unb mit ſainer Dunnerſtimm g'ſchriea: Wärft mr biea Schraiber zu 'n Fänſter 'nauß! Unb 'r weer aufg'ſtanna, unb hett mit ſain großallmächtia Schwärt, wou a jeßlar Kiraſſiersſäbel a Dräck brgega iß, unb mit ſaina Sporn gaklappert, beß br Robert Blum unb Cumpanie umg'falla ober gar vor Angſt unb Schräcka g'ſtorba weer'n. Hett aber br Barbaroſſa an ſo 'n curioſa Kaiſerthum a Fräbla g'hatt, ſo weer 'r höiſli gawäßt, ſo hett's 'n Unterhanblung gäba, Praißa hett' proteſtirt, unb 's weer ſchwerli waß 'raußkumma. Enbll aber, wenn g'ſeßter Wais br Barbaroſſa nit kalt unb nit warm gawäßt weer, unb wenn 'r ſi bai br ganza Sach vor annera groſſa Härrn g'förcht hett, ſo hett 'r in Norbbaitſcher Sprach geantwort, ſou ung'fähr in bäm Sinn: 'r bankt rächt ſchea, 'r hett Luſt unb Appetit zum Kaiſer, aber 's jinge niche, boch es weer wohr, auf bie Daitſcha Krona hett 'r 'n „An=rächt".

A. Denkſt ba, br Barbaroſſa hett ſolcha Pfiff zu Stanb gabrocht? No, unb wenn mr 'n Barbaroſſa ober gar 'n Carl 'n Groaßa g'rab 'rauß g'ſagt hett: „Salva veni, Jhr Majeſtet, mit Jhra G'ſeßa, Beſähl unb Capitularia thuat ſi's nimmer, bo briba in br Frankforter Paulß= kirch ſißt Alles ſchwarz voller Lait, biea macha 'n Taifelslärma, Abvo= cata, Profäſſer, Kauſlait, Cigarrahänbler, Zaitungsſchraiber, Alles burch= ananner, Hackel a Packel, biea laſſa ſi 's Daitſcha Parlament ſchenb', biea macha bie G'ſeß unb Verorbnunga ſälber, wella nichß mehr Unter= thana häß', kriega alla Tag 'n ung'ſchickt's Gälb als Dieta, unb br nai= gabackene Kaiſer muß zu All bän Ja ſag', unb ſi a no bebank', ſunſt wirb revoluzt". Wenn mr ſou mit 'n Barbaroſſa ober mit 'n Carolus Magnus gareb't unb 'n Deckel von Haſa gathunt hett, waß hetta biea Härrn Kaiſer for 'n Beſchaib gäba?

B. Deß gatrau i mr nit zu ſaga, aber wenn i br Barbaroſſa ober br Carl gawäßt weer, ſo hett i ke Blatt vor's Maul ganumma, unb hett bäna Frankforter Revoluzer g'rab in's G'ſicht nai g'ſagt: „Staigt mr 'n Buckel 'nauf, macht maintwäga 'n Schällakeenig zu 'n Kaiſer, wenn

ihr aber a Mol so 'n Kaiser kriegt, der ohne Macht a Gewalt is, und
nach 'n groaßa Haufa sainer Paifa tanzt, so laßt 'n nichs mehr mit 'n
Schwärt, sondern mit a Gensfäder und 'n Parplee in dr Hand abmol',
und hintadrou muß a democratischer Abvocat steah mit 'n confiscirta
Galgag'sicht und 'n Fätza Bart, oubadrai a no mit a roatha demago=
gischa Pfucka auf dr Noasa".

A. Die Lait wär'n halt sage, solcha Männer wiea Carl der Groaßa
und Friedrich Barbarossa paßata nichs mehr in unsera fortg'schrittana
Zait.

B. Deß häßt mit annera Wort: groaßa, unternähmeda Männer
mit 'n festa g'raba Willa und 'n starka Sinn kenna mr als Daitscha
Kaiser nimmer brauch. Deß is aber a beas Aibekenntniß von unserer
Zait. I meen bainah, die naie Zait is mehr auf 'n Holzwäg, als auf
'n rächta Wäg fortg'schritta.

A. Meenst da denn, deß ji außer 'n Praißa, viellaicht Eener zu
sou 'n Schattakaiser mälbet, und deß unter solcha Umständ eppas Or=
dentli's aus 'n baitscha Raich wär kennt?

B. Nee, im Nama von alla guata ehrlia Daitscha schäm i mi däß=
wäga, wie a Bettbrunzer.

A. Jetzat allawäg no was! Wenn unser Ferschtbischof Julius no
läbet, und 'r wellt hait zu Tag erscht sai Spital und sai katholischa Univer=
sitet stift', und mr zieahat die Sach Johr aus Johr ai mit Strait und
G'schrai in so a Werzburger Kammer rum, mr wellt Unkatholischa und sogar
Juda zu Profässer mach', wenn jetz in alla Wucha= und Schaisblättli und
Zaitunga iber die Sach resonnirt und gapatscht wäret, wenn mr saget:
's kost zu viel Gäld, deß is Reaction, Ultramontanismus, mr thuan's
halt nit, mr laibe's nit, was hett dr Julius d'rauf g'sagt oder gathuant?

B. Alla Lust weer 'n vrganga, und 'r hett g'sagt: Mit 'n Spi=
tal werd's nichs, mit dr Universitet wird's nichs, macht sälber, was 'r
wellt! Dr Ferschtbischof Franz Ludwig hett in sou 'n Fall no eppas
Annersch g'sagt.

A. Host no was zu saga oder willst no was heer?

B. B'hüat' es Gott! 's geaht mr jetz scho bis an Hals.

XXI.

Sieben Küchenzettel zu stattlichen Mittagessen.

1.

a) Körbelsuppa mit garösta Schnitta und und saura Raum.

b) Gebackena Freschschenkel und Spinat.

c) Rindfläsch mit Monatsrättali, Hopfasalat, Meerrätti in Fläschbrüah zur Auswahl.

d) Spargel in der Soos und Glotzauga.

e) Zunga Gans mit Schwarzwurzel oder junga Kahlraba.

f) Schunka mit Gartasalat.

g) Citronatorta, Biscwit.

h) Schwaizerkäs, Butter.

2.

a) Kräbssuppa mit viel Schwänzli, Kalbshirn drbai.

b) Caviarbrödli, Citronaschnitzli drzua.

c) Rindfläsch mit Kimmerlasalat, roatha Rüaba, Sardällasoos zur Auswahl.

d) Aigamachts Kalbfläsch oder aigamachte Taube mit Kleena, na ganz warma Pastetli ohna Füll.

e) Blaug'sottna Forälla und kleena Grumbeerli.

f) Gabrotana Hüahli mit Gartasalat oder Hättlasalat.

g) Franzeischa Torta, aufa'setzt und mit Frichta.

h) Aerbbeer mit Zucker a Zimmat a Wai, oder auf italienische Art mit faing'sieabta Zucker und Citronasaft ougamacht (do wär'n br die Aerbbeerli no Mol so schöa roath), Kirscha, Waichsel, Abrico.

3.

a) Fläschsuppa mit Läberklößli.

b) Brotwerscht mit junga ougabrotena Grumbeerli, franzeischa Sänf drzua.

c) Rindfläsch mit Salzkimmerli, garibena Rättisalat, Meerrätti in Milch und Zucker gakocht, zur Auswahl.

d) Gabrotener und g'spickter Haas mit Citronabizali, gadempft's Kraut, Wai drzua g'schitt.

e) Karpfa in schwarzer Soos und Grumbernklöas.

f) Wälscher Hahn mit Hättlaszalat und aigamachta Provinzpflauma zur Auswahl.

g) Raispubbing mit Rum, brenned.

h) Schaumtorta.

i) Zwätscha, Niß, Traibel, — nacher Umstänb G'frorn's.

4.

a) Gärstasuppa in br Fläschbrüah, mit Kalbshirn, vor'n Durichta mit'n Glas Wai ougarührt, Citronaschaiba 'nai.

b) Aier a Schmalz mit Petterlt.

c) Rindfläsch, aigamachta saura Waichsel, geriebaner Meerrättizalat mit Zucker zur Auswahl.

d) Aigamachta Hüahner und Spoßa.

e) Gabähter Hammelsbrota oder Schwainabrota mit a wenig saura Raumsoos, Karfiol.

f) Gabackana Spiegelkarpfa und Anbivizalat mit Grumbern, oder gabrotas Sposaila und Wirsching.

g) Pasteta mit Fälbhüahner.

h) Zwiefelplah, allerlei Obst, besonders Traibel, Schweizer oder Holländer Käs, Butter.

5.

a) Raissuppa in Fläschbrüah mit Kalbsbriesli und gariebena Parmesankäs.

b) Häringszalat mit Grumbern oder klee gewirfelta Epfel ougamacht.

c) Rindfläsch, Essigkimmerli, Zwiefelsoos zur Auswahl.

d) G'füllta Martinsgans und Köhl.

e) Gabackana Hüahnerviertel und Anbivizalat, Grumbern brunter.

f) Grilans Schwainafläsch aus br Lacka, Sauerkraut (nur tüchti g'schmelzt), durchgatriebena Aerbas, garösta Bröckali drauf.

g) Schällfisch mit kleena Grumbeerli, häßa Butter brzua in 'n ägena Schüssela und Düsseldorfer Sänf auf 'n Teller brunter, 'n Fisch und bie Grumbeerli häß 'naigatunkt (härrli! Rhainische Koch= und Aeßart!).

h) Epfeltorta, Käsaplah mit Spanischa Täg von Conditer.

i) Epfel, Birn, Macrona.

6.

a) Nudelsuppa in Fläschbrüah mit gariebena Parmesankäs, oder annera Fläschsuppa, mit viel Zelleri= und Petterlaswurzel, gälba Rüabli, a Bißla Wirsching, bain Durichta ganza Aierbötter braufgalegt.

b) G'fottana Kalbshachs (wird mit Salz gässa.)

c) Rindfläsch, Düsseldorfer Sänf, Zellerizalat, Sarbällasoos zur Auswahl.

d) Beefalamob und Grießklös.

e) Dürrfläsch mit Sauerkraut und durchgatriebena Aerbes oder Krautwänftla mit durchgatriebena Aerbes.

f) Dürra Zunga und Grumbernzalat.

g) Schwarza Brobtorta, Darnplatz.

h) Epfel, Schwaizerkäs.

7.

a) Aechter oftinbischer Sago (ke Grumbern-Sago!) in Fläschbrüah und Aier.

b) Bittling mit ausg'schlagena Aier.

c) Rindfläsch, Sänffoos und Provinzpflauma zur Auswahl.

d) Schwarz Wilpert in schwarzer Capernfoos mit Citronafchaiba, — Sauerkraut und Butternockerli.

e) Schwerer Kalbsbrata mit Anbivizalat und Grumbern brunter.

f) Aigamachta Kalbsbriesli und g'stoßena Pfannakucha.

g) Mandeltorta, Winterobst.

XXII.

Unterbrochene Belehrung.
(Am Vierröhrenbrunnen.)

Vater. Sieahst ba, Bua, beß bo is br Grafan=Eckers=Thurn, 'n uralter Thurn. Sunst wor bo a grüaner Baum ougamolt, mr sieaht no eppas brvou, besunders bai 'n faichta Wätter. Sou a ehrwirdis Wahrzaicha von br Stabt unb von Rath, setzt mr wieber rai mol, i hett mai Fräb brou unb alla Berger mit mir. Drouba is bie Faierwach! Eemol hot Eener a Lieabschaft mit 'n Thörner fain Mäbla g'hatt, bo is 'r immer vrbaigaloffa, hot an 'n Eckfee gapißt, unb hot an een Stick 'naufgaguckt. Wail er 'sch aber tägll sou gar arg gatrieba hot, unb wail 'r sou hoch hot 'naufgucka miaß, so hot 'r 'n krumma Hals unb schäppa Auga kriegt. Märk br beß! Wenn Eener zua hoch 'naus= will, schabt 'r si nur. Denk nur an bie Praißa mit ihr'n Großstaat. Jetz bo g'rab 'niber hot Eener vor etlicha Johr 'n hochs Haus gabaut, wie a Zohstürer, fast a Bißla so hoch, wiea br Thurn. Sieahst ba, boa steaht's. J war scho brinn, 's hot a Mol 'n Inbibibuum von an Amt brinn gawohnt, boch wäß i von bort här nichs von 'n Vrhältniß mit 'n Therners=Mäbla. No, auf 'n Grafan=Eckers=Thurn wirb alla Nacht um a brai Vertel auf zeahna bie Stunb Zeahna ausg'schlaga, beß kimmt no von br Schwebazait här, paß auf, beß muaß a br jetz lang a brät 'rzeihl . . . .

Knabe, (sehr unruhig.) Aber, Papa, Sie fanga auf ee Mol sou zu stinka ou, beß mr 'sch nichs mehr aushalta kann.

Vater. Ja fraili, wenn beß is . . .

(Sie gehen fort.)

[illegible faded lines in top margin]

XXIII.

Wie der Würzburger Hochdeutsches ließ.

N. ließt vor aus der Würzburger Zeitung Nr. 173, Freitag den
29. October 1813, S. 771—774:

„Die Aeraignisse br letzten acht Dage sind fir unsere Vaterstadt und
fir die Bewohner däs Großhärzogdums sowohl, als fir alle unsere bait=
schen Brider so märkwirdig, daß wir unsere Pflichten zu übertreten glaub=
ten, wenn wir ihnen nicht ain Gemälde dieser wichtigen Epoche unvrzig=
lich aufstellen wollten. Zwar liegt ain Dagebuch, vom Monat März
dieses Jahres anfangend, und aus den sichersten Quällen bearbaitet, fir
unsere Läser berait, und wir wärden ihnen alle sait jener Zait vorgefal=
länän Däbsachen wahr und beschaiben vortragen; wir missen (aber) die=
ses Dagebuch noch fir kurze Zait zuricklegen, denn die Begäbenhaiben bär
Gegenwart sind unsern Läsern wichtiger, als die Aerinnerung.

„Am Morgen däs 23. Octobers (1813) ärhielten wir die sichäre
Kunde, daß ain aus K. K. Esterraichischen und Keniglich Bayerischen
Truppen combinirtes Heer, dässen Stärke zwischen 60 und 70 bausänd
Mann angegäben ward, sich bär Stadt Wirzburg auf bär Straße von
Ansbach nähäre. Auf diese Nachricht värließen bär Keniglich Bayerische
Gesande, Fraihärr von Rebing, und glaich darauf auch der Kaiserlich
Franzesische Bottschafter, Härr Graf von Schärmäng (Germain) bie Stadt.
Da beraits am 22. Wirzburg in Belagärungsstand ärklärt, und die Dore
gespärrt waren, so wurden auch kaine Zaitungen und Briefe ausgegäben,
die Bosten gingen nicht mehr ab, alle Värbindungen zwischen der Stadt
und däm Lande waren untärbrochen. In bär Nacht vom 23. auf bän
24. sah man die Wachsaier bär combinirten Armee auf bän Hehen bai
Aibelstadt, Sommärhausen, in der Richtung gegen Siden.

„Die franzesischen Truppen bivuakirten in br Stadt auf bär Bru=
menade und andern großen Blätzen; die Besatzung vor bän Doren war
värstärkt, und die Garnison großenbails auf die Wälle bostirt. Där
Morgen däs märkwirbigen 24. Octobers brach an. Aes war burch ef=
sentlichen Anschlag bekannt gemacht worden, daß brai Kanonenschiffe von
där Festung die Ankunft faindlicher Truppen signalisiren sollten; wir
sahen, daß die Armeen sich auf bän estlichen und siblichen Hiegeln in großen

Maffen aufftellten. Wir waren 'rfrait über die Nachricht, daß ain Keniglich Bayerischer Stabsofficier als Barlamentär um 10 Uhr Morgens vor dem Sander Dor ärschien, und dän Ainlaß värlangte; um halb ailf Uhr ward dieser Officier am Rennwäger Dore aingelassen, und mit värbundenen Augen auf die Festüng gefihrt.

„Wir hofften auf aine ginstige Entschaidung unsäres Schicksals, (aber värgäblich,) denn bald ärfuhren wir, daß die etste Aufforderung fruchtlos gewäsen war. Där Barlamentär kehrte um ¼ auf 2 Uhr zurick, und um halb zwai Uhr fielän die 3 Signalschiffe von där Festung. Noch zwai am Nachmidage von däm Oberbefählshaber där combinirten Armee an dän K. Französischen Commandanten abgesandten Barlamentärs waren ohne Aerfolg zurickgesandt worden, und wir sahen bald mit Aerstaunen die Hoffnung ainer glicklichen Entschaidung schwindän. So trat die Nacht ain. Die Wachfaier erlaichteten die Bärge und Atmosphäre. Bald heerte man das Plänkeln von den Wällen, Dodenstille härrschte in där Stadt.

„Mit däm Glockenschlage sieben Uhr däs Abends begannen die Battärien vom Galgenbärge auf bie Stadt zu faiern. Das Zischen der Kugäln, das Anprellen därsälben gegen die Gebaide erregte in jeder Brust die Empfindnngen däs Schräckens; die fairigen Schwaife där Granaten und där Bomben drohten dr Stadt Zärsteerung; die Ainwohner retteten sich und ihre Kinder in die Käller, die beßten Geräthschaften wurden dahin geflichtet, wo man sie vor däm Faier sicher glaubte. Sait unbenklicher Zait war aine solche Stunde in Werzburg nicht äräbt worden. Mit jedem Augenblick besorgte man dän Nothruf däs Faiers, und wirklich brach gegen acht Uhr in däm Momente, wo där Donner däs Geschißes schwieg, in där Herlains-Gasse Faier aus, das jedoch sehr bald wieder gedempft wurde, und kaine waitere Folgen hatte. Zur nämlichen Zait entstand ain Brand in ainem Hause am Zwinger, där glaichfalls bald gelescht war. Um acht Uhr heerte dieses Bombardemang auf.

„Nach dieser ferchterlichen Stunde ärschien ain Kaiserl. Esterraichischer General als Barlamentär. Laider waren auch dieses Mal die Anträge verworfen worden, und mit däm Schlag zwelf Uhr fing das Bombardemang mit ainer unbeschraiblichen Heftigkait wieder an. Vier und achtzig Faierschlinde, darunter mehrere Merser, Haubißen und Zwelfpfünder, schlaibärten in dieser Stude däs Entsetzens Zärsteerung auf uns; Rauchfänge und Ziegäln stürzten von dän Dächern, Mauern fielen zärschmättert in die Straßen, iber brai dausänd Schiffe waren bis um halb ain Uhr, wo das Geschiß zu schwaigen begann, auf die unglickliche Stadt gefallen. Zum zwaiten Mal in däm Augenblicke, wo das Bombardemang aufheerte, deente där firchterliche Faierruf. Aine Bombe war in die Johanniter-Kirche gefallen und hatte das darin befindliche Haimagazin gezindet. Die Birger, ainzig bedacht auf Rettung ihrer aigenen Bärson, hatten nicht Acht auf dän Nothruf, nur wenige edle Menschen achteten nicht bär Gefahr, sie trugen Waffer zu br Brandstätte, sie trieben aus dän benachbarten Haifern ainige Laibe zur Rettung, und äs gelang ihnen, däs gefährlichen Brandes, bär sich braits in däm Haimagazin, das in ber Kirche aufgehaift lag, verbraitet hatte, Maister zu wärben. Die beheren Beheerden wärben die Namen diefer Edlen nennen, und Werzburg wird sich innig dankbar ihrär ärinnern, benn in däm Augenblick ber hechsten Noth glänzte ihr Birgersinn am scheensten!

„In banger Aerwartung war bär Morgen bäs 25. Oktobers angebrochen. Man fanb, baß an mehreren Doren Brfuche gemacht worden waren, die Stabt mit Sturm zu nähmen; auf däm Glaffie unb in dän Gräben lagen mehrere Dobe, die Befaßung hatte nur wenige Bleffirte unb Dobe gehabt. Aber br Anbruch bäs Dages zaigte auch die Brheerungen bäs nächtlichen Bombardemangs. In mehreren anfähnlichen Haifern waren Mauern unb Fänfter zrfplittert, die Dächer burchfchoffen, die Meebel zärtrimmert; die prächtige Großhärzogliche Refidänz hatte am maisten gelitten, benn äs waren iber hunnert Kugeln unb Granaten auf diefes härrliche Gebaibe gefallen, unb groß is die Brwieftung in dän Zimmern bärfälben; in br Stabt war jeboch Niemanb beschäbigt worden; die Sage, baß zwai Kinber in bm Mainviertel burch aine Kugel ärfchlagen worden fayen, kann jetzt nicht vrbirgt wärben, ba das Mainviertel noch gefpärrt ift.

„Dr 25. Oktober war ruhig; man winschte sich Glick wägen bär iberstanbenen Gefahr, aber man värboppelte auch die Anftalten zur Sichärhait bär Bärfonen unb bäs Aigenbums, benn man beforgte jeben Augenblick die Aernaierung bär Auftritte br vorigen Nacht. Wie glicklich fihlten wir uns, ba unfäre Beforgniffe ungegrinbet waren, benn auch die Nacht vom 25. auf bän 26. ging ruhig voriber!

„Am 26. Morgens stieg unfere Hoffnung, als wir ärfuhren, baß abermal ein Kaiferl. Esterraichifcher Barlamentär in die Stabt gekommen war, unb fälbft br Großhärzogl. gehaime Staatsrath sich Morgens um 9 Uhr zu däm Kaiferl. Franz. Commanbanten General Dürro (Turreau) auf die Feftung begäben hatte. Aber ain naier Vorfall schien die Unterhanblungen zu väraibeln. Etlich unb finfzig Mann vom 127. unb 128. Regiment (Hanfeaten) waren von br Feftung herabgeftürmt, sie waren iber die Bricke gebrungen, unb liefen gegen das Rennwäger Dor, um die bortige Franzefifche Wache zu ibermeltigen unb bas Dor zu effnen. Sie wurden aber zurickgefchlagen, unb flichteten zum Dail in bän

Reſidänzgarten, wo von ihnen Mehrere durch die (braunen) Huſaren däs 13. Regiments niedergehauen, 'rſchoſſen und gefangen wurden. Viele wußten ſich jedoch zu vrbärgen, und kamen wieder zum Vorſchain, als die combinirte Armee aingerickt war.

„Am 26. Oktober Nachmidags um 4 Uhr war die Capitulation dr Stadt endlich unterzaichnet; die Dore wurden geeffnet, und die combinirte Armee hielt ihren Ainzug. Als die Franz. Wache am Plaichacher Dore von ainer Abthailung K. K. Eſterraichiſcher Jäger abgeleeſt wurde, ibergab ſich die ganze Wache als Deſerteer, und iberraichte dän Jägern ihre Faiergewehre.

„Dr Kenigl. Bayeriſche Generalmajor und Brigadiee Härr Graf von Spreti iſt zum Commandanten dr Stadt 'rnannt. Wir genießen hier därmalen vollkommene Ruhe; die Druppen beobachten die vorträfflichſte Mannszucht; die Garniſon beſteht aus Kenigl. Bayeriſchen Druppen, welche vrainigt mit dän Großhärzogl. Druppen dän Dienſt in dr Stadt vrſähen. Die auf dr Feſtung gelägenen Großhärzogl. Druppen wurden am 27. dieſes von däm Kaiſerl. Franz. General, in Folge däs Baitritts Sr. K. K. Hohait zu dr Coalition, entlaſſen.

„Die von dän Regimentern Nr. 128 (Hanſeaten) und 113 (Italiener) hier an die combinirte Armee ibergegangenen Druppen haben geſtern dän 28. dieſes gegen Mibag unter lautem Jubel dän Marſch gegen Bambärg angeträten. Die in dän obern nerdlichen Gegenden däs Großhärzogdums aingerickte Ruſſ. Kaiſ. laichte Kavallerie (Koſaken) beobachtet wie die ibrigen combinirten Druppen durchaus die muſterhaftäſte Mannszucht. Am 27. war aine Abbailung von 40 Mann mit ainem Officier nach Rottendorf, aine Stunde von hier, gekommen, und hat ſich auf die Straße gegen Schwainfurt gezogen“.

Inhalts-Uebersicht.